南开哲学百年文萃（1919—2022）

南开大学中外文明交叉科学中心资助出版

总主编 翟锦程

通变古今 融汇中外

（宗教学卷）

张仕颖 主编

南開大學出版社

天 津

图书在版编目(CIP)数据

通变古今 融汇中外. 宗教学卷 / 张仕颖主编. —
天津：南开大学出版社，2023.10
(南开哲学百年文萃：1919—2022 / 翟锦程总主编)
ISBN 978-7-310-06462-5

Ⅰ．①通… Ⅱ．①张… Ⅲ．①宗教学－文集 Ⅳ.
①B－53

中国国家版本馆 CIP 数据核字(2023)第 167665 号

通变古今 融汇中外(宗教学卷)
TONGBIAN GUJIN RONGHUI ZHONGWAI(ZONGJIAOXUE JUAN)

南开大学出版社出版发行
出版人：陈　敬
地址：天津市南开区卫津路 94 号　　邮政编码：300071
营销部电话：(022)23508339　营销部传真：(022)23508542
https://nkup.nankai.edu.cn

天津创先河普业印刷有限公司印刷　全国各地新华书店经销
2023 年 10 月第 1 版　　2023 年 10 月第 1 次印刷
230×170 毫米　16 开本　16.5 印张　2 插页　270 千字
定价：83.00 元

如遇图书印装质量问题,请与本社营销部联系调换,电话：(022)23508339

出版说明

一、2022 年是南开哲学学科建立 103 年，建系 100 周年，哲学院（系）重建 60 周年。为全面展现南开哲学百年来的发展进程和历史底蕴，特编选出版"南开哲学百年文萃（1919—2022）"。

二、本文萃的编选范围是白 1919 年南开大学设立哲学门以来，在南开哲学学科任教教师所发表的代表性论文，并按现行一级学科的分类标准，分马克思主义哲学、中国哲学、外国哲学、逻辑学、伦理学、美学、宗教学、科学技术哲学八个专集编辑出版。

三、本文萃编务组通过各种方式比较全面地汇集了在南开哲学学科任教的教师名单，但由于 1952 年以来的历史档案和线索不甚完整，难免有所遗漏。如有此情况，专此致歉。

四、本文萃列入南开大学中外文明交叉科学中心 2022 年度支持计划。

五、本文萃在编辑过程中，得到校内外各界人士的全力支持，在此一并致谢。

六、本文萃所收录文章由于时间跨度大、发表于不同刊物以及原出版物辨识困难等原因，难免有文字错误及体例格式不统一等问题，敬请读者谅解。

南开大学哲学院

2022 年 10 月

目　录

改造基督教之讨论

张纯一

自 序

余闻基督教于今二十年矣。每以新约书中，义多驳杂，难得一善本参考为苦。凡教会所出书，恒与真理背驰，不堪入目。幸有老庄佛典，妙理无穷，足资玩索，时与基督教比较而会其通，乃知教士皆基督门外汉，有以瞎子引瞎子，都要掉在坑里的危险，令十字架上的血，白白流了。常觉天良激发，不知如何始对得住基督。于是誓发大愿，决从辨别孰是真基督教，孰非真基督教入手。真伪既明，遂无难改革伪基督教为真基督教。无如机缘未熟，只得沉几，郁郁此心。忽又八年，间有撰述数种，均非根本解决，愧封基督极矣。近见徐季龙先生问题十条，随便写答，卒以意多未尽，又述管见五条，又述教会办学三大弊，又述其他各教教会当如何看待，并基督教急需改造有五理由，总期宣畅基督真义，灭除人心黑暗，增进世界无限真福乐也。乃二三子见之，均请梓行，以供同志讨论。余从之，因记其缘起于此。

民国十一年四月十日

对于徐季龙先生问题十条之管见

（一）何谓基督教？耶稣改革犹太教，而后立基督教。耶稣被钉十字架之原因，即由于此。乃今世流传之基督教，犹多参杂犹太教之信仰，果足谓为纯粹之基督教乎？耶稣立教藉门徒而传播，厥后或宗彼得，或宗保罗，或宗约翰，教之传愈广愈失其真，今吾人之所信岂为彼得教乎？抑保罗教乎？抑约翰教乎？

基督教者，自耶稣阐明一真性道，通天地万物而为一，使未来世界人类尽能圆成自心。上帝之谓，否则不知真平等，不得真自由，不能真博爱，不过营业的伪基督教而已。犹太教第一迷人为亚伯拉罕，以其上帝为无形偶像，为帝国主义之祸首，野蛮已极。犹太人愚蠢，尊为一神，而不知其为天魔也。耶稣特改革之，变不平等为平等，谓众人皆是上帝，使知清净自心，而不沦为禽兽。明知十架当前，亦大无畏，以完成其法施。乃教会冥顽，不解基督之真心，惟犹太教之迷信是袭，故今世谬传者，确是犹太教，并非基督教。其病根在不知宗教为何事，故昧于宗体，迷执教相，以犹太教与基督教参杂而为一也。若言纯粹之基督教，直在马太马可路加三传都无所知，惟约翰传保罗书始粗知之，迄今竟未见有知之者。盖新约之上帝，虽不寻仇杀敌，未若旧约上帝之野蛮，而为无形偶像则一，此基督教根本错误最大原因也。基督徒无能研究学理者，安望其能知纯粹之基督教？

耶稣立教赖有彼得保罗约翰以传，而彼得知解不足，约翰保罗解虽较优，均未得替人，以故愈传愈失其真，基督十架被西洋物质文明埋没久矣。设果真宗彼得约翰保罗谈何容易！吾固未之见也，不过各教会在重其人，因以其名名堂耳。其实只能宗玛门（译即金钱），以助长其食色诸欲也。

（二）圣经天启之说果可信乎？两约不并行，新约既立，旧约即废乃圣经犹载旧约各书，岂非执择有未精乎？新约为耶稣所立，乃新约书并载门徒各书，岂非对于新约之界说犹未明乎？耶稣所宣传者为福音，究竟何谓福音？新约各书中是否全为福音？四福音书乃门徒及再传弟子在耶稣受死后所作，其最早者亦在后三四十年，试问当时既无速记之法，将耶稣生前之言随时记录，然后会为一编，乃事后追忆，从而记录之，果能悉无谬误乎？即如一事一言在四福音中已各有异同，其中岂无近似与失真之处乎？人类之语言文字乃有限制者，而真理则为无限制者，以有限制之文，达无限制之真理，即使果为耶稣之言，亦不过稍得其有仿佛，况耶稣传教之日无多，所言更复有限，吾人研究其理果能死守耶稣之遗训乎？

圣经决非天启。谛观旧约上帝，灭他国以与犹太人，又独使犹太人子孙众多，占遍全地；新约上帝，独将无限圣灵赐耶稣，不赐他人，又独将万有赐耶稣，不赐他人，足见犹太人之上帝，专循私欲而不公正，确是魔鬼。故新旧二约，当称魔经。

教徒以新旧两约为天启之书，极无知识，大可哀怜。旧约乃犹太野蛮历史，其迷信天魔为一神，并淫乱残杀荒谬绝伦处，触目皆是。即如新约，由后人无识羼入，违背真道处亦复不少。例如《马太传》载"求你叫这杯离开我"与《马可传》载"求你把这杯从我撤去"文稍异而义正同，证以《约翰传》载"我父与我此杯岂不可饮"适相矛盾，显见马太、马可二传记录失真，甚乖外生要旨。合观《路加传》载"汗出如血滴落地上"，皆以基督怕死，大损基督人格，叛道极已。马太、马可二传又记"我上帝！我上帝！胡为离弃我？"，更不知上帝为何物。（详拙著《基督神通义证》）乃教会从无知其非者，可见不读老庄佛典，不知基督之真也。又如马太、路加二传均载耶稣家世谱系，《马太传》并载东方博士来朝、希律屠婴等事，均与宗教毫无关系，鄙俚可笑，当即删去。故天启之说，只可迷惑乡愚耳。

旧约上帝本自己形像抟土为人之说，不值中人一笑。况教犹太人寻仇杀敌，争城夺地，与爱敌如友之真理，全相背驰，教会苟且谋生，一切遵信，谬误极已。故旧约亟宜废去。万一不废，亦当删去十之七八，免其害道。纵有可存者，在儒释道三教中，亦极平常，无足贵也。至新约屡引旧约各书，除耶稣引证确有至理者外，无非牵强附会，无关宗教哲理。盖犹太人舍此无有可读，故不知其为性灵桎梏也。

耶稣所立之新约，不关语言文字，并非今日所传之四福音。其以四福音为新约者，皆不知耶稣之真新约者也。然则真新约为何？盖即耶稣教人忘我利他，甘自流出来的血，是没有字的，是为第一义的新约。若四福音，由文字凑成，漏义甚多，不过第二义的下等新约而已。至并载门徒各书统称新约，其为界说未清，不待言也。

福音以传自耶稣者为断，故惟四福音始可称经，或称新约亦可。其余门徒各书当在外，均非福音，不可混为经，只可作为论。惟天主堂有此鉴别，观其《新经译义》，只四福音可知。

四福音中谬误甚多。因犹太文化过低，记者亦复鄙陋，故其记录往往失真。除前已举例外，再举二例。（一）《路加》八章，有久患血漏妇人扪耶稣衣裾而愈，记耶稣云"觉有能力自我身去"。试问能力有何形相？足见记者不学，妄逞臆说，诬辱基督。（二）《马可》十一章云，"因为不是收无花果的时候"，更见记者之妄。何也？记者知非结果之时，耶稣竟不之知，岂非耶稣较记者愚蠢乎？耶稣当未至结果之时，竟不之恕，而诅使枯槁，抑何残忍之甚耶？此中别具妙理。（详拙著《基督神通义证》）固非马可所能知也。窃尝谓真正基督教，马太、马可、路加都无所知者，即此可见。

有限之文，决不能达无限之真理。故佛教曰语言道断。明乎此，始知新约书外真理无尽，不可得少以为足。况耶稣传教只有三年，能言真理几何？所与言者都非文人，尤有不尽欲言之叹。然则教会中人，固执新约以自书者，非大惑乎！故凡死守耶稣遗训者，皆大害耶稣之道者也。例如《主祷文》，毫无要义。（见不佞《讲演集》）何也？如说"我们在天上的父"即一"父"字，便是偶像。不能无所不在。天父之称，盖因犹太之陋俗，从权以为言。其实即是佛教之法性。法性不定是在天上，亦常在地下，亦在我们前后左右，在我们心中，亦在万有之内。若说只在天上，便是魔说。"愿人都尊你的名为圣。"岂知世人纵都不尊他的名为圣。他的名终是圣，断不会不圣，"愿你的国来到"。自心不求清净，天国何能来到？"愿你的旨意，行在地上，如同行在天上。"似此空泛，毫无实际的祷告，纵令千万教友祷告千万年，敢必天父旨意终无行在地上之日。"我们日用的饮食，今日赐给我们。"自来世界上非基督徒多矣，岂他们未有日用的饮食乎？为何不求赐给他们？似此自私，成何宗教！"免我们的债，如同我们免人的债。"当知你能免人的债，你的债自然会免的。"不叫我们遇见试探。救我们脱离凶恶。"只恐你们要找试探，不肯脱离凶恶。"谁也无法救你。因为国度权柄荣耀全是你的。直到永远。"这何须说。今教会莫不重视《主祷文》。而于《约翰福音》所训"上帝是灵，拜他要以灵以诚的话"从不过问，真可叹也。诅知《主祷文》乃记者凡情臆造，毫无价值。其求饮食，称荣耀，俗不可耐。又口口声声的"我们"，增长凡夫的我见，真不值佛教徒一笑也。然有确出耶稣之口，亦甚欠圆满者。例如"天国，不在这里，不在那里，在你们心里是"。盖天国神妙，非有非无，非大非小，活泼无碍，恒无定处，随时而现。固在人心里，亦无所不在。不仅在人心里，现于无量世界。故研究真理，断不可限于文字。惟当借着文字，而穷究其言外未尽之意。所谓以意逆志，斯为得之。老子曰："道可道非常道，名可名非常名。"最宜玩索。从知教会禁读佛老诸书，要人死守耶稣遗训，以桎梏其理想者，实耶稣之罪人也。

（三）基督教所信者惟上帝然，世之信上帝者尚有犹太教、回教等，究竟有以异乎？无以异乎？《创世记》之说果可信乎？犹太教言创造，而今之科学则言进化，往往彼是相非，于是近时哲学家伯格森乃有《创造与进化》一书，惟中国古代早已发明"造化"一名词，而不传其说。吾人藉用中国固有之名词，以帮助耶稣之信仰，自觉较为完善，所惜者耶稣于造化之真理，无详细之说明。又承认上帝造人，似非不接受《创世记》之说，然则耶稣对上帝为造化主之观念，果可得而闻乎？守安息日之制，出于犹太教，不知造化之道良无一息或停，倘至第七日即安息，则世界将崩坏，岂非谬设之说乎？今之基督教虽不守安息日，仅有安息会为例外，然守主日之思想，仍属名异而实同。不知耶稣当日早已打破安息日之制，而发为安息日是否救人之问，则今之守主日者，果足谓为善效法基督者乎？

"上帝" 名词，盖在上古民智未开时，用以代表道体也。本无形像，而神用无穷，儒书屡见，其含义犹佛教之"真如"。或名为"天"，从不粘滞。犹太教视上帝，则为无形之偶像，沿袭亚伯拉罕之迷执。谬已！基督改革犹太教，其心仪之上帝，与佛教之"法性"同。《约翰福音》十四章云"见我即见父"，又十章引经云"尔侪是神"，可证。是基督教之上帝，与犹太教偶像之上帝，迥乎不同也。今教会冒基督教之名，而崇拜犹太教由人臆造之伪上帝，岂非玷辱基督乎？亟当判别之，聊为基督伸冤，且免不学者盲从耳。

《创世记》言创造，荒诞无稽。今科学家言进化，亦过穿凿。惟佛教所谓从如来藏变为阿赖耶，从阿赖耶变起根身器界，无不从此法界流，无不还归此法界。了法自相，是真现量。博格森之《创造与进化》，究非由正智生，只可名似比量，在西洋虽算杰作，在我《易经》、老庄、《内典》中不足道。"造化"之说，如《易》云"乾元，万物资始；坤元，万物资生"。神也者，妙万物而为言者也。老子云："天地万物生于有，有生于无。"庄子云："万物皆种也，以不同形相禅，始卒若环，是谓天均。"其言无尽缘起，确乎印证无违。耶稣于造化之真理，无详细之说明，实为最大缺欠。此基督教所以不足供学者研究也。然观《约翰福音》十七章五节，耶稣固亲证造化之本元，而显著未有世界以先之真如者也。谓耶稣承认上帝造人似非不接受"创世记"之说。于此当明辨，《创世记》所谓上帝造人，荒谬之至，以耶稣之殉道，断乎不肯承认。即其改革犹太人"上帝"之观念可知。"上帝"既根本推翻，则造男造女之谬说，不能成立明矣。《马太》十九章记耶稣答休妻之问，至谓人要离开父母，与妻子连合为一体，辞气鄙倍，足见其习俗狂野，罔知伦理。犹太教害道极矣，吾敢断其为记者拉杂羼入，不应诬辱基督也。由此知基督教全身是病。旧约之上帝固为鸩毒。马太、马可、路加三传之上帝亦是厉阶。《约翰传》《保罗书》之上帝亦伪者八九，真者不过一二而已。非从根本改造，何以仰慰基督？然则耶稣对上帝为造化主之观念，可以明言，绝对不是无形偶像，乃无所不在，即佛教"一真法界"之异名。《约翰福音》所谓"上帝是灵"是也。至于"造化主"之说，亦不可以辞害志，惟以意志为得。西人执文迷旨，愚矣可悯。盖彼土无佛老儒书可读，群奉犹太野蛮稗史为圣经，无如何也。吾国人盲从效尤何为耶？不仰贻历代圣贤之羞乎？

犹太教守安息日，以《创世记》为原理，固属荒谬，而令人暂远尘劳，休养性真，未可厚非。《礼记·杂记下》云："张而不弛，文武弗能也，弛而不张，文武弗为也，一张一弛，文武之道也。"《祭义》云："致齐于内，散齐于外。"义均可通。（详不佞《讲演集》《七日来复》篇）犹太人死守安息日，以敬拜一神不拜偶像自夸，不知一神即是无形偶像，即是天魔。愚而好自用，至可悲已。《十诫》前四诫恶劣，早经耶稣革除，观《马太福音》十九章耶稣之训少年可知。乃教徒无知，甘受桎梏，不解上帝即是自心，无一刹那不当安息，是犹埋没家宝，乞食于外，适成左道异端。盖犹太别无文化，以祛其妄而弥其缺也。远西亦别无文化，其人又承其敝而以为宝，来此滥传，摧残佛儒各教，惑世甚矣。谓造化之道无一息或停，倘至第七日即安息，则世界将崩坏，辩已。夫世界为形下之器，终必崩坏。因其从不安息，成住坏空，定理难逃也。世界不即崩坏者，因其不安息中寓有形上之道，常自安息以主之也。《易·系辞上》曰"乾坤毁则无以见易"，易不可见则乾坤或几乎息矣。易者，无思无为，寂然不动者也。《楞严经》佛告波斯匿王："汝面虽皱，性未曾皱。皱者为变，不皱非变。变者受灭，彼不变者，元无生灭。"可互证。今姑就犹太教安息之名，而新立其义。安息者，止息世俗之污染，安养妙明之真心，使人宁静以致远也。限以七日者，为具缚凡夫，不得已之方便耳。若大舜之无为而治，老子之无为无不为，佛教之智体不动，修诸福德，摄化众生，均无日无时不在自强不息之中，亦即无日无时不在安息之中，是为安息之正义，岂彼犹太教七日始一安息者，所可同日语哉！法利赛人束于教，执我迷法，牢不可破。耶稣悯焉，思纠正之，常不守安息日，反自谓人子是安息日的主，可以各福音中耶稣安息日疗病事证之。于此马太、马可、路加所得者粗浅，约翰所得者精深。何以言之？《马太》十二章记云："在安息日作善事是可以的。"善事不因安息日而不作，恶事非安息日亦不可作，然则安息日等于无有矣。《马可》二章记云："安息日是为人设立的，人不是为安息日设立的。"言安息日之设立，务期有利益于人。设无利益于人，或妨碍人之利益，自非设立安息日之本意。犹太教之迷执，如上二说可以破之。顾马太、马可均记"人子是安息日的主"（《马可》二章、三章分章处实不可分，足见分章者之无识，余如此类不胜举）。然人子何以为安息日的主，竟说不出，惜哉！盖安息在心不在迹，耶稣虽日日不安息而其心固无时不安息。所以"为安息的主"也，"日"字删去尤妙。《约翰》五章记云："我父作工直到于今（于《新约》作'如'，不妥），我也作工。"子凭自己不能作甚么，惟有看见父作的才能作，（"惟有"下原有"他"字，不通，删去。又十九章与十八章分断，大谬）此在马太、马可记不出，因其学识不及约翰故尔。耶稣之意若曰：我父自无始来，饶益众生，工无或辍；今我于安息日救人，并无所染，正与父同。虽迹似未安息，实从未凭己意动作，乃宅我心之父自作其事也。是之谓正智缘如，如如不动。安息真谛如是而已。盖安息不是消极的，是消极与积极同时并行不悖。必如佛教六祖《四智颂》云："若于转处不留情，繁兴永处那伽定。"《论语·里仁》篇云："君子无终食之间违仁，造次必于是，颠沛必于是。"斯为得之。特非研精佛学者，莫名其妙。马太、马可、路加且难与语，安能望于今之基督徒？教会虽守主日，徒饰外观，而无内修，无异法利赛人。去真正之基督教，不知几千万里。效法基督云乎哉！若安息日执着某日是主日，某日非主日，甚无谓也，足为基督徒无识之证。

（四）基督教所信为一神，即上帝；乃又信耶稣为上帝独子；并信耶稣升天后有圣灵降临。于是成为三位。又恐与一神之说相背，乃创为"三位一体"之名词。究竟其位既分为三，其体何由而合为一？赫克而对于此点即指为三神论，使吾人几难置辩。然若不信三位一体之说，则福音书中又有"天父""上帝子"及"圣灵"三名词，果将何说以解释之乎？基督教信上帝，而其要点乃在信耶稣，若不信耶稣而信上帝，即非基督教。顾基督教义，人类所应信仰而崇拜者惟神耳，今乃信仰耶稣而崇拜之，然则耶稣果为神乎？若谓耶稣为神，则耶稣之历史明明为童贞女所生之人，则又何说？按《约翰福音》乃发明"道成人身"之信条，然仍无解于耶稣之为人。若信耶稣者不过因其完全而信之，则与中国之信圣贤无异可乎？古代教会之传说则信耶稣为神，而今时之新思想则信耶稣为人，吾人于斯二者，果何去何从乎？

基督教信上帝为一神，轻视佛教为多神，不知一在多中，多在一中，确系妄起分别，适中自己聪明之诡计。盖所知为障，正所谓驱除一疾反增重病也，凡教会造就教士之学校，命名神学，或在大学称神科，足为西方精神文化陋劣，未闻东土精微性道之证，未免见笑于大方之家。窃以在中国当称性科，以山河大地，皆自一真性中流出，自具无尽神用也。夫上帝之名，不符无所不在之实，以言上遗下，并漏东南西北八方也，必如佛教言"真如"或"法身"而后可。奈何基督徒不能领会，至可痛惜耳。其信耶稣为上帝独生子，亦大谬。岂知世界人类无非上帝之分身乎！耶稣不过上帝之一子，与牛羊鸡犬蚊蚋之属，无非上帝之一子同，并无一而非上帝也。《罗马书》八章云："同证我们是上帝的儿女，和基督同作后嗣。"又云："万物（原作"受造之物"，囿于犹太锢习，不合实际，今改正）切切的盼望上帝的众子显出来。"足见耶稣非独生子明矣。抑知在犹太与欧美，二千年来只一耶稣，在中国与印度文史上如耶稣者盈千累万，推崇先圣太过，则理性为奴。吾国自独尊一孔，文化不进，可为殷鉴。至信耶稣升天后，有圣灵降临，更荒谬。此亦一根本的错误，由无形偶像之上帝来。马太、马可、路加固无知，约翰、保罗亦不了解，因而贻误。遂令教会迷惑二千年，非多读佛书，终难明辨也。原夫犹太教之一神，极死板而不能广运，不得不有一圣灵之名词，便为活泼之应用。又恐一神破而为二，则曰上帝的灵，几若上帝之分身然。质言之，可说圣灵即是第二上帝，亦是常在天上，不在吾人身心之内，故必从外求之，成为外道，不通之至。盖犹太文化鄙陋，以信一神为荣。而一神即其教之大桎梏，故虽立圣灵之名，亦视同上帝而失其真义。教会沿讹谬传，可怜极已。大抵化浅之民，必信神以自慰藉，神必以偶像上帝为最适。以此根本的错误，演绎为教，故自始至终，谈及根本教义，无一不错误也。圣灵果作何解？盖即吾人清净无染之本性。佛教谓之佛性，所谓一切众生皆具佛性是也。在基督教，则与上帝本为一实而二名：上帝就周遍十方言，圣灵就吾人天性言，《哥林多前书》六章"岂不知你们的身子就是圣灵的殿"可证。然视佛教合一切众生为言者，殊不平等。圣灵本无去来，惟因人心迷悟之不同，似有去来。乃《约翰福音》十五章云，"我要从父那里差保惠师来"，就是从父出来的真理的圣灵。十六章又云，"我若不去，保惠师就不到你们这里来"。《罗马书》八章云，"随从圣灵的人，思念圣灵的事"，又云"我们本不知当如何祷告，只是圣灵亲自用说不出的叹息，替我们祷告"。均不知圣灵为人心本具也。综观保罗各书，其言圣灵，似间有搔着痒处，较《约翰传》之隔靴搔痒进已，然究未彻底了悟也。教会据《使徒行传》，立圣灵降临节，其陋劣可无论矣。三位一体之说，即佛教心、佛、众生三无差别之旨。盖开之为三，合之为一，三一本来不二也。《约翰福音》十四章云："我在我父里面，你们在我里面，我也在你们里面。"又十七章云"使他们都合而为一，正如你父在我里面，我在你里面，使他们也在我们里面"可证。圣父即心；圣子犹佛；圣灵属你们、他们，是众生。惟你们、他们仅为众生中一部之人，其量不及佛教之广耳。教会不知圣灵为众生之本具，为约翰等所误，谓非求之天上不来，故于三位一体极难解说，往往东扯西拉，妄逞狂瞽之谈，有如群盲拟象，无一是处。赫克而指为三神论，执着文字相，与教会之无识同，不值一笑。皆未读佛书之过也。

基督教信上帝为一神，又信耶稣为神而崇拜之，说孔子、释迦都是人，是上帝与耶稣直为二神，一神之说破已。自相矛盾，冥顽可怜。其以耶稣为神者，即因其由童贞女所生，不知禅宗五祖忍大师，亦童贞女所生，吾国人从不目之为神。足见犹太人与欧美人，少见多怪也。耶稣既是神，何不直从天上降下？吾国春秋时有神降于莘故事，见《左传》。既有住胎出胎相，何可称为神？《约翰福音》谓为"道成人身"，岂知世人并一切众生之身，无不由道而成。《庄子·知北游》篇："东郭子问于庄子曰：'所谓道恶乎在？'庄子曰：'无所不在。'东郭子曰：'期而后可。'庄子曰：'在蝼蚁。'曰：'何其下邪？'曰：'在稊稗。'曰：'何其愈下邪？'曰：'在瓦甓。'曰：'何其愈甚邪？'曰：'在屎溺。'"足见情器世间，无非道之所在，即无不由道而成。此与《以弗所书》四章云"唯一上帝，贯乎万有之中"可相印证。道即上帝也，窃恐教会惊怖吾言，再举证其迹相近者。《庄子·德充符》篇曰："道与之貌，天与之形，恶得不谓之人。有人之形，故群于人。无人之情，故是非不得于身。眇乎小哉，所以属于人也。警乎大哉，独成其天。"是则诸佛菩萨圣贤莫不然，基督特其一耳。设信耶稣者与中国之信圣贤无异，则新约偏驳之教义，不致杀人灵魂，中国圣贤之妙道，无难化被万方，世界文运必大进也。自来教会多信耶稣为神者，以其所行种种神迹，非人所能，未免所见不广。神迹在佛教称"感通"，固尽人可学而能者，不为奇特。（详鄙著《基督神通义证》）近世群智进步，皆信耶稣为人。既信耶稣为人，不过与一切众生同科。世尊说法四十九年，尼父集儒教之大成，中印文教精妙周密皆超越基督，教会何不尊崇？惟称耶稣为主，岂非局小遗大，类于井蛙不可语海耶？又有话耶稣半属神性，半属人性，而斥言神言人皆非者，津津乐道，以为要妙，亦极无识可怜。如上三说，皆不学之为病。吾敢正告教会曰：基督是自度度他之菩萨。

（五）耶稣教最要者，为十字架之道。教会传说，为救人赎罪。惟赎罪之说始于旧约，亚伯拉罕及摩西皆以牛羊为牺牲而求赎罪，逮至耶稣始以自身为牺牲，以赎全世界人类之罪，说者遂谓耶稣舍身救人为仁，不知赎罪乃野蛮时代刑罚之制度，今世早经废弃，上帝岂犹属野蛮，况谓上帝之怒非人血不能使之馨享，是耶稣至仁而上帝乃至不仁，岂非不思之甚乎？《创世记》谓亚当、夏娃犯罪，于是世界之人皆有罪，而教会传说又谓耶稣一人为人赎罪，而世界之人遂无罪，此岂可通之说乎？误会耶稣爱仇敌之说者，谓之为无抵抗主义，且以耶稣在十字架受死证之，不知耶稣之训固明明曰爱人如己，而未尝曰爱人不爱己，若任令他人钉自身于十字架，爱人可谓至矣，其如不爱己何？试问杀耶稣者为犯罪否？若以耶稣之受死为成就上帝之意志，则杀之者亦属成就了人，非犯罪矣；若谓杀人为犯罪，则任令己身被杀不为救护，亦未始非罪，且因无抵抗而成就他人之犯罪，又成一罪。耶稣自身尚有此两罪，而谓能赎他人之罪乎？救世之道，莫要于牺牲，牺牲究属何义？释之者多解为"舍己"，即如佛氏之"舍身"，又如孔氏之"无我"，殊不知我既无矣，何有于上帝？况所谓舍者，必属于己之所有，身本非吾人所有，不舍亦不能永保，何待于舍乎？至若生命，则诚为上帝所赋予，为吾人之所有，孰能舍生命与人乎？然则牺牲果为要道，而释之者无乃非要乎？

十架之道诚为重要，盖教人为道捐躯，无我利他也。教徒附会说为救人赎罪，且自炫为基督教特点在此，陋妄可笑。盖赎罪与审判，两种谬妄，不能并立。耶稣明明说"主阿主阿的人，我从来不认识你们"。足证赎罪靠不住也。犹太人野蛮，故所信仰之上帝，亦极野蛮，尝命亚伯拉罕杀子献祭。嗣虽代以羊，无非欲上帝如约，使己能得仇敌之城为业耳。（《创世记》

廿二章）上帝又命摩西献牛羊为火焚祭，为平安祭。（《出伊及记》廿章）并献上头生的儿子，（同上廿二章）盖献祭即具赎罪之意。（赎罪祭见《利末记》七章卅七节）《马太福音》记耶稣云"人子必要舍命，作众人之赎价"（廿章廿八节）。《罗马书》云"上帝差遣自己的儿子，作了赎罪的祭"（八章三节）。信乎上帝不仁之至也。耶稣屡称上帝为父，竟完成上帝之不仁、以自成其仁，无乃非孝子呼？呜呼！犹太教固原人时代、游牧时代极野蛮之宗教，耶稣因其上帝过于野蛮，特革除之，化其凶恶为慈祥，门徒不悟，束于锢习以为言，于是赎罪之说，流毒于教会甚深矣。讵知耶稣十架之死，固不能赎人之罪，即教徒自上十架而死，亦不能自赎其罪。何也。以其居心素来不净，虽百死而罪仍在也。盖赎罪以痛切忏悔、断食欲、除爱渴为急务，此无形的十字架，斯人终其生不可须臾离，较有形的十字架尤可贵万万者也。故耶稣十架之可贵，不仅在于一死，在于未死以前，一尘不染，无非负十架时也。此十架之秘旨，教会乌足与语？《创世记》谓亚当、夏娃犯罪，于是世界之人皆有罪。窃以《创世记》之妄诞，宜亟火之，免滋教会之邪执。上帝本无形像，安有抟土之手、吹气之口？则亚当、夏娃所由造成之胡说，除非下愚，谁肯迷信？故《创世记》不足言宗教哲理。惟佛教谓人由无始无明而成，理至精妙，《马太》十九章耶稣云"除上帝外，无一良善者"，可证。是为人类沉沦生死之根由，惜犹太文化过低，耶稣未便畅言，门徒从未闻知。此基督教最大缺欠，不佞久欲弥补，仰慰基督者也。教会谓耶稣一人为人赎罪，而世界之人遂无罪，真胡闹也。不但不通，而且害道之至。基督教之爱敌如友，佛教谓之怨亲平等，其事实不胜数。盖了证物我一如平等，平等无分别智故尔。谓为无抵抗主义者，犹《论语》所谓"犯而不校"，乃其大慈大悲之表现，不可以浊世凡情测也。耶稣身施十架，固是爱人，亦示人所以爱己之要妙。然究何以为爱人？四福音及保罗各书均不了解。以故教会愚昧，不知其为破除我执，使永世人，皆由斯道福利众生，而得死而不亡之寿也。老子曰："吾所以有大患者，为吾有身。及吾无身，吾有何患？故贵以身为天下，若可寄天下。爱以身为天下，若可托天下？"即耶稣舍身之真谛。教会迷执赎罪之说，触途成滞，今幸徐先生反复推究以致诘，当可悟其非矣。此知基督教非从根本上彻底改造不可。

牺牲，即献祭明罪之别名，就文字相言，未脱野蛮习气。而核其实即是舍己，佛教谓之舍身，儒教谓之杀身成仁。盖本无我实现，藉解凡夫执我之缚也。谓我既无矣，何有于上帝？当知五蕴之我，本如梦幻泡影；而无我之我，即是正等菩提。不常不断不得偏执，上帝可作二说。如犹太教之野蛮偶像，夫固未之有也；而耶稣心仪之平等法身，本自满足一切功德，则举山河大地，可显证其实有矣。谓身本非吾人所有，不舍亦不能永保。妙谛，妙谛，盖人必知此而后得大解脱，可进乎道。否则遍计起执，沉溺苦海，无由自拔。此亦耶稣舍身，使众得息劳苦重担之微旨也。谓生命为上帝所赋予，非也，此教会无知谬传。于生死问题，从未明白解决者。盖吾人之生命，实非上帝所赋予，乃由无始劫来业力所系而受身，非研精佛教唯识学，不能了知。此亦基督教根本上莫大之缺欠。《约翰传》《保罗书》均未足与语，何况其他？

（六）四福音书莫不载耶稣所行之神异（奇迹），今人不明，妄为解释，不知神异之事可行而不可言，若行既不能而谓能言，其意岂非妄乎？今之科学家以神异之说反乎物理，决不之信，即托尔斯泰所著《耶稣精神》一书，亦略去神异而不言，究竟神异之说是否为福音之疵颣？亦有说以释之乎？神异之最大者，莫过于复活，而犹太人则谓门徒盗耶稣之尸，而故神其说。究竟死人复活是否可信？肉体飞升，中国有此妄诞之说，耶稣复活升天何以异是？况死人复活仍不过为人耳，其所以能为神而得永久之生命，果安在乎？

神异确由修养功深而得，乃最精深之心理学。今心理学者多不明其理，盖未能研寻佛学，精勤修习故尔。既非不能行，即非不可言。科学家以为反乎物理，决不之信。托尔斯泰著《耶稣精神》一书略而不言，皆无因缘能读佛书，知解粗陋之故。神异之说，佛教谓之神通或感通，并不奇特。教会向称奇迹，未免自暴其陋。福音中种种之神异，鄙著《基督神通义证》言之颇详。不惟绝非疵颣，且可证明耶稣确是登地之菩萨。

复活确实可信，不过神通之一端，道家谓之尸解。佛教徒如此之类甚多，不足奇。犹太人谓耶稣门徒将尸盗去而故神其说，固题中必有之文，而教会向来重视，谓为基督教独有之要道，皆由见闻过陋，昧于真正根本教义之故。不知基督要道，并不在此。肉体飞升，在深知神通之理者，亦不足奇，并非妄诞，请观鄙著《基督神通义证》自明。至复活后固仍是人，但与死后不能复活者，其生命有永有不永，相去不啻天渊也，若究其所以能为神而得永久之生命者果安在，则精研佛教唯识学自知之。

（七）道之真伪必经试验而始明。福音开宗明义即载耶稣受试验之事，究竟试验之最大者，岂仅属救人一问题？盖未有国未能救而能救人者。基督之大试验即在此。今之教会皆远避此点，而以政教分离一语为解释，殊不知救国并非政治问题，盖国者，人格与生命最大之表现也，非救国则人格不备，即生命亦不完。基督教最要之义为悔改罪恶，知个人之罪恶而不知国之罪恶，则生息于罪恶之中而自谓悔改，可乎？门徒之信耶稣本为救国者，是以有犹太王之称，惟不知救国非专救一国，必兼救全世界之国而后可。今之教会不知改正门徒之信仰，而以最大之试验为策励，乃徒谋教会之存在，寄生于政府之下，仰承意旨助桀为虐，证之欧战已可概见，真基督教，固若是乎？

耶稣受试验，正其背尘合觉，了知世间无常，国土危脆，为救世人，使一切分别尔我、国界、种界，充满天地之罪恶，由渐悔改消灭，超乎政府之上，合力庄严世界也。果尔，世界上无论何国，无论何人，人格无不备，生命无不完，道莫真于此矣。乃门徒从耶稣者，恒以为只救犹太一国，因称之为犹太王，殊令耶稣之道，广者狭，高者卑，其误甚矣。今之教会假冒营业，每下愈况，以事奉玛门（此云金钱）妻子等，过于上帝故尔。大抵中国教士，不敢云救国，恐西教士不悦，难于谋生，辄以政教分离自饰而远避之。西国教士来此，恒恃其政府为后援，实行文化与宗教之侵略，以损吾国、利彼国，而谋教会之发展。一旦彼土因劫夺失衡而战，则逢迎政府，承其意旨，助桀为虐，为帝国主义之先锋，群服战役，且祈上帝助己军，灭敌国。教会若此，人格云乎哉！生命云乎哉！盖业缘缠缚，无知妄为，叛逆耶稣之道久矣，伪之至矣，尚何基督教之可言！

（八）基督教与革命，基督教与社会主义，基督教与无政府主义，乃至基督教与劳农主义，实为今世最大之问题。基督教本为革命之教，耶稣乃最大之革命家，乃教会畏言革命之事，不知基督教自身已由革命而来，旧教革命而后有新教。乃教会犹不知革命为基督教独具之精神，甚或主张进化而排斥革命，不知非革命何由进化？革命本属造化之道，盖造化一面破坏，一面建设，革命亦然。但有破坏者而无建设者，本不足谓为革命，仅图政治上之改革者，亦不足谓为革命，故排斥假革命则可，若并真革命而非之，毋乃非耶稣之道乎？耶稣教义以打破私有制度为极则，故有"诚命虽能遵守犹必须变卖一切所有始能入天国"之训。按此教义，则无所不包，社会主义、无政府主义乃至劳农主义，何一不在其内？不过，各种主义皆各有所长与所短，而不如天国主义之完全，今人畏过激派如鬼，殊不知基督教者乃过激派之过激派，教会若不知解决此大问题，则基督教之价值安在乎？

耶稣诚最大之革命家，革犹太旧教之命而立新教，在在具革命之精神。例如旧约上帝野蛮好战，为帝国主义之罪魁，且在天上高不可攀，耶稣革之，谓"上帝不起分别，使日不择照，雨不择润"（《马太》五章），而且"人人皆是上帝"（《约翰》十章）。又因法利赛人贱视税吏与娼妓，则曰"税吏娼妓必先祭司长等入天国"（《马太》廿一章），以平贵贱。又说"富者死后痛苦，乞丐死后安慰"（《路加》十六章），以平贫富。又因众将拥之为王，孑身逃至山上（《约翰》六章），薄帝王而不为。其徒辛苦劳碌，昼夜作工，无异佛教之头陀苦行，且云"若人不肯作工，即不可吃饭"（《帖后》三章），足征基督教义尚平等，故如社会主义乃至劳农主义无不备，与佛教、墨教同，故凡宗仰基督者，当富平等思想，改造世界，革政治不良之命，促其进化，庶不玷辱基督也。乃教会不能转移社会，反随社会转移，专为社会之寄生虫，又恐社会鄙弃，有碍营业，则假意为善，主张进化。其实不祭祖先，不拜父母，破坏中国孝道，是要人退化而为禽兽也。蔑视老子、孔子、释迦，破坏儒释道三教，是要中国退化而为犹太游牧之时也。迹其浮薄嚣张，重外轻内之习惯，去耶稣之道，不知几万亿里矣。

耶稣建立天国，以身外毫无罣碍为第一步，与释迦无二无别。以世人于五蕴（即色身）耽染爱着，莫若贪悭为病，故虽选守诚命无亏，犹必罄卖所有周济贫人，且须舍己效法基督。因"十诚"之前四诚，为真理莫大之障碍，余皆最低之俗谛，纵能实行，无与于永生。实报净土为唯一妙明真心所庄严，不容夹带丝毫物质，更不容有一念之不净也，《马太福音》云"狐狸有洞，飞鸟有巢，独人子无枕首之地"（八章），《约翰福音》云"在世恨恶自己生命者，可保生命得永生"（十二章），此皆天国主义之奥秘，非具缚凡夫所能知。《使徒行传》云"信者都在一处，凡物公用，并卖田产家业，照各人所需分给之"（二章，又四章），《哥林多后书》云"我非要别人轻省，你们受累，乃是要均平。要你们的富余，补他们的不足，使他们的富余，也补你们的不足，就均平了"（八章）。非均天地之有（於陵子贫居）乎？《马太福音》云"异邦人有君王主治，有大人操权管束，但你们不当如此。谁愿为大，必为众用。谁愿为首，必为众仆"（廿章）。《哥林多前书》云"基督将一切执政者、掌权者、有能者，均毁灭之。即将国交于上帝"（十五章），非大道为公，无为而治之极轨乎？！《使徒行传》云"我凡事身先作则，使尔侪知当如何劳苦，扶助柔弱之人"（廿章）。《以弗所书》云"总要劳力，亲手作正经事，则可有余分给缺管之人"（四章），非尚勤劳以利他乎？信乎天国主义中，凡人间一切新发明之道德，莫不完具，而绝无其流弊。盖约翰、保罗毕生不娶，彼得殉身，约翰被囚，保罗兼之，无非为此天国主义也。乃今之教会趋附势利，与天国主义背驰，而甘为帝国主义之前驱。基督教之价值，被教会扫地尽矣。

（九）教会合一为今世基督徒之觉悟，但此思想何由见诸实行乃一大问题。在中国实行不外两法，其一则合并各教会为中华基督教会，其二则设一联合礼拜堂而各教会之自身仍各存在。此二法要皆不足使教会合一，盖中华基督教会之历史不过数年，何能使世界长历史之教会与之合并？至联合礼拜堂，更不过感情上之联合而已，何有于合并？倘今之教会果能遵耶稣之言，只名教会曰教会，而不加以任何形容辞，则教会无待合一而自合，然乎？否乎？

教会昧于谛理，各具邪见，纷乱极矣，先就耶稣根本教义言，设能精深穷究，舍末归本，去滥留纯，合一自非难事。然义多疏漏，仍当多读儒释道书，以图补救而求精进，如天主教各地一致，尚已！顾教士理想受缚，不得自由发展，无足取也。再就礼拜之仪文言，伦敦会、循道会、长老会等，殊简亵而欠庄严，过浮嚣而不肃静，教友一堂，全无敬意，未若天主堂犹有可观也。而圣公会礼仪介乎新旧之间，似较适中，然读诗篇，则习于寻仇而好战，读公祷文，则非出于诚意而成为机械的动作，均当改革。若言教士之修养，则除天主教外，皆不足道，盖路德为祸始也。至于浸礼会固执浸礼，安息会谬言安息，使徒会妄称使徒，诸如此类，指不胜屈，循名责实，均属皮相，无谓之至。其余各有得失处甚多，合一与否、不过形式的组织变更，于救人灵魂之事，绝不相关，不论。甚望中华基督徒，不为西洋教会之奴隶，保存黄帝子孙之资格，务本中国文教，弥缝基督所欠，革除教会二千年来种种迷妄，使皆能免沉沦得永生，则教会不待合而自合矣。

（十）新宗教是否有保留仪式之必要？基督教之仪式有种种，最要者如洗礼、圣餐礼及祈祷，此外尚有一按手礼。此诸仪式在教会中之观念已有不同，尤足为思想界信道之障碍。托尔斯泰一派主张无仪式，新教会中亦有不重洗礼者。究竟仪式为精神之表现，有仪式而无精神者有之矣。若谓有精神必不可有仪式，似非笃论，不过在二十世纪听取新仪式使人易于接受，斯为紧要。惟人心不同，今世之人亦非尽不喜保守旧仪式者，若两存之，听人之自择，不亦可乎？

宗教之仪式，在上智本无保留之必要，如儒教不重仪式。历代贤哲不胜述，可证。顾仪式之中，寓有妙理，中人以下者恒居多数，使可藉以自新，又不得不保留之。

基督教以洗礼为入德之门，盖示涤除污染之义，所以宽其既往，而策励其未来，似未可即废。圣餐之设，其精义与礼拜佛像同，面饼也而以为肉，葡萄汁也而以为血，盖万法唯心，即权即实，即外即内，心佛本不二也。乃教会陋劣狂妄，以冥顽土木之心，视万德具足之佛，排斥佛教拜偶像，不知圣餐即是变相之偶像，更不知拜佛即是成就自心之佛，领圣餐即成就自心之基督，虽智大迷，难逃老子之呵。今惟天主教、圣公会重视此礼，稍存佛教之遗风。其余各教，信行粗糙，以为记念而已，直令十架宝血徒然落空，安足语此妙谛？祈祷，即佛教自他不二，感应道交之理，不容忽视。但今之教会工于外饰，其祈祷如教训上帝然，琐亵冗繁，胡闹极已。圣公会等为防止流弊，用公祷文，乃崇拜天魔，纯乎外道，且无诚意，滑口读过，适成机械的响声，甚不合法。教会之祈祷如此，纵复留存，亦一文不值。抑知宗教最重灵修，欲其恒久无间，则祈祷不适用，必须别有善法。新约不言，是大缺憾，天主堂有《默想正则》《周年默想》等书，尚与佛教相近。《默想》略具止观之义，惟心虽专一，不免驳杂，远不及佛教止观精纯，亦不足为法，但在基督教中，总算最重要之书。各新教人，从未闻知，放纵卑劣，虽与言道，盖路德为厉阶也。近年尊崇路德之新教徒，竟有所谓退修会，盖恐一己退修无人知也。似此作伪，果谁欺乎？昔常从耶稣游者，彼得、雅各布、约翰耳，耶稣祈祷且远离之，又明明训众曰："祈祷时当入里屋闭门，暗中为之。"允已。以是知教会徒具外观仪式，无裨灵修也。按手礼当即废除，因古人行此礼，其中具有灵感作用甚大，佛教谓之灌顶法。今教士爱欲炽然，毫无修养，纵出其手，将被按者按死，有何益处？总之仪式为精神之表现，精神藉仪式而庄严，相为表里，本二而一。惟人心不同，各如其面，苟得其精神，复注重仪式，尚已。或以为仪式之末，无裨精神，听之可也。

以上对于徐先生问题十条之商榷，未知果有当否。以下略述管见五项。谨以质之识者。

五项管见

（一）中国文化远优于犹太，基督在犹太立教，自不适于中国，况时隔二千年乎？比较两地学风，颇觉基督教义，在中国有两种根本的缺欠。

（1）对于道体未翔实阐发的缺欠。

耶稣因犹太旧贯，凡言道体，以上帝概括之，故绝无学理可言。释道儒墨各书莫不详言道体，其哲理均极精微广大。乃诸教士，因袭谬传，开口一上帝，闭口一上帝，究竟上帝是何德义，从不研求；或且无知无识，争执真神之名词，不自知其上帝真神，实系天魔外道，障碍内证之真修。一种疯狂之信仰，久招文人之厌恶，是之谓不审时地之宜，反背传道之方法。今后对于"上帝"或"真神""天主"诸卑陋名词，似不必固执，当就真常妙道，切实发挥，则基督真谛，或不难传于此土也。

（2）生死问题未圆满解决的缺欠。

吾人生也何来？死也何往？灵魂既不死，永生又难得，当如何解决？必一一说出切实的理由，令好学之士，倾听之余，莫不心悦诚服而求度。斯为宗教根本要义。乃今之教会，只图教友增多以谋生计，绝不注意于此，诚不可解。向来地狱永火说，并天主堂的炼狱说，皆对死后之解决甚欠圆满。若夫结生投胎之理，更未提及。至如何能免分段生死，如何方能加行见道，似不能终此抹杀，当有以弥缝其缺，庶免见笑于佛教徒也。

（二）约翰以为人人是上帝、屡说"上帝住在我们里头"。《约翰》一为三章、四章。保罗以为人人是上帝外，又以为人人是基督。如云"我们是活上帝的殿"（《哥林多后书》六章），"我看万事如粪土，为要得着基督"（《腓立比书》三章），"这奥秘就是基督在你们心里"（《歌罗西书》一章），可证。此真宗教根本要义，奈何今之教士，绝不言及上帝基督都在人人心里，更不敢言人人都是上帝基督。岂约翰、保罗之言不足信，不可从乎？

抑中国教士均因西教士未言即不敢言乎？讵知西教士不言约翰、保罗之言，可以传教于西土，中国教士不言约翰、保罗之言，即不能传教于中国乎？请看中国著名学者，莫不研精佛教，五体投地，而极轻视基督教。北京大学且请教员讲佛教，而竭力反对基督教。欧美学者，亦抨击基督教不遗余力，果何故耶？盖新、旧约中，谬说甚多，教会不能辨别而滥传，有以致之也。

（三）保罗传道，尝谓在犹太人中当像犹太人。乃今西国人在中国人中，不像中国人，或且视中国人为非洲人。尤奇者，中国人在中国人中亦不像中国人，而像西国人，亦自视中国人为非洲人。何以知之？由其讲道时，不知有中国的文化与基督教调和而知之。几令中国数千年之文化，因基督教之滥传，消灭于无形。而基督教亦终为文人学士鄙弃抗拒而不相融洽。是果何取耶？传教诸君当知中国不比非洲，亦不是欧洲美洲。中国如老子、孔子、墨子，皆宗教大祖师也，加以佛教精髓，世界各教无与匹者，岂竟未闻知乎？抑思基督教传遍欧美，而英国哲学家罗素即不信。罗氏尝读老子、孔子之书，谓中国既有老子、孔子之道，何须有基督教？而美国哲学家杜威亦不信，所见与罗氏同。罗、杜二博士生长欧美，均反对基督教。固由教理不足以厌其心，亦诸教士无知滥传，为科学家哲学家所不容也。呜呼！基督真义自保罗外，迄今无一知者，宜乎中国文人藐视基督教也。岂果基督真理只能行于下等社会乎？余以为不然。要在传教诸君，多读中国书，能像中国人，其庶几乎！计欲达此目的，先当除去二弊：

（1）洋钱之罪恶。其势力常大于上帝耶稣万倍，必远离之，然后有自立之人格，有自主之思想。

（2）洋讲解之纰缪。其流毒常中于学道者之心，不易拔出，必尽革之，然后为真正基督教，为中国基督教。

基督教泽虽已西渐，然其真理急待浚发者甚多。今既旋转而东归，吾人得不本此土文化以光大之？

（四）世界各教，其哲理最邃密最圆满者，无如佛教。吾国道家、儒家、墨家，均不能驾而上之，回教更不足道。基督立教，确是行菩萨道，辞浅近而旨深远，善于破除执着，又易普及于下等社会，可谓妙矣。乃教会皆不知基督之浅近中有深远，既不知其深远，则必并浅近不知，乌可滥传耶？窃尝谓世界既有佛教盛行于东亚，而欧美人无佛法可闻，即不可不有基督教以度之。穷未来际无尽学者，研究哲理，自以佛教为最微妙，最精核。

若言陈义切近，使不能学佛之人，略可自度而度他，则基督教似较方便。顾基督真义，沉晦二千年，倘不研究佛教，断不能彻底认识基督教，更不能革新谬传之伪基督教为真基督教。今后在中国传教者，须在大学毕业后，仍复谢绝世事，精择儒家、墨家、道家诸书熟读之，再选佛教性宗书与基督教最近者读之，再读佛教相宗书，通共期以十年，至少五六年，始能认识基督教之真义，并其缺欠与纰缪，然后可以补救基督教，可以改造基督教，可以传基督教。是终古无上德业也。或谓耶稣未尝读孔、老、释氏之书，何以竟能立教？不知耶稣是肉身菩萨，其教义与孔、老、释氏之道自然符合，惟因下愚说法远不及其圆满耳。今欲传其教于佛、老等各教之根据地，不与其道协和，能入人之心乎？天下未有自己信仰之教，不知其所以然，而可妄传者。未有不知自救而能救人，吾今仰体基督之慈悲，敢为教会策励之。

（五）今教会自立者渐多矣。不知教堂虽多，教友虽多而直能免沉沦得永生者，果有一二人否？盖传真基督教，不妨在屋外露地上、残破芽棚中，在有彻底领会基督真心之教士，自无难放大光明，破世间黑暗也。乃今之教会，与基督之真心背道而驰，现出三种最危险的传染病：

（1）教士灵性上毫无修养，以致人欲横流，品行污下。

（2）基督根本的教义从不研核，往往知解陋劣，出辞鄙倍，不堪入中人之耳，甚至有藉讲道泄忿者，更污辱基督之至。

（3）听讲者毫无敬意，不知礼拜之谓何。青年男女借以放纵情欲者，往往有之。似此何足言基督教？何贵有自立的教会？昔耶稣十二岁，已辩才无碍，复遁世潜修十八年，及出而受洗，显感神应，又往旷野禁食四十日，且终不娶，是其兼善天下根本的修养与佛教同也。今之教会何如？佛教中凡能讲经之高僧，未有不多读孔、老书，专精一宗，复兼习其他三四宗者。以不如此，见解不能圆满，难于弘法度生也。今新教传教者，有如佛教高僧之学养乎？次之有如天主堂修道士之学养乎？必稍研究天主教，再稍研究佛教，自知基督真理无异佛教。天主教规律同于佛教者甚多，各新教会异于佛教者，因其不学昏动，故知解纯是谬误，行为纯是虚假，去真基督教太远也。至云服务社会，或举行某某大会，看似热闹非常，其实工于骛外的营业性质太多，属于内证得基业的性质毫无。恰似一种狂热证，一时脑筋受高热的激刺，不觉厉声狂呼，鼓动大众，及其热退狂歇，影响无存，有何益处？真基督教不若是浮嚣也，天主教人不肯同流合污，亦一证。庄子曰"外重者内拙"，正为今日教会写照。各地青年会每年征求会员时，一味事奉玛门（即金钱），卑污不甚言状。教会领袖亦有知其病根何在者否？亦思有如何革新之方法否？以如是之伪基督教，望其挽救社会，是犹欲往南而向北行，煮砂而欲成饭也。

当此新文化潮流中，基督教改良问题，实不容缓，姑且提出以上五项讨论，并期对于本年基督教全国大会有所供献，幸诸明达进而教之。

今教会所办学校有三大弊附此请教

（一）以谬传洋教之势力，压迫青年之思想，使不能自由发展。如强迫学生读经、祈祷，不以真理启发，更无德行感化，殊不合理也。

（二）明知基督教义疏漏，远不能敌佛教美满，乃禁读佛经。俊秀子弟不受迷惑，则以金钱诱令出洋留学，务欲达其文化侵略、宗教侵略之目的。而我数千年来之文化，被消灭于无形矣。

（三）造成一般知识隘陋、习非成是之青年，非依赖教会不能生活。此间又有二弊：（1）在在仰西人鼻息，失其人格，苦不堪言。（2）知解上种种之邪执，展转流传，不知伊胡底止。

是皆最可哀悯者也。甚望教会领袖注意改良，勿常令非基督徒反对为幸。

试以基督教与释道儒墨各教比较其崖略

基督教极精妙处，各教无不备。各教精妙处，基督教无有者无限。而基督教之荒谬害道处，则各教所无也。

基督教义，同于佛教者，如天国可拟净土，永生即不生灭是。惟福音义多未备，令人易长我执法执。佛法无蕴不宣，破尽我法二执无存。至于三世因果，六道轮回，根本教义无闻，亟待佛教补救。而佛经字字足为典要，尤非新约文义乱杂，触目皆是理障，急待删订者比，足见印度、犹太文化悬隔。教会幸勿夜郎自大。

福音之义，间亦酷似《老子》。例如老子云"外其身而身存"，"身与货孰多",与《马太福音》云:"凡要救自己生命者,必丧掉生命。凡为道丧掉生命者("道"原作"我",未免令人执一贼道,今校改),必得着生命。""人若赚得全世界,赔上自己生命何益?"(十六章)如出一辙。此外生要旨,佛教、墨教皆同,教会人迄未领悟者也。至于老子微妙玄通,并涤除玄览,破所知障,则基督教人梦想所不能到者。

耶稣博爱,舍身十架,无殊墨子兼爱,"摩顶放踵以利天下,而以自苦为极"(《庄子·天下》篇),尤无二致。盖其自苦,非自苦也,乃杜绝外感归根复命,(《老子》)无限的真自由也。博爱之说,在佛教为无缘大慈,同体大悲。自苦之说,在佛教为头陀行。若墨子著《辩经》,阐发"无穷不害兼"之旨,则基督教之以天魔为上帝者,当奉为换骨金丹也。

基督陈义切近,俾尽人皆不难实践。如言忠恕、谦虚等德,颇类孔子。其以只能杀身体,不能杀灵魂者,不足畏,即志士仁人"无求生以害仁,有杀身以成仁"之义。仁即无漏种子,清净无染之性灵。从知儒教之道,不取宗教之形式,实世间最高深、最圆融之宗教。孔子道成一贯,其学说远非耶稣所能及。如《易·系辞传》云,"《易》无思也,无为也,寂然不动。感而遂通天下之故"。又云,"神无方而易无体。其道甚大,百物不废"。固非基督教可同日语,即最美满之佛法,极玄妙之道教,何非出于一元耶?可见《易》之为书,固宗教界别开生面、最优秀之杰作,特不学之人只能迷信伪基督教者,难与言耳。

今教会稍能文者,恒据儒书发皇教义,不知取材于《老》《庄》《内典》及《墨》书,陋已。

基督教急须改造之理由五

(一)欧人士未沾东方教泽,动以基督教国自夸。而其政策,恣意侵略,恒励精于军舰巨炮,逞狡谋于国际,盖蔽于犹太教上帝之凶横,未闻真正基督教耳。故知基督慈祥爱人,不可磨灭之教义,急待吾国文化为之发抑,务使西洋贪戾空气,悉变为和蔼阳春而已。

(二)教会日即沉沦,违背永生真道。而无识盲从者,反尽以假为真,而终于不悟,极可悲悯。故吾人当发大愿,昌明基督正义,使其血不空流。就西人之信仰,发抑亚化,以启迪之。使彼易于领受而向上,依据真理,自度而度他，则国界、种界自消，而世界可永久和平也。

（三）今东方文化，似被西方侵略政策，并物质文明，压迫己甚，加以无识西人来此传教者，见我政治之腐败，等我于未开化之民族，往往以彼粗野陋劣见解，蔑视我数千年来至可宝贵之文化，于是吾国教士沿习成风，致我国魂几乎消灭，而基督教终为文人所鄙弃，吾为此忧。

（四）基督教为埃及、犹太、波斯，并希腊、罗马文明之结晶，虽远不及佛儒等教之美满，然在西方文化中莫此为高，亦惟此可与亚化相接合。吾人负传播亚化之责，得不藉此互相融贯，发越光辉，统一世界精神的文化哉？

（五）基督教虽传遍全球，其真光实久郁而未发，必本科学的精神，革除一切谬妄。务使人皆亲证自心的上帝，圆成己身的基督，则如江河的灵水，自从腹中愈流愈多，无难滋润世界，洁净世界。而未有天地以前已有的真心，自能弥纶天地以常存。

赘　言

我本基督无限的爱心，为此赘言。耶稣当日，本非在中国立教。今在中国宣传，故《旧约》书当删去十之七八，《新约》书亦当删去十之三，改去十之三。其余留存者，对于免沉沦、得永生之方法，还是很不够用。言及于此，请问教会，若专以营业为重，就不说了，若以自己并他人的灵魂为重，就当依最低的限度，速去研究佛教唯识学与净土宗，然后再来宣传基督教，庶可补其偏而救其弊。因唯识的哲理过于邃密微妙，只宜于上根上智，不便对中人以下者宣传，而教士必粗知梗概，始知生死之权，操于自己。基督教义，偏重信行而无解，合于净土者十八九，容易普及下等社会，然必知即佛是心，即心是佛，加以净修，始可横超三界也。

基督为要世人都得永久的丰富，特为贫穷；为要世人都得永久的尊贵，特为卑微；为要世人都得永久的生命，特为舍命。教会岂竟不知乎？竟都不肯照样去行，便与基督不相干了，甚是可惜。但基督还有许多宝贵的道理，祗因当日的门徒不能领会，毕竟未说出来，（《约翰福音》十六章十二节）不知教会觉悟否？作何感想否？有意更求精进否？不佞颇愿依佛、老诸说，将基督所未言，约翰、保罗所未闻者，贡献于教会；无如众生机劣，迷执偏浅，拒真胜义，以恩为怨何？以此，我对全世界的基督徒，不胜哀愍。以其无知无识，虚伪狂妄，阻碍真理进化，害不胜言也。呜呼！安得保罗复生，"愿与基督决裂，以救我无量数兄弟骨肉乎？"（《罗马书》九章三节）

约翰屡说不愿意用笔墨写出来的话，（见《约翰》第二书、第三书）今我亦然，姑说一偈：

执着我见不除，决定沉沦死海。了知万事粪土，始可庄严世界。

（根据结集的《中华新基督学》整理，上海：佛教精进社，1927 年）

隋唐佛学之特点

——在西南联大讲演

汤用彤

今天讲的题目是隋唐佛学之特点。这个题目有两种讲法：一种是把特点作历史的叙述，从隋初到唐末，原原本本地说去，这叫做"纵的叙述"。一种是"横的叙述"，就隋唐佛学全体作分析的研究，指明它和其它时代不同的所在。原则上这两种方法都应该采取，现在因为时间限制，只能略略参用它们，一面讲线索，一面讲性质。即使这样讲，也仍然只能说个大概。但是先决问题，值得考虑的是：隋和唐是中国两个朝代，但若就史的观点去看，能否连合这两个政治上的朝代作为一个文化学术特殊阶段？就是隋唐佛学有无特点，能否和它的前后各朝代加以区别？我们研究的结果，可以说佛学在隋唐时代确有其特点。这一时期的佛学和它的既往以及以后都不相同。平常说隋唐是佛学最盛的时候，这话不见得错，但是与其说是最盛，倒不如拿另外的话去形容它。俗话说"盛极必衰"，隋唐佛学有如戏剧的特点，是高潮的一刻，也正是下落的一刻。所谓"分久必合，合久必分"，隋唐佛学的鼎盛，乃因在这时期有了很高的合，可是就在合的里面又含有以后分的趋势。总括起来说，隋唐佛学有四种特性：一是统一性；二是国际性；三是自主性或独立性；四是系统性。若欲知道这四种性质及其演变，便也须知道佛学在这一时期之前与以后的趋势。

先说统一性。隋唐时期，佛教在中国能够在各方面得以统一。扼要说来，佛学本身包含理论和宗教两方面。理论便是所谓哲理，用佛学名词说是智慧；同时佛教本为宗教，有种种仪式信仰的对象，像其它宗教所供奉的神，以及有各种工夫如坐禅等等。所以佛教既非纯粹哲学，也非普通宗教。中国佛教对于这两方面，南北各有所偏，又本来未见融合，可是到了隋唐，所有这两方面的成分俱行统一。从历史上看，汉朝的佛教势力很小，到了魏晋南北朝虽然日趋兴盛，但是南北渐趋分化。南方的文化思想以魏晋以来的玄学最占优势；北方则仍多承袭汉朝阴阳、谶纬的学问。玄学本比汉代思想超拔进步，所以南方比较新，北方比较旧。佛学当时在南北两方，因受所在地文化环境的影响，也表现同样的情形。北方佛教重行为、修行、坐禅、造像。北方因为重行为信仰，所以北方佛教的中心势力在平民。北方人不相信佛教者，其态度也不同，多是直接反对，在行为上表现出来。当时北方五胡很盛，可是他们却渐崇中国固有文化，所以虽然不是出于民族意识，也严峻地排斥佛教。南方佛教则不如此，着重它的玄理，表现在清谈上，中心势力在士大夫中，其反对佛学不过是理论上的讨论，不像北方的杀和尚、毁庙宇那样激烈。并且南方人的文化意识和民族意识也不如北方那样的强，对外来学问取容纳同化态度，认佛教学理和固有的玄学理论并没有根本不同之处。换言之，南方佛学乃士大夫所能欣赏者，而北方的佛学则深入民间，着重仪式，所以其重心为宗教信仰。

到了隋唐，政治由分到合，佛教也是如此。本来南方佛教的来源，一为江南固有的，另一为关中洛阳人士因世乱流亡到南方而带去的。北方佛教的来源，一为西北之"凉"的，一为东北之"燕"的。南方为玄学占有之领域，而"凉"与"燕"则为汉代旧学残存之地，佛教和普通文化一样，也受其影响。但是自从北朝占据山东以及淮水流域，有时移其人民，南方佛教也稍向北趋；又加以南方士大夫逃亡入北方的也不少，俱足以把南方佛学传入北方。所以，北朝对佛学深有研究者多为逃亡的南方人。再其后，周武帝毁法，北方和尚因此颇多逃入南方；及毁法之事过去，乃学得南方佛学理论以归。到了隋文帝，不仅其政治统一为南北文化融合之有利条件，并且文帝和炀帝俱信佛教，对佛学的统一都直接有很大的功劳。文帝在关、洛建庙，翻译经典，曾三次诏天下有学问的和尚到京，应诏者南北都有。以后炀帝在洛阳、江都弘扬佛教，置备经典，招集僧人，而洛阳、江都间交通很发达，南北来往密切，已不像隋以前的样子，这也是南北文化统一的主要因素。

就佛教本身说，隋唐的和尚是修行和理论并重。华严的"一真法界"本为其根本理论，可是其所谓"法界观"，乃为禅法。天台宗也原是坐禅的一派，所尊奉的是《法华经》，它的理论也是坐禅法，所谓"法华三昧"是也。法相唯识，本为理论系统，但也有瑜伽观行。禅宗虽重修行，但也有很精密的理论。凡此俱表明隋唐佛教已统一了南北，其最得力之口号是"破斥南北，禅义均弘"。天台固然如此，华严也可说相同。唐代大僧俱与南北有关。天台智者大师本为北人，后来南下受炀帝之优礼；唐玄奘在未出国前曾到过襄阳和四川，襄阳乃南方佛学的中心。菩提达摩本由南往北。三论宗的吉藏本为南人，后来隋文帝请他到北方，极受推崇。法照乃净土宗大师之一，本为北人，也曾到过南边。表面看，北方佛教重行为信仰，仍像旧日的情形，可是实在是深入了。这时仍同样造佛像，建庙宇，势力仍在平民；却又非常着重理论，一时天台、华严诸宗论说繁密，竞标异彩。南方的佛学，反而在表面上显现消沉。却是对后来的影响说，北方的华严、天台对宋元明思想的关系并不很大，而南方的禅宗则对宋元明文化思想的关系很大，特别关于理学，虽然它对理学并非起直接的作用，但自另一面看，确是非常重要。

佛教到隋唐最盛。佛教的势力所寄托，到此时也有转变。因此接着谈到它的自主性或独立性。主要的是，这时佛学已不是中国文化的附属分子，它已能自立门户，不再仰仗他力。汉代看佛学不过是九十六种道术之一；佛学在当时所以能够流行，正因为它的性质近于道术。到了魏晋，佛学则倚傍着玄学传播流行；虽则它给玄学不少的影响，可是它在当时能够存在是靠着玄学，它只不过是玄学的附庸。汉朝的皇帝因信道术而信佛教，桓帝便是如此。晋及南朝的人则因欣赏玄学才信仰佛教。迨至隋唐，佛教已不必借皇帝和士大夫的提倡，便能继续流行。佛教的组织，自己成为一个体系。佛教的势力集中于寺院里的和尚，和尚此时成为一般人信仰的中心，至于唐朝的皇帝，却有的不信佛教。高祖仅仅因某种关系而中止毁灭佛教。唐太宗也不信佛教，虽然他非常敬爱玄奘，但曾劝过玄奘还俗。玄奘返国后，着手翻译佛经，要求太宗组织一个翻译团体，太宗便拿官话搪塞玄奘，意思是你梵文很好，何须他人帮忙。据此，足见太宗对佛教的态度如何了。玄宗虽信佛教，可是信的是密宗，密宗似道教，实际上信道教才信佛教。唐朝士大夫信佛教的也不多，即有信者也对于佛学理论极少造诣。士大夫排斥佛教的渐多，且多为有力的分子。加以道教的成立，使阴阳五行的学者另组集团来反对佛教。儒教则因表现在政治上，和佛教无有很大关系。因之佛教倒能脱离其它联系，而自己独立起来。另一方面，佛教这种不靠皇帝士大夫，而成独立的文化系统、自主的教会组织，也正为它的衰落的原因。即缘佛教的中心仅集中于庙里的和尚，则其影响外界便受限制。和尚们讲的理论，当时士大夫对之不像魏晋玄学之热衷；平民信仰佛教的虽多，然朝廷上下则每奉儒教，不以事佛为主要大事，这些实在都是盛极必衰的因子。本来佛学在中国的表现，一为理论，二为解除生死问题，三为表现诗文方面的佛教思想。可是到了向下衰落的时候，理论因其精微便行之不远，只能关在庙里；而生死问题的解决也变为迷信。这时只有在文学方面尚可资以作为诗文的材料，韩昌黎虽然排佛不遗余力，倒尝采取佛学材料作些诗文赠给和尚。

最后谈到系统化。印度佛教理论，本来有派别的不同，而其传到中国的经典，到唐代已甚多，其中理论亦复各异。为着要整理这些复杂不同的理论，唐代的佛学大师乃用判教的方法。这种办法使佛教不同的派别、互异的经典得到系统的组织，各给一个相当地位。因此在隋唐才有大宗派成立。过去在南北朝只有学说上的学派（Sect），例如六朝时称信《成实论》者名成实师，称信《涅槃》者名涅槃师。而唐朝则成立各宗，如天台、禅宗等等，每宗有自己的庙，自己的禁律，对于佛学理论有其自己的看法。此外每一宗派且各有自己的历史，如禅宗尊达摩为祖宗，代代相传，像《灯录》里所记载的。这也表明每派不仅有其理论上的特点，而且还有浓厚的宗派意识，各认自己一派为正宗。此种宗派意识，使唐朝佛教系统化，不仅学术上如此，简直普及到一切方面。华严、天台、法相三宗，是唐朝最重要的派别。另一为禅宗，势力极大。天台、华严不仅各有一套学理，并且各有一个全国性的教会组织，各有自己的谱系。华严、天台、法相三宗发达最早。华严上溯至北朝，天台成于隋。它们原来大体上可说是北统佛教的继承者。禅宗则为南方佛学的表现，和魏晋玄学有密切关系。到中唐以后，才渐渐盛行起来。原来唐朝佛学的种种系统，虽具统一性，但是南北的分别，仍然有其象迹。唐朝前期佛学富北方的风味，后期则富南方风气。北统传下来的华严、天台，是中国佛学的表现；法相宗是印度的理论，其学说繁复，含义精密，为普通人所不易明了。南方的禅宗，则简易直截，明心见性，重在觉悟，普通人都可以欣赏而加以模拟。所以天台、华严那种中国化的佛教行不通，而来自印度的法相宗也行不通，只有禅宗可以流行下去。禅宗不仅合于中国的理论，而且合乎中国的习惯。当初禅宗本须坐禅，到后来连坐禅也免去了。由此也可见凡是印度性质多了，佛教终必衰落，而中国性质多的佛教渐趋兴盛。到了宋朝，便完全变为中国本位理学，并且由于以上的考察，也使我们自然地预感到宋代思想的产生。从古可以证今；犹之说没有南北朝的文化特点，恐怕隋唐佛学也不会有这样情形，没有隋唐佛学的特点及其演化，恐怕宋代的学术也不会那个样子。

（原载：《图书月刊》第三卷第三四期，收入：《汤用彤学术论文集》，北京：中华书局，1983 年，第 5-10 页）

佛典举要

汤用彤[*]

整理说明：

　　1926 年汤用彤与范文澜、蒋廷黻、黄钰生等教授被南开大学学生会主办的《南大周刊》请为顾问，该刊成为师生沟通、合作的重要桥梁。主编在开篇语中讲，所请的九位顾问"除指导一切外，并须自己做文章"[①]。汤用彤应邀所撰《佛典举要》发表于《南大周刊》两周年纪念号。笔者于南开大学图书馆善本室发现此文，故未及收入初版的《汤用彤全集》。

　　前言叙述写作缘起：当时他住在校内百树村（专家楼一带）一简朴幽雅的西式平房。张伯苓在资金紧张的情况下，免费为教员提供宿舍、早餐、佣人等，竭力营造安居乐业的环境。汤用彤的宿舍毗邻其平时讲课的秀山堂等学生活动的中心场所，故而撰文时能听到传来的乐声，于是将该文作为送别毕业生的纪念。

　　现存汤用彤论及中国佛教史领域的文章中，《佛典举要》是最早一篇，它初步总结了汤用彤二十多年研读佛典的积淀和思考。该文先略述巴利文、梵文、藏文和汉文四大类佛藏及其编纂史，再概述体现佛教源流变迁的根本经典，最后介绍中国重要佛教论著及相关史料，包含着丰富的历史文化内涵。

　　文中所列书目择取审慎，独具匠心，其解说简明扼要，注重印度佛教与中国佛教的联系，显示出汤用彤由梳理印度佛教史转向中国佛教史的治学思路。可以说，这是现知首次向世人提供的一份研究中印佛教史的必读书目和最佳入门途径。他从研究方法论的高度指出，研究中国各宗论著须

---

　　[*] 本文由天津社会科学院赵建永研究员整理校注。

　　[①] 包寿眉：《本刊的过去与将来》，《南大周刊》，1926 年第 34 期，第 3 页。

在熟读印度佛教根本典籍之后，乃可涉入，盖因"探其本，自易明其流；知大义，自不堕歧路"。①

从该文可知，汤用彤推重支那内学院的佛典校勘工作和欧阳竟无、梁启超的相关研究，并密切关注国际前沿的最新进展。对于日本正在编修的《大正藏》，他一方面指出，其书未必如其吹嘘的那样已极尽搜集校刊之能事；另一方面认为，睹邻国此种"洋洋大观"之"巨典"出世，而我国处"财力均乏之秋，文献惧绝"，当发人深省！②由此可见，发扬国光，不甘日本学者专美于前，是汤用彤治中国佛教史的重要动力。

原文印排，错落甚多，皆据文义予以校正，并分段标点。疑为错字、衍文者，以（）标出；改正、增补之文字，外加【】。文中所列书名标＊号者，为幸存至今的汤用彤藏书。

夏历之四月八日，为俗传之浴佛纪念。其后二日，周刊主政者，向余索二周年纪念号文稿，谓为应交卷之末日。余久应之，而推诿至今，甚愧无以应。归检旧作，校改需时；欲另有所作，又（昔）【惜】无时日。遂略抄佛经书目，赘以说明，以为初学者之助。

书目之作，贵在选择精审，亦非长时深思不可。读书应知非一夜之力所能达。余草此篇之夜，适全校为毕业班开欢送纪念会。余于箫竹管弦声中，独居斗室，急迫书此，未始非个人之纪念也。③

现在佛教典籍重要者，存于四种文字：

第一，巴利文之佛藏，系小乘。第二，梵文所留佛典，多大乘。第三，西藏文包容最富，较吾国汉文所有者尤完备。第四，中国文，举后汉以来译著，总名大藏经。

藏经之名，起于经律论三藏之分类。实则现有大藏，范围多逸出三者之外。全藏经之刊行，第一次在九七一至九八三年之中，即起于宋太祖开宝四年，成于太宗太平兴国八年，凡五千零四十八卷。此本我国不存，而日本有其残部。

---

① 汤用彤：《佛典举要》，《南大周刊》，1926 年第 34 期，第 60 页。

② 汤用彤：《佛典举要》，《南大周刊》，1926 年第 34 期，第 57 页。

③ 当时汤用彤住在校内丛树环绕的百树村（今南开大学东村一带）一间简朴幽雅的西式平房，故称"斗室"。其毗邻平时讲课的秀山堂等学生活动的中心场所，故而撰文时能听到传来的乐声，于是将其作为送别毕业生的纪念。

现今国中所流通者：

一为龙藏版，各大寺院间有之，为清雍正、乾隆时所刻；

二为频伽精舍版，为沪商犹（大）【太】人哈同出资所刻[1]；

三为日本弘教书院小字版，明治十八年前刊成；

四为《卍字藏》，成于明治三十八年前；

五为《卍字续藏》，竣功于大正元年，即近来商务印书馆所影印者也，南开图书馆有之[2]；

六为《大正一切经》[3]，都为一万二千八百六十四卷。

总其成者，高楠顺次郎，其所作缘起有曰：

"幸蒙朝野同心提倡，缁素戮力匡理。精益求精，慎诸又慎。东宫之天平古写，庆许拜观；西竺之梵贝灵文，欣同参考。上溯唐宋元明历朝宝藏，博征日华韩巴各地真经。地若敦煌秘库，于阗奇书，不惮采隼之艰难，悉作校雠之资料。汰其纰谬，聚其精华。寻其流而得其源，如饿过膳；俣其真而益其美，似锦添花。洋洋大观，实昭代足征之文献；煌煌巨典，真旷世希有之奇珍。"

虽其书未必已极搜集校刊之能事，然此种"洋洋大观"在我国财力均乏之秋，文献惧绝，睹邻国"巨典"出世，能不发深省乎？我国现在之刊行佛书机关，亦有多处，率皆因于人力、财力支绌。为之校勘精审者，为南京支那内学院[4]。

《长阿含经》* 二十二卷

《中阿含经》* 六十卷

《佛说义足经》二卷

---

[1] 英籍犹太人哈同（Hardoon，1851—1931 年）是当年上海首富，热心中国文化。哈同夫人罗迦陵建佛堂"频伽精舍"，发心修成《频伽精舍校刊大藏经》，也称哈同大藏经。初版印制少，且多流失。此藏至今仍较完好地保存在北大燕南园汤用彤故居。

[2]《卍字续藏》（7144 卷）系日本藏经书院 1912 年刊印，所收多为中国久佚的珍籍要典。但不久存书失火，流传不多。1923 年，商务印书馆影印了五百部。1937 年 7 月，日军轰炸南开大学，图书馆化为瓦砾场，藏书大部分没能运出。《卍字续藏》与之俱焚。

[3] "一切经"是"大藏经"的别称。汤用彤 1938 年到昆明后两箱《大正藏》丢失于运途中，现存汤用彤藏书中只剩 24 卷。

[4] 汤用彤藏书里有大量金陵刻经处及内学院所出之书，其间多有他的校勘、批注。目前尚在整理中。

释僧肇谓，阿含乃"万善之渊府，总持之林苑"①。其言以历史言之，则实甚当。盖阿含有四：谓《杂阿含》* 《长阿含》《中阿含》《增一阿含》是也。阿含为最初佛经，欲知释迦所说之真相，不可不读阿含；欲知佛教诸派别之渊源，不可不读阿含。《长阿含》及《中阿含》，解释丰茂，初学者宜读之。《义足经》，亦为最早佛经之要典②。

《善见律毗婆沙》十八卷

律者禁律，具见教会之组织及规则。《善见律》或多古义，而一切有部之诵律，则甚完备。昙无德部之《四分律》，则于我国之律宗，最有关系。

《解脱道论》* 十二卷

《舍利弗阿毗昙》* 三十卷

《发智论》* 二十卷

《大毗婆沙论》二百卷

《三弥底部论》三卷

《异部宗轮论述记》*

小乘论之最早者，吾国所传甚少。最早者为《解脱道论》，然原译不佳，刊本亦劣，不易卒读。《舍利弗阿毗昙》亦甚早，不易读。惟《解脱道论》之异本，已有英译，名为 *The Way of Purity*③，英伦巴利圣典协会印行。一切有部论之主干为《发智论》，其解释有二百卷，名《大毗婆沙》。梁任公曾略论之，见其《近著》第一辑中。详读《毗婆沙》，并可出（译）【绎】佛教小乘诸派学说之大凡。十八部之书，留在中文典者，当首称正量部《三弥底部论》。研究各部异义应用之异籍：一为巴利之"说事论"，已由巴利圣典协会译印，名为 *Points of Controversy*④；一为唐人窥基之《异部宗轮论述记》。

《顺正理论》八十卷

《俱舍论记》* 六十一卷

《成实论》* 十六卷

---

① 出自僧肇《长阿含经序》："阿含，秦言法归。法归者，盖是万善之渊府，总持之林苑。其为典也，渊博弘富，韫而弥广。明宣祸福贤愚之迹，剖判真伪异齐之原，历记古今成败之数，墟域二仪品物之伦。道无不由，法无不在。譬彼巨海，百川所归，故以法归为名。"

② 内学院单刻这部经，有很深的学理原因。这部经是极少数从巴利文译成汉文的佛典，很珍贵，但汉文译文文字有不少问题，不易读通。

③ "*The Way of Purity*"即觉音论师的巴利文《清净道论》。

④ "*Points of Controversy*"汉译意为《论事》。

【《俱舍论》】

世亲明经部义，著全论细释之①，可见其时学说前后变迁。众贤反对世亲，而作《顺正理论》。陈理井然，为欲知有部最终学说必读之书。《俱舍》《成实》，均可见小乘、大乘之渊源。宜黄欧阳竟无先生为二书作序，均为初学者应先读之文。《俱舍论记》玄奘弟子普光所记【。】二书②均应读南京支那内学院刊本。

《因明入正理论疏》六卷

初学因明者，宜读熊子真先生之《因明大疏删注》*，惜尚未刊布。现今所用之《因明大疏》，为金陵刻本，错误颇多，不便初学，惟舍此亦无入手之书可读。③

《中论疏》* 二十卷

《百论疏》* 九卷

《成唯识论》* 十卷

《摄大乘论释》* 二十卷，无性、世亲会译【本】④

《广五蕴论》一卷

《百法明门论》* 一卷

性宗、相宗典籍，浩如烟海，取择既难，而选便于初学者更难。惟《百

---

① 指《俱舍论》，特别是释论部分。这里的书目应有《俱舍论》，盖因手民误以为与《俱舍论记》相重而漏印。

② "二书"指《成实论》和普光的《俱舍论记》。《成实论》是欧阳竟无于民国五年冬在金陵刻经处时所校刻。

③ "因"指推理，"明"即智慧。因明是印度哲学的古典逻辑，也包涵着丰富的认识论。由于佛教因明后来成为印度因明学发展的主导，因明也就成了佛教逻辑学的专名。汤用彤常对照讲授中、西、印逻辑学。他认为印度因明分二阶段："古因明相传创自足目。其理论由特殊事实以证明特殊事实。此与西方之经验论理学精神上相同。新因明大成于陈那。其注重思想之条理规律与西洋形式论理学相同。而其三支推理与三段论之精神亦相同。"（汤用彤：《汤用彤全集》，石家庄：河北人民出版社，1999 年，第 345 页）受西方逻辑学影响，汉传因明研习于 19 世纪末复苏，五四后逐步形成唐代之后的又一个高潮。玄奘传人窥基的《因明入正理论疏》是因明学重要典籍，为其晚年集大成之作（故又被尊为《大疏》），但初学者不易理解。于是汤用彤向大家推荐熊十力在 1925 年岁末完稿，行将出版的《因明大疏删注》作为入手之书。熊十力对原书删繁就简，加以注释，他的因明思想主要体现于其中。该书 1926 年 7 月由上海商务印书馆出版，对因明研习起到积极推动作用。1926 年 5 月 29 日刊发的《佛典举要》大概是现知学术界最早关注熊十力这一重要著作的文章。

④ 无著造《摄论》，世亲和无性先后造释论，这里提到的"会译"，应是民国时江北刻经处刻的一个会译本。汤用彤藏书中现存金陵刻经处的世亲释《摄大乘论》三册。

论》破邪显正，谈理精悍，或为性宗入门必读之书。《成唯识》集十家学之大成，为相宗要典。《五蕴》《百法》则向列为初学之书。至若《中论》，则龙树学之主干，《摄论》则唯识学之源泉，均所必详参者也。至若《华严》*《般若》*《深密》*《楞伽》*，乃二宗根基。护法、清辩之书，为二宗重裔，虽为要籍，或不宜令初学者读之。《大乘起信论》*，（成）【诚】为伪作，日人论讨极多，详见梁任公所著论，载《东方杂志》中。

以上所列，均举佛学之根本典籍，（快）【抉】择自多遗漏。惟在初学者能渐通其凡，已可发挥不尽。至若佛教史料，重要者之在藏中者，为：

《佛所行赞》五卷

《释氏通鉴》二十二卷

《历代三宝记》十五卷

《高僧传》①初集十四卷、二集三十卷、三集三十卷

《玄奘西域记》十二卷

《宏明集》*十四卷

至若我国佛教著述，在历史上占重要位置者：

如三论宗之

《三论玄义》*二卷

《肇论》*三卷

如天台宗之

《法华玄义》二十卷

《摩诃止观》*二十卷诸书。

如法相宗之

《法苑义林》*十八卷

《成唯识论》或应属此。

如贤首宗之

《华严玄谈》二十八卷

如净土之

《决疑》、法华之《义记》等。

---

①《高僧传》为汤用彤随身必携之书。他毕生刻意搜集齐了几乎各种版本的僧传。《读慧皎〈高僧传〉札记》（汤用彤：《读慧皎〈高僧传〉札记》，《史学杂志》，1930 年第 2 卷第 4 期）是其中国佛教史研究发表的首篇专文。现存他所常用之《高僧传》几近韦编三绝，其用功精勤如是。

此①则须在已知根本典籍之后，乃可涉入。盖探其本，自易明其流，知大义，自不堕歧路，故本篇于此，更不备举。

（原载：《中国哲学史》，2008 年第 2 期，第 5-8 页）

---

① 应指"至若我国佛教著述，在历史上占重要位置者"来说。内学院的功绩之一，在劝阻初读佛学的人，一上来就碰天台、华严的章疏。这与汤用彤学必探本究源的治学精神是一致的。他在内学院时曾撰文说："时学之弊，曰浅，曰隘。浅隘则是非颠倒，真理埋没；浅则论不探源；隘则敷陈多误。"（汤用彤：《汤用彤全集》，第 5 卷，石家庄：河北人民出版社，1999 年，第 274 页）

论研究宗教是反对外来宗教传播的正当方法

贺　麟

旧日反对宗教传播的唯一办法，为屠杀传教士，焚毁教堂，其失之也愚；今日抵制宗教侵略唯一的方法为组织非基督教大同盟，其失之也鲁。均非抵制宗教传播的善法。因屠杀教士适足以启武力侵略的衅端，而为外国割据我土地的借口，岂非愚乎？教会虽有黑暗的一面，但宗教自有其不灭的价值；教徒虽有缺点错误，而基督自是救世的哲人。不分青红皂白，而概"非"之，岂非鲁乎？故余尝谓非宗教同盟之举实足以张耶教徒的气焰，固耶教徒的团结，而表示国人宗教观念之浅薄耳。

故居今日而言反对宗教传播，非另辟蹊径不为功。据余管见所及，以为反对外来宗教传播之最和平、最公正、最有效的根本方法厥为研究基督教。读者疑吾言乎，请毕吾词：

夫研究的对象，即非信仰的对象，稍有常识者，类能言之。故信耶教者多，则研究耶教者自少；而研究耶教者多，则信耶教者亦自必减矣。且也先研究，而后信仰，方得谓之真信仰；先研究而后信仰，方不致发生流弊。某先生与余谈其信教的经过，谓彼"先怀疑耶教，继研究耶教，最后方信仰耶教"。故如某先生者可谓之真基督徒矣。

近人对于中国的旧学问、旧思想、旧制度多谓须用科学眼光重新估定价值，不可墨守，不可盲从，此说固甚是。但我们对于外国的学说、主义、宗教，亦须用科学眼光重新估定价值，精研而慎择之，亦不可墨守，亦不可盲从也。盖前者因时间不同，后者因空间不同，两者均有重新估定价值之必要。余之主张研究耶教，即不以耶教在外国的利害为准，而重新估定耶教在中国的价值。

研究耶教可从下列五方面着手：

（一）耶稣个人的研究，如：

1. 耶稣的生平传略（朱执信谓耶稣系一私生子，此亦有趣而值得研究之事）；

2. 耶稣的十二个弟子是真有，抑系后人臆造。十二个弟子中有一个叛徒，何故？

3. 耶稣是否死在十字架上（英人 Samuel Butler 谓耶稣死在十字架上之说不确）。

（二）对于新旧约的研究：

1. 新旧约的文学价值及其神话的研究；

2. 新旧约的伦理学价值；

3. 天主教与新教的沿革和异同；

4. 中译新旧约的研究（新旧约译成中文或各省方言者，不下三四十种，颇值得研究）。

（三）教会及教会学校的研究：

1. 教会与帝国主义；

2. 教会与资本家；

3. 教会与男女社交；

4. 教会与旅馆宿舍或游艺场。

（四）教徒的研究：

1. 教徒的操行；

2. 教徒与罪犯（据美国心理学家麦独孤的调查，谓教徒之犯罪者，比常人多）；

3. 外国传教士与拓地者（explorers）；

4. 外国教徒欺压中国平民、包揽词讼的调查。

（五）教义的研究：

1. 基督教义与国家主义；

2. 基督教义与社会主义（意大利社会学家 Lorin 谓基督教者，资本家之宗教也，教贫人忍受资本家的压迫，接交上帝，以企图天堂的快乐）；

3. 基督教义与进化论及科学；

4. 基督教义与伊斯兰教及佛教教义的比较。

以上不过余一时所想到的研究大纲而已，挂一漏万，自所难免。总之我们须知基督教既成研究的对象，则乃是学者之事，无须强人人以信之；研究基督教乃中国开明人士的责任，则教会诸君更可不必大力招徕征求会员，使得无论智愚贤不肖，尽皆变成教徒而后快。

抵制宗教传播的方法甚多，余非谓研究宗教即抵制宗教传播唯一无二的良法，但此法或许是比较和平切实的一法，无论反对耶教，或信仰耶教者，均不妨平心一试行之。因抵制外来宗教的传播，实爱国的真教徒，与普通中国人民所应一致携手，共同努力的使命。

此外尤有一言所应声明者，即本人之草此文，乃欲趁耶稣诞日的机会，聊述所感，以供商榷。并非有意对某一教堂或某一基督教青年会作局部的批评，或对于一小团体作无谓的攻击；区区此心，当能见谅。

按：1925 年，基督教大同盟在北平举行会议，赞成和反对的意见很多，此文表示当时《清华周刊》编者的意见。现在我感到，我十多年后在《思想与时代》上发表的《基督教与政治》一文，就是根据这一想法，在美国所做的一些研究和思考。它表明我当时对宗教与政治问题的一些重要看法。

（原载：贺麟：《文化与人生》，北京：商务印书馆，2015 年，第 156-159 页）

基督教和中国的民族主义运动

贺　麟

中国的民族主义运动确是一种革命运动，不应当把它与沙文主义式的和法西斯主义式的民族主义相混淆。中国的民族主义运动外观上是反抗帝国主义势力经济上、政治上和军事上的压迫；其内在意义是反抗保守的军阀和封建土，文化理智方面，它是对过去的传统和习俗的反抗。这场运动，在一种意义上，是民族主义的运动，因为中国要通过这场运动得到完全的独立和统一，而且要废除一切不平等条约。但在另一种意义上，它又超出了民族主义的范围，因为它鼓舞和激励了世界上一切被压迫民族的自信心，它的目标在于建立一种以平等互利为基础的国际关系。

中国当前的民族主义运动，实际上是十九世纪中期（1850—1864 年）发生的太平天国起义的继续。太平天国起义有三重动机：政治方面，它是要推翻清王朝；社会方面，它是要使中国社会化，也就是要实行某种国家社会主义；宗教方面，它是要把中国基督教化。太平天国的起义者们力图推翻满族统治，这在某种程度上是受欢迎的，但他们的欠妥当的社会主义措施和他们的假基督教的狂热实践，却使得中国人和外国人都不高兴。因此，打了十五年内战，死了差不多两千万人，三分之二的中国领土受到践踏破坏，太平天国运动还是最后失败了。

现在的民族主义运动已迅速取得了成功。它推翻了满族的君主，于1910 年建立了共和国。它成功的秘密就在于革命者放弃了宗教和社会主义方面的反叛，而集中其精力于推翻衰落的满族王朝之单一的较低的任务。

因此，我们可以看到，在近来的中国民族主义运动中，既没有宗教的争端，也不带明显的基督教的动机。但有一个无可怀疑的事实，即作为中国共和国之父和中国民族主义运动（在反对清朝的起义和反对帝国主义势力的斗争中）领袖的孙逸仙是一个基督徒，而且没有人否认，孙逸仙是中国前所未有过的最像基督人格的人[1]；而太平天国的领袖们却把政治口号和基督教的口号相混淆了，他们对基督教实际上根本没有任何理解。所有这些都清楚地说明，中国的民族主义运动和基督教之间有着一种密切的关系。有些人甚至说，中国民族主义运动的开端，也就是现代基督运动在中国的开端。

这篇论文的主要目的是追溯基督教在中国的历史发展；分析基督教为什么和在哪些方面有助于中国民族主义运动的发展，中国民族主义者为什么和在哪些方面对基督教和传教士的工作怀有某些敌意。

基督教在中国的历史分为四个阶段：第一阶段以天主教的基督教为代表，开始于公元七世纪。公元635年，一个叫阿洛彭的基督教僧侣来到中国，成为第一个得到皇帝允许在中国传布福音的人。阿洛彭被皇帝授与精神之主的称号，他的宗教叫做光明教。从那以后，基督教在中国有过二百多年的受欢迎时间。由于某些还不清楚的原因，基督教传教士在九世纪的时候消失不见了，十世纪和十一世纪基督教在中国无影无踪也还是一团疑云。对这种消失，唯一较好些的解释，是认为在公元945年，中国对佛教徒有过一次大迫害，以抵制其势不可挡的影响。基督教的传教士可能不幸地分担了佛教徒的同样命运。但佛教很快地恢复了，而基督教则完全被清除了。

第二阶段的代表是天主教的圣方济会信徒和新景教的传教士。这个阶段开始于十三世纪，当时是忽必烈时代，他征服了欧、亚两洲许多地方，其母亲是一个基督徒。1265年，马可·波罗打开了通道，他为基督教的普及作了极大的努力。后来方济会传教士随之而来，成千上万的人信奉此教，学校和教堂建立起来了。但到了十四世纪中叶，随着蒙古皇帝的垮台，基督教也变得非常微弱，近于灭绝，基督教传教士又都消失了。历史学家认为，他们的失败是由于他们的"外国习俗"，也就是说，一方面，他们没有能够使自己适应中国人的生活，另一方面，中国人也没有对他们的工作给予积极的配合。

由利玛窦（Mattca Ricci，1552—1610年）领导的天主教耶稣会会士开创了基督教在中国的第三阶段，时间上是从1552年到1774年。这些耶稣会士采用了宣教的新办法。他们学说中国话，穿中国人的衣服，注意观察中

---

[1] 保罗·林巴格：《孙逸仙和中国的起义》，第二十三章，《孙逸仙和圣经》。

国人的习俗，通过讲授科学及同中国人真正交朋友，从而逐渐达到了宣传福音的目的。他们成功地和中国学者合作，把欧几里德几何和亚里士多德的逻辑翻译成了中文。此外，他们自己也写了不少数学和科学方面的著作。一些耶稣会士被中国政府任命为观象局的官员，还有一些人被聘用制造战争的枪炮，中国皇帝给了他们很高的荣誉。据说，一个叫施卡尔的耶稣会士，在他的一生中，曾使一万二千人皈依基督教。

可是，到了十八世纪中叶，耶稣会也失败了。失败的主要原因是由于宗教仪式的论争。多米尼加教派和方济会指控耶稣会对佛教、儒教和当地习俗的妥协态度。罗马教皇命令耶稣会不得允许中国的基督教徒祭典祖宗和儒教。康熙皇帝为此对大主教发表了一个声明："我们祭孔，以为我们的师表；我们祭祖，以表达我们的感激之情。我们在孔夫子和祖先的香案前并不为荣誉和幸福而祷告。如果这些意见不合你的口味，那你就考虑离开我的帝国吧。"他又补充说，"照我看，你们这些人来中国，不是要建立你们自己的宗教，而是要毁掉它"。

不管怎样，康熙皇帝还是很宽容的，他没有采取任何极端的行动来驱逐传教士。但他的后继人雍正皇帝就采取了铁的手腕来镇压传教士。1724年，他发出了一道圣旨，在全国禁止基督教，没收教会的财产，还谴责传教士是公众思想与和平的狂热扰乱者。由于科学知识的原因，北京的传教士算是保留了下来，其他的传教士则皆遭流放驱逐。在这以后约一百年的时间里，基督教在迫害之下衰落了，而且蒙受了极大的苦难，直到十九世纪才开始了一个新时期。

至此，我们已经看到，基督教在中国的前三个阶段都完全失败了，它的影响也是微乎其微。现在我们就来看看基督教在中国的第四阶段的命运。

第四阶段是由现代天主教和新教基督教来体现的。1807年，第一个新教传教士罗伯特·莫里逊博士到达广东，是这一阶段的开端，莫里逊的工作是有划时代意义的。他的开拓性的工作是把《新约》翻译成中文，而且还编了一本汉英词典。全版《新约》于1814年出版，他编的词典的第一卷于1817年印出，整个词典是四开本，六卷，4595页，于1823年出版，费用达12000英镑。

1842年，发生了鸦片战争，在这次战争中，英国首次战胜了中国。在这以后，法国星象学家狄拉格林（M.De Lagrene，1749—1822年）于1844年得到清朝皇帝信仰自由的圣旨。同时，尽管是在迫害和驱逐的情况下，早在 1830 年，估计在中国的天主教传教士里，还有四个主教，十九个欧洲的牧师，他们散布于各处传教，甚至在四川省里，他们还拥有二十万信徒。从这以后，中国政府对基督教信仰的自由宣传就不再干预了（偶然发生的反抗和敌对状态表明，传教士对愚昧的群众是无效的，除非是派来更多的军舰及签订另外的条约来保证宗教宣传的自由和安全）。这样，基督教在中国的控制就越来越强，传教士的人数也逐渐增加。1918 年，在中国的传教士人数为 6395 人，1922 年增加到 7500 人，1925 年达到 8158 人，他们代表着西方 200 个不同的教会团体和组织。①

圣经被翻译成中国的文言、白话及方言，总共有 42 个不同的版本（圣经的标准译本完成于 1912 年，是中国人和外国人各半组成的一个 12 人翻译委员会经过 25 年劳作的结果），一个值得注意的重要事实是，没有任何一个译本是纯粹由中国的基督教徒自己翻译的。据报道，在过去的 114 年里，在中国的三个外国圣经会共分发了 164963395 本《圣经》，也就是说，在一百多年的时间里，每年都平均分发 1500000 本《圣经》。②据最近的报道，在 1928 年的 11 个月里，美国圣经会、英国圣经会、外国圣经会及民族圣经会共分发 11453783 本《圣经》《圣约书》和分册本。③

上面我们对基督教在中国的迅速发展作了一般性的探索，下面我们进而看一看中国人民对基督教运动的反应，以及基督教在中国是如何影响政治秩序的，特别是如何对中国的民族主义运动发生影响的。实际上，中国人对基督教的态度存在着很大分歧，下面我用原话摘录的办法选一些有代表性的观点，或许这样会使我们对真正的形势有较好的洞察。

李鸿章的观点可能是最宽容的观点的代表。李鸿章是十九世纪末中国的大政治家，有本他的传略引证过他在 1886 年给皇帝的奏章，他说："孔夫子的教导和耶稣的教义看来都是建立在规劝的基础上的，他们的教义被表达和传播是为了整个人类——异教徒和基督徒的改善。我懂得这个道理，如果我的生命是被抛在英国、法国或美国的话，那么我也要称自己是一个基督教徒，因为基督教是这些国家的宗教，一个人如这样安排他的生活，那他就会免遭麻烦且受到尊敬。他不会想到孔夫子，因为对孔夫子及其教导他是一点也不需要的。在中国也是同样道理，只是情况相反。""他（传

---

① 《中国基督教年鉴》，1926 年。
② 《中国的记录》，1928 年 5 月，第 332 页。
③ 《中国的记录》，1929 年 3 月，第 179 页。

教士）现在一点也不可怕，因为他可能是耶稣基督的代理人，或者是那个伟大人物的追随者；作为国家政治和工业独立可能的敌人，他才是可怕的。"①

所谓"中国文艺复兴之父"胡适博士的观点也值得我们注意。虽然就个人而言，我不同意胡适的观点和他的大胆假设的方法，但胡适的观点毕竟是当今中国知识阶层的代表，所以我不嫌冗长，还是把他的话摘录如下：

"基督教信仰的宣传，在这个新中国看来是不会被许可而有多少光明前途的。恰恰相反，基督教到处都面临反对。基督教占领中国之梦看来很快就破灭了——可能是永远破灭了，这不需要再作进一步的解释了。"

"确实，有一些为狭隘民族主义的攻击所作的论证，把基督教的传教士看作帝国主义侵略的代理人。但我们必须认识到，正是民族主义——一种与过去文化割裂的民族自我意识——曾经在中国扼杀过景教——最早期的基督教、拜火教和摩尼教。正是这同一个民族主义，曾四次对佛教进行迫害，把已完全征服中国逾千年的佛教最后也扼杀了。这同一个民族的意识现在又反抗外来的基督教。"

"比民族主义更难对付的，是理性主义的升起。我们不能忘记，中国哲学开始于两千五百年以前，老子教人一种自然的宇宙观，孔子则是一个坦率的不可知者。这种理性主义和人本主义的传统，在每一个时代，当民族受到迷信和狂热的宗教影响时，它总是要起救星的作用。这种中国原有的文化背景，由于现代科学的方法和结论的增援现在又复活了，而且成为知识阶层反对任何宗教体系欺骗的真正难对付的安全措施，因为宗教的基本教义，尽管加以种种辩解，但总不能经受理性和科学的考验。"②

胡适博士对传教士在中国的工作的评论也非常有影响，给人以深刻印象。他说："在中国的基督教会有帝国主义的精神，它竭尽全力去愚弄一般民众。传教士们是有不少缺陷的。教会给许多不能对宗教作出选择的婴儿洗礼；教会不应该强迫人们信仰，传教士学校不应该突出哪一种宗教；靠宏伟华丽的建筑物来吸引外面的人是教会犯的一个错误；学校不应该是基督教的布道中心；教师对基督教学生和非基督教学生不一样看待也是不合理的。传教学校更不应该限制学生的信仰和言论自由，教师也不需要总是

---

① 布兰德：《李鸿章：十九世纪的标志》，第 266-267 页。
②《论坛》，1927 年 7 月，第 1-2 页。

基督教徒。"①

现在我们从中国基督教徒自己进行的客观观察的角度，考察一下中国学生和受过教育的人对基督教的一般态度。下面是两个著名的中国基督教徒的看法。吴先生（Y.K.Woo）在其《现在中国人对基督教的态度》的文章里说："这就是哲学上的怀疑主义者和那些高度尊重伦理道德的思想体系和中国文明的成就的著名中国学者的态度（轻蔑的态度）。这种类型的人认为，基督教在思想上是粗糙的，形式上是迷信的，方法上是矫揉造作的，结果是贫乏无聊的，因此是不值得他们研究和注意的。有时候，他们从《圣经》里摘录某些论述，或从基督教徒的思想里摘录某些观念，然后用他们所掌握的一切哲学武器对之进行嘲弄。由于基督教在中国很少产生或没有产生出著名学者，普通基督徒大都是智力上平庸的人，他们就由此得出结论说，基督教无论如何也满足不了受过高等教育的人的心灵。当他们看到作为个人的基督徒和作为组织的基督教会做与他们所信奉的教导相背之事时，他们对基督教的憎恶便变得绝对了。确实，他们与基督教的对立不是一种寻衅放肆的行为，但在他们眼里，基督教是把人类生活的一切意义都剥夺了。"②

另一个著名的基督教徒顾子仁博士，在他的《教育的条件和学生生活》的文章里，坦率地指出了中国学生的不同的态度。"第一，持民族主义观点的学生反对基督教，他们认为基督教是同外国相联系的。第二，持理性主义观点的学生反对基督教的教条式的假定。第三，持无神论观点的学生自然认为基督教是毫无用处的。""除上面提到的三种态度以外，我看还得加上两种态度，现在很多学生都表现出这样的态度：一种是对基督教麻木冷漠的态度，这在基督徒学生和非基督徒学生那里都有表现。第二种是对基督教和基督教徒完全蔑视的态度，持这种态度的学生在增加。在他们看来，我们既然为基督的事业献出了我们的一切，那么对基督的名称进行蔑视和责难而不是对他进行颂扬实际上正是为我们所应严肃考虑的问题。"③

现在我们再来看一看极端民族主义宣传鼓动者的态度。1925 年 12 月 26 日，《北方中国每日新闻》刊登一则湖南长沙反基督教活动的报道。据称举行了游行，有恐吓，有辱骂，还散发了传单，下面就摘录一份重要而

①《中国的记录》，1928 年 5 月，第 280 页。
②《中国基督教年鉴》，1926 年，第 82 页。
③《中国基督教年鉴》，1926 年，第 273 页。

且有趣的传单：

"工人们！农民们！学生们！商人们！一切受压迫的人！我们不怕摆弄机关枪、列强的海关会议及不平等条约的帝国主义，令我们害怕的倒是基督教的狡猾的、看不见的文化上的侵略，因为它带着温情和慈善的说教工具。正是这些活动，毁坏了我们国家，削弱了我们在民族之林中的地位，使得我们麻木不仁，以至于我们会认贼作父！在上海的十万外国兵不能消灭我们的爱国主义，厦门的暗杀也不能破灭我们拯救中国的决心。但这种狡猾的基督教，它的帝国主义的、文化的侵略却使我们千百万青年受到了感染。我们的心先死了，我们的身体也要接着死去。基督教是一种迷信，它杀了我们的心，但它又杀人不见血。我们当然害怕它！……"

"学校是文化侵略的营地，教会是制造奴隶的工厂，医院也是侵略的中心。在你的眼前，罪恶到处可见！什么学校会省略不读圣经，不搞宗教仪式，不祷告，不施行洗礼，不进行一切教会的事务呀，但就内在本质来说，所有那些进行颂扬和祷告的传教士都是在愚弄国民，在传播资产阶级的影响，在为结伙的匪徒效力，在秘密地输入机关枪！在一些地方，如在湖北省，他们每天都在侵掠土地，都在玩弄我们的善男信女。"

"同胞们！如果我们都变成基督徒，如果中国都基督化了，那么，帝国主义也就成了遍布全国的刽子手的快刀利斧。它就要掠夺我们的田园家舍，就要把我们斩成碎块。我们必须组织起来，联合起来，尽我们的最大力量来反对这股势力。"

"我们的口号是：反对文化侵略；打倒帝国主义的工具——基督教；拯救受压迫的人——教会学校的学生；教会学校的学生们：离开使你们遭受罪恶的学校吧！"[①]

不管是对是错，极端民族主义民众在上述充满情感的传单里的说法，代表着中国政治家、知识界头面人物和广大学生对基督教的一般态度。这里不需要争辩，也不需要评论，因为这些话语正是反基督教的主观天真的表达。我感到很遗憾的只是，中国广大人民不能够从基督教的崇高理想以及耶稣基督的生活与教导里获得教益。同样令人遗憾的是，基督教在中国受到如此的误解，它已经被某些传教士歪曲了。

基督教在中国，事实上仍面临着危机，因此作些新的调整是必须的。

---

① 《中国基督教年鉴》，1926年，第5—6页。

很多乐观主义的人认为，这种危机和反基督教的活动是一件好事，因为这有助于教会工作和传教政策的改革，也有助于基督教在中国的纯化。因为这种危机将淘汰掉基督教的假信徒，而基督的真正追随者的信仰将由于受到苦难和迫害的检验而愈益增强。一些悲观主义的人，特别是引人瞩目的胡适博士，预言基督教在下一个阶段将再次被灭除。在对基督教在中国的未来前景进行推测的时候，我们须注意两个重要的因素：

首先，我们须明白，民族主义运动总是在某种程度上同外来宗教的宣传相敌对的；传教组织，不管它抱有如何无私和慈善的动机，一般都被看作是与民族发展不相容的。例如在日本的民族主义运动处于高潮时期，日本政府甚至会颁布一道法律，使接受基督教信仰的人处于被迫害甚或被杀害的地位。但日本一获得独立，反基督教的情绪马上就消失了。现在基督教在日本平稳发展，一点麻烦也没有了。我相信，一旦中华民族的危机克服了，那么基督教所面临的危机，会像在日本一样，也会得到克服。而且基督教会越是不受任何政治集团的影响，那就越不会引起怀疑和不友好的反应。

再者，我们必须记住，如我前面所说，中国的民族主义运动本质上是革命的，它不只是以基督教作为自己整个的攻击目标，儒教和佛教也摊上了同样的命运。受过现代教育的激进的学生很久以前就已宣告了儒教的破产。很多佛教的庙宇已经变成了现代的学校，不可计数的佛教神灵偶像被毫不留情地毁成碎片。简言之，最近两个世纪在西方流行的无神论和爱国主义现在已经传到了中国，因此，我们现在正面临着一场普遍的宗教危机，不独基督教如此。

现在我来分析一下，基督教在哪些方面有助于民族主义运动，以及基督教在哪些方面被误解了。

首先，基督教被误认作物质发展的障碍。民族主义者认为，目前中国最为需要的是物质运用、技术装备和工业发展。我们要解救我们的身体，甚于基督教所宣称的对我们灵魂的解救。但实际上，在过去的一百年里，基督教在中国所做之事，既是精神的传教，也是物质的传送。传教士们走到哪里，就在哪里建造医院、教堂和西方类型的学校。从传教士学校出来的学生最为适合在银行、邮局和许多其他企业里做事，中国外交界的绝大多数成员都是传教士学校的产物。此外，基督教在中国的慈善组织，对遭受战祸和水旱灾害的穷苦人民也提供直接的物质帮助。我们由此可以看到。

基督教在物质发展方面也起了不小的作用。我想过，基督教在中国的物质基础比它的精神基础更为牢固。

第二，民族主义者认为，民族意识对于中国的复兴是必须的，而基督教关于博爱的世界主义学说会冲淡我们的民族意识和爱国热情。确实，有少数几个中国的基督教徒，他们的英语知识甚于汉语知识，他们身上的外国人成分要比中国人成分多。但从总体上来看，现在外国的传教士一般都意识到了我们的民族意识。大多数的基督教学生也像非基督教学生一样，积极参加民族主义运动和爱国主义的游行示威。另一个重要的事实是，基督教是推动普及教育的一股重要力量，而那些受过普及教育的工农现在已经成了中国爱国主义运动的基本力量。再者，基督教对中国民族主义的有益影响也可用我上面已提到过的事实来说明，就是说，中国民族主义运动的领袖孙中山，也是一个基督教徒，而且曾经在教会学校受过教育。还有，太平天国的领袖们，现代民族主义运动的先驱者，也曾受到基督教信仰的鼓舞。

第三，一些人指控基督教教人的是谦卑的德行和奴隶式的服从，而中国需要的是战斗的精神；任何形式的宗教一般说来都是一种保守力量，而中国极为需要的是革命精神。我们应该看到，基督教是一种复兴的宗教，它在中国造成的效果实际上也是革命的。因为，在基督教国家，旨在价值保存的例行公事的基督教可能是保守的，但它在中国，无疑已是一种生气勃勃的、进步的和革命的力量，就如佛教和儒教在中国可能是很保守的，但当它初被引入西方国家的时候，确也产生了新的或革命的影响一样。不是谦卑之教，而是一些冒险传教士的献身和耶稣基督的不妥协的精神与生活的典范，将永远是鼓舞中国青年的精神力量。甚至中国共产主义的领导人也曾说过，"我们不要基督教，但每一个青年都应有耶稣基督的战斗精神和牺牲精神"。

第四，中国知识分子对基督教所持的最重要的反驳意见是认为基督教与科学相对立。这是因为他们过分夸大了在西方世界里宗教与科学的表面上的冲突及他们对迫害异端的憎恶。他们由此认为，中国最为缺乏的是科学和科学精神，而不是宗教的或神学的教条。但实际上，客观事实告诉我们，传教士是第一批最早把科学知识传送到中国来的，是耶稣教徒教给了我们欧几里德几何和哥白尼的天文学。但对基督教作科学意义上的考察，它是有难以理解的怪事，对此我们要引起注意。由于对科学家的迫害，基督教使科学变成了宗教，即把科学变成了精神上献身的对象，把科学家变成了精神上的殉道士；靠这些与科学正相矛盾的神秘和教条的信念，基督教成了激起科学想象，引起科学的兴趣和研究科学最好的能动之源。对科学家的迫害也说明了教会对科学问题的关注。而在中国，几乎没有人以宗教的热情和献身精神去研究科学或反对科学。我们没有科学，因为我们没有科学的殉道者。我们之所以研究科学，是因为它有用；西方人对科学的研究是为其无私利的内在价值及其宗教的意义（毕达哥拉斯第一个把科学看作献身的对象）。这些稍有离题的话意在说明，在一种怪论的意义上，可以说基督教是科学的庇护者，那些认为基督教与科学相冲突而反对基督教的人是没有根据的，而且，基督教在中国决不会成为科学发展的障碍。

　　总之，我这里所要阐明的是，基督教或在中国的传教工作，第一，它是有助于中国的物质发展的；第二，它有助于唤醒中国人民的民族意识；第三，它鼓舞了中国青年大无畏的战斗精神，成了中国现代化和充满生机的能动之源，它有助于中国的改革者打破旧的习俗；第四，它鼓励了科学的研究和对技术的追求。换句话说，正如我在别处也已指出过的，自文艺复兴以来，基督教已是这个世界的方向，它把现代西方世界最优秀的科学成果、民主和民族主义，都作为组成部分而吸收于自身之内。这样，基督教的影响在中国的反映本质上是科学的、民主的和民族主义的。

　　既然基督教对新中国是有裨益的，而且也与新中国的要求是相容的，那么，中国的民族主义者决不应极为愚蠢地采取反基督教的敌意态度。再者说，中国人民本来就是对宗教的东西取容忍态度的。既然佛教和伊斯兰教在很早以前就已传入中国，且根植于中国人民的生活之中，那么基督教也是能够使自己适应这块新的土壤的，中国没有任何理由排斥基督教。偶然发生的反基督教的暴乱，主要是由于政治上的原因，是由于一些无知的民众对传教士和基督徒的外国生活习俗看不惯。所有这些要清除基督教出中国的理由都是外在和无根据的。与此恰恰相反，我相信，就基督教不受政治或帝国主义集团的影响来说，就传教士是以善良意志为动机，他们的传教也被证明确实是精神上和宗教上的传教来说，基督教在中国必定会有一个光明的前途，因为中国人民对真正的友谊和精神价值是很容易感受的。我们过去曾有过佛教的时代，既然基督教一点也不比佛教差，那么我们就有各种理由，想着在中国的未来会有一个基督教的新时代。佛教曾丰富了道教和儒教，它的影响渗透到了中国人的每一种生活方式，如艺术、文学、哲学、社会和政治秩序、家庭及各地习俗等。在过去的几百年里，佛教已经紧紧地吸引了最优秀的中国人的头脑，它已经成了中国文化不可分割的一部分。五千多册佛教文献被译成中文，由于佛教经典的翻译，中国的文学里也增添了新的写作风格。佛教对中国所做之事，基督教现在同样也可以做到。我常想，如果基督教与道教的玄学及佛教相融合，且由儒教的实践伦理学来补充，那么，在中国产生的新基督教将比它过去的历史更加光辉灿烂。

附释：

此文作于 1929 年，完全根据英文材料写成。曾应哈佛大学研究院同学，并在校外某地区任牧师职务的莎提斯特朗君之邀，在他的牧区晚会上宣读过，那年暑假期间我又在芝加哥附近的东方学生会议上宣读过。今加以校订，请杨君游同志译成中文。作者识。

（原载：贺麟：《文化与人生》，北京：商务印书馆，2015 年，第 160-174 页）

基督教与道德

——我们的道德意识可以从基督教那里吸取点什么？

张世英

一、给中国传统的自得自足的道德意识增添一点基督教的"兴奋剂"

人生在世，总是处于道德的驱使之中，总是要想到"应该"如何如何（ought to be）。从这个意义来讲，人似乎总是受"他律"的约束，道德律对人是一种"他律"。但人之为人，其特点之一在于人是一个道德的主体，人总是自愿做"应该"做之事，自愿做一个有道德的人。在这个意义下，道德律又是人的"自律"，也可以说是一种自愿的"他律"，一种自愿的强制：人自愿为道德所强制、所驱使。如果把这种道德的强制性叫作"命令"，那它就是一种"绝对命令"，人无条件地愿意服从"绝对命令"。

这种道德命令究竟来自何处？中国儒家和西方基督教的答案截然不同：儒家认为来自人的本性，孟子所谓"受命于天"之"天"，实指人之天性即本性。孟子说的"非由外铄我也"，最能表达儒家关于道德命令来源于人心之内的观点。与儒家的这种观点相反，基督教则认为道德命令来自于彼岸的"上帝"，人要有道德，就必须信仰上帝。这正是儒家所反对的"由外铄我"的观点。

这一内一外的两种道德根源观，与人性本善和人性本恶两种人性观有着密切的、必然性的联系。儒家主张人性本善，故道德就植根于人性内部；基督教主张人性本恶，故道德根源必须在人性之外去寻找。其实，这两种道德根源观与人性观，都是由"人生在世"的两种生活态度决定的，或者用我在《哲学导论》一书中所用的术语来说，是由两种不同的"在世结构"决定的。儒家所主张的人生态度或"在世结构"是"人与世界的融合为一"（"天人合一"），强调人我无间、万物一体，故"民胞物与"的善性或德性即在此"人与世界的融合为一"的"一体"之中，而不假外求。和儒家不同，基督教实际上所见到的人生的"在世结构"，是主客彼此处于外在关系中的"主体—客体"公式：以我为主，以他人、他物为客，人生就是利用他人、占有他物。如果我们试问原始基督教，人的本质是什么？其答案一定是：人要生活，就必须取得某物，占有某物，对某物施以我们人的力量。而这种对客体的予取予夺，就意味着人受恶的奴役。[①]人类的祖先亚当、夏娃偷食知识树上的禁果而负有"原罪"，就在于他们自恃聪明，以自我为主，破坏了人与人、人与物之间的原始和谐。夏娃在受蛇的引诱后，认为食了知识树上的禁果以后会"变得聪明、有智慧，那将是何等的美妙啊！"[②]知识所赋予的聪明、智慧，其实都是"主—客"关系的产物，人的恶性实源于"主—客"关系的"在世结构"。这种生活态度或"在世结构"乃是对上帝的叛逆，因而是"罪恶"。而基督教正是把这种"在世结构"看成是人之为人的内在本质。基于此，基督教特别强调人之恶源于人之内心、人之本性："没有从外面进入人内部的东西能使人在宗教仪式上污秽，毋宁是，从人的内部出来的东西才会使人污秽。""因为从内部，从一个人的心里，才产生恶念，使他做不道德之事，抢劫、杀人、奸淫、贪婪以及一切恶事；欺骗、猥亵、嫉妒、诽谤、骄横和荒唐——所有这些恶事都来自人之内部，并使人污秽。"[③]

由于人在内在本质上、在本性上是恶，所以人要有道德，就不能靠自身，而只能求救于外力，这个外力就是上帝。原来，自耶稣被钉死在十字架上以后，人背叛上帝的"原罪"已被赎清，而重新归顺上帝。由于上帝已预定人可以"效法他的儿子（耶稣）的样子"[④]，人才有能力排斥来自肉欲的恶念，使灵魂、精神得到拯救。保罗由此而提出著名的"因信称义"说。这里显然肯定了人的自由追求的内在性，但这种自由追求最终还是出

① 参见 R. Bultmann（1884—1976），*Primitive Christianity in Its Contemporary Setting*, London, Thames & Hudson Ltd: 1983, pp.4-6。

② Bible, The Old Testament, Today's English Version, United Bible Societies, New York, 1976, p.6.

③ Bible, The New Testament, Mark, Taday's English Version, p.55.

④ Bible, The New Testament, p.196.

自彼岸的上帝的恩典。《圣经·新约·罗马书》中有一段关于灵魂得救的矛盾的描述："我们知道律法是精神性的，但我们是一个必死的人；就像奴隶一样被出卖给罪恶。我并不了解我所做的，因为我没有做我所愿意做的，而是做我所恨恶的。由于我所做的是我所并不愿做的，这就表明我同意律法是对的。所以我并不真正是那个做这件事的人，毋宁是罪恶居于我之内。我知道善没有居于我之内——亦即没有居于我的人性（my human nature）中。因为即使想做善事的欲念在我之内，我也不能做到；反之，我却做了我不愿意做的坏事，这就意味着我不再是那个做这件事的人；相反，是恶居于我之内。……我的内在的存在（inner being）＞喜爱上帝的律法。但我又看到另一条不同的律法在我的肉体中起作用——这条律法反对我的精神所赞成的律法，它使我成了一个在我肉体中起作用的罪恶的律法的囚犯。我是一个多么不幸的人啊！谁能把我从这个致我于死亡的肉体中拯救出来？感谢上帝，是他通过我主耶稣基督做到了这一点！这就是我的状况：我自己只能以我的精神（my mind），服从上帝的律法；而我的人性（my human nature）却服从于罪的律法。"[1] "人性"服从于在肉体中起作用的罪的律法，善来自于上帝的律法，幸好人有喜爱上帝律法的"精神"，能效法耶稣基督，而把人从肉体中拯救出来。但人之改恶从善的自由选择最终是由上帝赋予的。奥古斯丁后期的思想尤其强调人的自由选择的意志是出自上帝的恩典。尽管如此，基督教毕竟在一定程度上容许了人有向上追求的自由意志。不过在基督教看来，上帝是无限，是至尊，是至上的完满，而人是有限之物，人的有限性的本性决定着人无论怎样努力向上，也不可能达到上帝的至善，不可能成为上帝。人与上帝之间、有限与无限之间不可等同。上帝永远在人之外，无限永远在有限之外。这就是平常所说的上帝的超验性，和中国儒家所讲的"天"只有现实性而无超验性，有着根本的不同。也就是因为这个缘故，儒家认为人皆可以成圣，人皆可以成为尧舜，而基督教则认为人尽管可以"效法上帝"，向着上帝前进，但人不可能成为上帝。

基督教的人性本恶说和道德源于彼岸的上帝的思想，比起中国儒家的人性本善说和道德在于人之本性的思想来，似乎是强调了人的软弱，是对人格的贬低，但人凭着自由选择的向上追求的能力，可以无止境地向着至

---

[1] Bible, The New Testament, p.194.

善至美的完满理想奋进。基督教的这种进取精神，是儒家那种自满自足于个人人格和安贫乐道的自得自在的精神所不可比拟的。中国传统思想文化应可从基督教这里吸取一点"兴奋剂"。圣人是中国传统思想文化中至善的理想人格，说人有可能成圣，乃不切实际之谈，事实上，从古至今，没有一个现实的圣人——完人。与其自以为人性无限，自满自得，作不切实际之谈，不如承认人的有限性，把无限性预悬为一个至善的理想人格和最高的价值标准，而引人奋进。这个至善的理想人格和最高的价值标准虽因人的有限性的本性而"不能至"，然人可以"心向往之"，这样，它就可以成为人之不断奋进的动力。中国传统文化中"自强不息"的精神，只有与这种思想观点相结合，才能充分发挥；那种安贫乐道，自得自在的悠闲情趣，是中国旧知识分子的"安眠剂"，主要表现了中国传统文化中的消极面，不是我们今天所应当发扬的东西。

是否一定要把至善的理想人格和最高的价值标准理解为西方基督教所讲的超验的、彼岸的上帝，才能有引人不断追求向上的进取精神呢？有的学者正是采取了这种观点。我在许多论著中都已论述过，超验的观点既已过时，也不可取。世界只有一个，即在时间之内的、无穷流变的动态整体——万物一体。只要我们把这个"一体"作为我们敬畏、向往的理想而为之作"横向的超越"①，它就能成为我们不断奋进、无穷追逐的动力。

有一种观点认为，儒家主张道德根源在人性之内和性善说，是中国人自大独断，不知道人自身的有限性，不知自己之无知的表现；相反，西方人自苏格拉底起就认识到自己无知，至基督教而一脉相承，也以承认人之有限性为主旨。我以为，谓中国传统思想自满自足于个人人格和个人认识则可，谓之自大独断则不可。中国传统思想中所见到的人生和世界，如前所述，是一个"人与世界融合为一"的"天人合一"的整体，是一个人与万物一体的世界，此世界因人而有意义，人因此世界而有内容。这样的世界必然在原则上就是人所能把握的，人对此种意义的世界（天人合一之整体）不是从根本原则上就无能为力的。人有对此种意义的世界的把握能力，故不能说人在此种世界面前自大独断。相反，如果从主客二分和外在性的观点看世界，世界本来独立于人之外，人从一种旁观者的立场而想把握世

---

① 参见张世英：《哲学导论》，北京：北京大学出版社，2004年，第三章。

界，则此世界在原则上就是人所不能真正把握到的。若谓此种主客二分和外在性意义下的世界可以为人所真正把握，那才真可以说是一种独断论，康德以前的唯理论就是这样一种独断论。苏格拉底和基督教徒尽管都以主客二分为原则，但都不主张独断论。中西传统道德观的根本不同之点，在于两种"在世结构"的不同，而不在独断论与非独断论之别。中国传统应向西方基督教吸取的，是以其积极进取的精神弥补中国传统自得自在的悠闲情趣。我主张人在万物一体中具有从根本原则上就能认识和把握世界的能力，但又没有认识和把握的终点，而是"自强不息"地作无止境的"横向超越"。我不同意在主客二分的"在世结构"中"自知无知"（像苏格拉底那样）或依靠超验的"上帝"的"拯救"与"恩典"（像基督教那样）。人的有限性只在于人生的追逐没有终点、没有止境，而不是说人和他所追逐的目标之间有着现实的此岸与超验的彼岸之鸿沟。

二、给我们的道德意识增强一点责任感和平等之爱

基督教由于有上帝作为人所奔赴的最高价值标准和至善的理想人格，所以有基督教信仰的人，总是不甘心停留在当前之所是（to be）的状态，而永远处于为"应该"（ought to be）所驱使的状态。人之所以要讲道德，是为了服从上帝的"绝对命令"。道德在基督教这里成了人们"应该"尽到的一种义务和责任，而不仅仅是一种个人品格和精神境界的提升。中国儒家所讲的"天理"，从其为天经地义而言，虽然也有类似基督教的上帝之为"绝对命令"的意味，但中国人对"天理"却缺乏基督教对上帝的那种敬畏的宗教感情。"天理"即在人心，"天理"对人缺乏外来的强制性，或者换句话说，"天理"对人的"他律性"远不及基督教的超越于人心之外的上帝对人的"他律性"之明显而有力。人之顺从"天理"，即是顺从人之本性，而不是像基督教那样屈从于一种超验的力量，故中国人之讲道德主要与达到一种心安理得的精神境界相联系，而很少出于应尽之义务感和责任感。中国人的道德观念比起西方来，较少义务感和责任感，中国伦理学比起西方来，缺乏义务和责任这样的范畴，其故在此。我们无妨从基督教那里吸取一些这方面的营养。

《圣经·旧约》开宗明义就说："上帝命令，'要有光'——于是出现了

光。"①这是上帝创造世界的第一道命令。这句命令式的话语，其哲学意味至为深长。它意味着"应该有"先于"有"（"应该存在"先于"存在"）。上帝的命令乃是说的"应该"之事。存在的东西之所以能存在，在于服从上帝的命令，服从上帝所说的"应该"。这样来看存在，存在的本性就是被命令—被要求。人也是被要求而存在的，人之为人就在于不断地满足别人的要求，不断地做别人要求我们所做的事，这也就是人所应该做的事。简言之，做人就是"受命于人"②。由此观之，基督教所强调的道德意识——责任感，在上帝创造人之初就已经预定在其中了，人是被要求向着最高的价值标准不断地奋进而存在、而生存的。③

如果说中国人"心安理得"的道德意识比起西方来多一点人情味儿，那么，西方基督教强调责任心的道德意识，比起中国来，则似乎多一点神圣感，责任心是一种"被要求"的神圣感。如果给中国人的道德意识加一点西方人的责任心作为补充，岂不是可以让国人的道德意识更加完美吗？

与责任感相联系的是基督教的爱，特别是平等之爱的道德意识。在中国儒家思想中，没有超验的人格神的观念，儒家所讲的仁爱不是来自这种超验的上帝，而是来自人自身，来自人的自然本性，或曰"天性"，具体地说，即"恻隐之心"。与儒家不同，基督教所提倡的爱则源于超验的上帝，源于上帝的绝对命令，或者说源于上帝的恩典。《圣经·新约》："'用你全部的心、灵魂和意志爱主你的上帝。'这是最大、最重要的命令。第二道像它一样最重要的命令是：'爱你的邻人如同爱你自己。'摩西的全部律法和先知的教导，有赖于这两道命令。"④这两道命令实际上可归结为一条，即"爱邻如爱己"，这是彼此应尽之责（Duties Towards One Another）："你应该具有的唯一职责、义务就是彼此相爱。谁做到了这一点，谁就服从了律法。'不可奸淫，不可杀人，不可偷盗，不可贪图属于别人的东西'——所有这些以及别的一切，都可概括为一道命令：'爱邻如爱己。'"⑤可以看到，基督教之所以讲"爱邻如爱己"的平等之爱，其根源仍在于上帝。任何人

---

① Bible, The Old Testament, Genesis, p.4.

② 参见刘小枫主编，杨德友等译：《20世纪西方宗教哲学文选》上卷，上海：上海三联书店，1991年，第157页。

③ 参见刘小枫主编，杨德友等译：《20世纪西方宗教哲学文选》上卷，1991年，第167页。

④ Bible, The New Testament, Mark, Matthew 22：37-40, p.33.

⑤ Bible, The New Testament, Romans 13：8-10, p.201；参见 Galatians, 5：15-15, p.238。

都是上帝的子民，故人与人之间的爱是无差等的，在上帝面前，人与人的爱是平等的。"我现在给你们一道新的命令：彼此相爱。就像我爱你们一样，你们必须彼此相爱。如果你们彼此相爱，那么，每个人都会知道，你们是我的信徒。"①"亲爱的朋友，让我们彼此相爱，因为爱来自上帝。凡爱人的人，都是上帝的儿子，并认识上帝。凡不爱人的人，就不认识上帝，因为上帝就是爱。亲爱的朋友，既然上帝这样爱我们，那么，我们就应该彼此相爱。"②瑞士神学家孔汉思关于人与人之间的平等之爱源于上帝的爱这一点，说得更明确："基督教的爱使人们可以不仅在家庭、氏族和民族内，而且是在整个世界上感到自己是上帝的子女。敌人也可以成为自己的兄弟姐妹。对于基督教教徒来说，上帝对每个人的爱乃是每个人对每个别人（每个可能需要我的人）之爱的基础。同样，上帝自己对敌人的爱是人们爱其敌人的基础。"③这与儒家之以仁爱源于人之自然感情而主张爱有差等，正好形成一个鲜明的对比。

有一种看法认为，基督教所主张的人与人之间的相爱是通过一种外在力量的中介和强制（上帝的绝对命令）而达到的，不如中国儒家所主张的仁爱直接出于人之内心和自然感情来得自然，来得真切。实际上，这种观点有一定的片面性。在基督教看来，上帝对于人而言虽然是超验的，但超验并不等于隔绝。人与上帝之间的关系出于至诚，人之服从上帝的命令，正如我在本章开始时所说，是一种自愿的服从，说是强制，那也是一种自愿的强制，因此，源出于上帝之爱的人与人之间的相爱也是出于至诚的，是真切的。这和中国儒家所讲的兄弟之间因皆为同一父母所生而产生的手足之情有某种类似之处，只不过儒家所讲的孝悌是一种小范围之内的"同胞"之爱，而基督教所讲的爱则是一种最大范围的"同胞"之爱。儒家因由小范围之爱出发而"推及"对他人之爱，故爱有差等，基督教所讲的爱从一开始就是讲的最大范围之爱，是从上帝出发之爱，故爱无差等而为平等之爱。我们固然主张在一定范围内容许差等之爱的空间，但中国的儒家传统缺乏平等之爱的观念以及与之相联系的人权平等的意识④，这不能不说是中国

① Bible, The New Testament, John 13: 34-35, p.137.
② Bible, The New Testament, John 4: 7-11, p.305.
③ Hans Kung, Christian Response.
④ 参见张世英：《境界与文化——成人之道》，北京：人民出版社，2007年，第十二章"儒家与道德"。

传统思想文化的一大缺点。基督教在这方面正是我们所应当吸取的。

三、"上帝"在今天意味着什么？

基督教的超验的、人格神意义的上帝已经过时了，但基督教的平等之爱的思想仍有深远的意义和价值。关键在于我们对基督教的上帝的含义需要作更深层次的解释和新的解读。在当今的时代里，我们所需要提出和回答的问题应该是："上帝"在今天意味着什么？

宗教的观念，在世界各民族、各国家的历史上，从来都随着时代的迁移而不断地变化。在今天科学技术繁荣发达的时代，宗教信仰可以各式各样，但不能违背科学，尽管宗教不等于科学，凡与科学不相容的宗教信仰最终是站不住脚的。一切所谓主宰人间祸福的人格意义的上帝都应当抛弃。如果说在今天还有必要保留上帝的观念，那也应该将它人世化。我以为，我们今天所需要的人世化了的上帝，首先应是一种最完善的理想人格，结合基督教的上帝之爱和平等之爱来说，这种理想人格就是像耶稣基督那样一切为了他人的人，爱一切人都如同爱自己一样的人。[①]我们今天非常需要这样的理想作为我们做人的标准。

也许有人会认为这不切实际，人的自然感情是爱有差等。诚然，在不违反人的基本权利的前提下，应允许有差等之爱，但如果差等之爱违反了他人的基本权利，则是不允许的。人的基本权利应是平等的，也是不容侵犯的。基督教的平等之爱的思想，与人的基本权利平等和不容侵犯有着密切的关联：《圣经》所说的"爱邻如爱己"中的"邻人"是不分信仰、种族、性别、国家等区别的人，在上帝的子民这个大集体中，各成员之间都享有平等的基本权利，彼此相互尊重个人的主体性和人格，平等之爱克服了一切小集体的（如家族）的封闭性。中国思想文化发展的前景中，应以补足这一重要环节为目标。取法乎上，仅得乎中。一切为他人和爱人如己的理想虽在实际上难以达到，但有此理想和无此理想，其实际效果却大不相同。我们今天的道德问题之一是要不要树立这样一种理想作为做人的崇高目

---

① 我接受英国神学家 John A. T. Robinson 在这方面的观点，我的想法颇受他的启发。请参见 John A. T. Robinson, *Honest to God*, The Westminster Press, 1963, pp.75-77。

标。基督教思想的一个重要特点是它树立了这样的理想的价值标准，尽管其超验的人格神意义的上帝不为我们无神论者所承认；而中国的传统思想文化中则缺乏这种理想的价值标准。有人说：在包括自己的母亲在内的一群人面临饥饿致死的情况下，我只有一片面包，我当给谁？基督教认为应该分给每个人吃，儒家则认为应该首先给自己的母亲吃。这说明儒家的差等之爱比基督教的平等之爱更切合实际。我以为如果树立了一切为他人、爱人如己的平等之爱的理想价值标准，则此人在把一片面包首先给自己母亲吃时，总还不至于心安理得、完全置别的饥饿人群于不顾吧！又如在"其父攘羊"的例子中，有此理想价值标准的人，也不会在"子为父隐"时一点也不受到良心的谴责吧！血缘亲情在与理想的价值标准发生矛盾时，能遭遇到一点质疑，对我们社会道德意识的提高也应是有积极意义的。

基督教的上帝被作了人世化的解读之后，平等之爱的根源何在？这也是应当回答的一个问题。我以为这个根源就是一切有限的存在物之赖以存在的那个唯一的、最广阔的无限存在之整体，也就是我借用中国哲学术语所说的"万物一体"之"一体"。它就是我们今天应当提倡的、作为平等之爱的根源的"上帝"。

万有相通。人的世界是一个人与天地万物相通相融、合而为一的整体，这个整体是无限的，而人是有限的，人作为这个网络整体的交叉点，总想不断地超越自己的有限性，亦即超越自己有条件的既定性，而奔赴无限，这也就是我们平常所说的"自我实现"。"自我实现"的简单定义，就是这里所说的"超越"。人的本体和特性就是"超越"。要超越，就必然会遇到矛盾。最根本的矛盾是事实的既定性与希望的可能性之间的矛盾：人的出身、遗传、地理环境、时代、遭遇等，都是既定的事实，人希望超越自身的有限性，首先面对的就是这些既定事实的限制，人的超越活动、希望的活动，只能在既定事实的基础上进行。事实的既定性与希望的可能性之间的矛盾，或者说，限制与突破限制的自由之间的矛盾，构成人生的基本内容。人生在世，总是伴随着希望和忧虑。这忧虑就是来自个人的有限性与无限性整体之间的差距，人正因为意识到了这种差距，又希望弥补这个差距，才会产生忧虑。人的一生就是不断地意识到这种差距又希望弥补这个差距的一生，因而也是忧虑的一生。按照基督教的观点，忧虑和希望都是人的"超越"的本性所决定的，其核心乃是要为有限的个人找到一种无限性的支持，而这个支持就是在人以外的、超验的上帝。[①]

与基督教的观点不同，我以为这个无限性的支持并不在人以外，并不是超验的，而就是"万物一体"之"一体"。任何个别的东西都需要这个唯一的、无限的"一体"的支持才得以存在，个人亦复如此。"本是同根生"，基督教以人人都是上帝所生、都是上帝的子民为根据而主张爱人如己。我则以同样的逻辑，以人人皆"万物一体"所生为根据，而得到同样的结论：爱人如爱己。只是基督教的上帝是超乎时间以外的、超验的，而"万物一体"则是在时间之内的、永无止境地流变着的。如果说基督教的作为天地万物之根的上帝是一个有底之底，那么，我所说的作为天地万物之根的"万物一体"则是一个无底之底：上帝是超时间的永恒，"万物一体"是在时间之内的永远的持续、绵延。"万物一体"可以说是一个无底的深渊。天地万物皆来自这个无底深渊，又复归于这无底深渊。"万物一体"之外再别无超越于它之外的东西，它是一个"自因"，万物由它而得到说明，它则不需要别的什么东西来说明。它包含万物彼此间的矛盾于其自身而又是矛盾的不断调和，它包含不和谐而又不断趋向和谐。它就是我们的"上帝"。如果可以借用中国哲学所讲的"一体之仁"的"仁"，来形容这个"上帝"，那就可以说，我们的这个"上帝"的品德即是"仁"，就像基督教认为上帝的品德是"爱"一样。

其实，原始儒家所说的孝悌亲情，也是以"本是同根生"为根据而主张"同胞"兄弟之情：兄弟以同一父母为根，故兄弟应如手足，彼此相爱。到了宋儒，则明确地扩大了"同根"的范围，不是只讲同一父母所生这个狭小的范围之根，而是以"万物一体"为根，达到了"民胞物与"和"一体之仁"的博爱的结论。当然，宋儒仍未摆脱原始儒家的孝悌亲情和差等之爱的思想束缚，而未达到像基督教所主张的平等之爱的思想水平。

前面提到"自我实现"就是"超越"自我的有限性，这里实际上还包含着一个时间的超越性问题。不管奥古斯丁关于时间的解释是为了他的"创世瞬间说"而提出的，也不管他的解释如何语焉不详而遭到各种质疑，有一点是可以肯定的，即他把时间与人的生存结合了起来，对"人生在世"

---

① 我在这里接受和参考了英国当代著名神学家 John Macquarrie 的一些观点，参见 John Macquarrie, *Principles of Christian Theology*, London: SCM Press Ltd., 1979, Chapter III。

的"在世结构"作了深刻的说明，海德格尔也正是从这个角度对奥古斯丁的时间解释作了积极的评价，他的解释对于我这里所说的自我超越问题很有启发意义。奥古斯丁说："将来和过去并不存在。说时间分过去、现在和将来三类是不确当的。或许说：时间分过去的现在、现在的现在和将来的现在三类，比较确当。这三类存在我们心中，别处的不到；过去事物的现在便是记忆，现在事物的现在便是直接感觉，站起来事物的现在便是期望。人们依旧可以说：时间分过去、现在、将来三类；既然习惯以讹传讹，就这样说吧。这我不管，我也不反对、不排斥，只要认识到所说的将来尚未存在，所说的过去也不存在。"①的确，对于我们的人生而言，最现实的是当前的瞬间：过去的已经过去了，已无现实的存在，现实是过去的事物留存现在的当前的记忆；未来的尚未到来，尚无现实的存在，现实是将来的事物出现在现在的当前的期望中。"人事有代谢，往来成古今。"（孟浩然：《与诸子登岘山》）时间与人事的代谢密不可分，时间上的"古今"（过去、现在、未来）由人事的"代谢""往来"而"成"（立）。人生的现实总是过去、现在与未来的统一，是对过去的记忆、现在的直接感知和对未来的期望三者的统一。说得具体一点，人生的每个瞬间都是在过去的记忆和当前的直接感知的基础上对未来的期望，人生就是这样一种对未来的无限开放的历程。人的记忆和当前感知的事物是既定的、有限的，而对未来的期望则是无限的。人要想实现自我，实现自己的期望，就得投身到个人置身其中的这个无限的"一体"中去，也只有这样，人生才有意义。一个离开了这个"一体"的支持——"恩典"的人，必将一事无成，其人生也是无意义的。因此，一个真正的人，生活得有意义的人，就应该不断超越有限之我而献身于此无限广阔的"一体"。《圣经》上耶稣告诉他的门徒说："如果任何人想和我在一起，他就必须忘掉自我（self），背着他的十字架，追随我。因为谁要想只救他个人的生命，就将丧失他的生命；但凡为我和福音而失去他的生命的人，则将救了他的生命。如果一个人赚得了全世界，却失去自己的（真正的）生命，那他又能获得什么呢？当然不能。"②基督教认为，一个为了耶稣基督而献出生命的人，才是一个真正的人。从我们的观点来看，则一个超越有限自我、为着唯一的"一体"向着无限未来开放

---

① 奥古斯丁著，周士良译：《忏悔录》，北京：商务印书馆，1963 年，第 247 页。

② Bibile, The New Testament, Mark, 8：34-36, p.57.

的人，才是一个真正的人，活得有意义的人。这里的"一体"，既包括所有的人，也包括自然物。为着这样的"一体"而献身，应该是一个真正有"民胞物与"精神的人。只不过中国儒家虽有"万物一体"的思想，却还缺乏一种崇敬"万物一体"的宗教感情。

也许有人会认为，在当今市场经济繁荣发达的时代，人只需献身于科学技术，就可以解决人生的一切问题。持这种观点的人，其实是只把目光盯住日常生活中所遭遇到的有限之物，而忘了这些有限之物特别是他自己的有限存在所置身于其中的无限广阔的"一体"，说得更具体一点，就是他忘了支持他的科学技术活动和日常生活的这个整体，他忘了这个整体正是他的"上帝"。我们今天从基督教所要吸取的最重要、最关键的一点，就是要把支持我们每个个体和个体活动的这个唯一的整体，提到人生的首位，把它当作我们的"上帝"，我们为了"追随"它而宁可牺牲个人的生命，它对我们的支持、"恩典"就是我们的信仰。

（原载：张世英：《境界与文化——成人之道》，北京：人民出版社，2007年，第 218-229 页）

道德与宗教

——为道德寻找一种无神论的宗教根据

张世英

一、哲学史上关于道德的宗教根源问题的各种思想观点

柏拉图在《普罗泰戈拉》篇中讲了一个关于人类如何获得道德意识的神话故事：人在最初被诸神创造时，一小群一小群地散居各处，手足牙齿不如禽兽的爪牙坚硬有力，动作起来也没有禽兽那般飞跑的速度，很难谋生自保；即使为了能抵御禽兽而聚集在城堡里，可是人与人彼此之间又相互残害，以致合而复分，面临被禽兽吞食的危险。主神宙斯抱着一颗怜悯之心，深恐人类会因此而毁灭，于是把他所掌管的道德意识即尊敬和正义的意识赐予了人类，而且强调在赐予这种礼物时，一定要分配到每一个人，要让所有的人都有道德意识。只有这样，人才能通过一条团结合作的纽带，建立社会秩序，群居而生存，如果有一个人没有尊敬和正义的道德意识，他就会祸国殃民，应当处死他。①这段神话显然会引起我们关于道德与宗教关系问题的许多思考。

最直接、最通常的思考是，这则神话赋予了道德以神秘的起源，人的道德意识是由神赐予的，具有神的威力。事实上，每个人类社会都有某种形式的神话来说明和解释道德的起源。《圣经·旧约》中记载，摩西接受上帝的"十诫"，如"应孝敬父母""不可杀人""不可奸淫""不可偷盗""不可作假见证""不可贪恋他人财物"等都是主神耶和华的命令，这和希腊主

---

① 参见柏拉图：《普罗泰戈拉》篇，320D—323C。

神宙斯赐予人以道德意识如出一辙。巴比伦和亚述神话中的太阳神沙玛什赠给巴比伦国王汉谟拉比的《汉谟拉比法典》也是道德意识源于神性之一例。这类神话似乎都意在表示，道德的权威性，或者说，道德命令的绝对性（无条件性），只能用神的意志来说明，道德只能以宗教为基础。①中国殷商时代的宗教文化中有无关于居最高地位的神"帝"赐予人类以道德意识的类似记载，我没有研究，但至少到了周代，周人的"天"已不是"敬而远之"的殷商之鬼神，而是"监下民"、对人间的道德行为起着主宰作用的力量，所谓"以德配天""天降德于人"，实皆道德意识源于宗教上神的意旨之意。当然，周人所说的"天"与希腊的"宙斯"，其宗教含义是有区别的。

对于上述《普罗泰戈拉》中的那段神话，甚至对于中国周人关于"天"降德于人的宗教思想，我们也可以有另一种相反的思考：宙斯之所以赐予人类以尊敬和正义的道德意识，是因为他看到，人类缺乏道德意识，就会陷入相互残害、没有社会秩序的状态，以致无法维持人类的生存。从表面上看，道德意识是由宙斯赐予的，道德意识源于宙斯，但实际上，宙斯的命令之根据在于维护人类社会秩序，维持人类生存，这不反而说明宙斯是依从于人类社会的状态吗？说明宗教是以道德为基础吗？事实上，柏拉图在其另一篇对话"Euthyphro"（《欧俤甫戎》篇，或译《欧绪弗洛》篇）中已表示了他对于道德源于神力的观点的质疑：在这篇对话中，柏拉图通过苏格拉底对 Euthyphro 的发问，表达了自己的观点。苏格拉底问："The point which I should first wish to understand is whether the pious or holy is beloved by the gods because it is holy, or holy because it is beloved of the gods."②（我首先想了解的要点是：究竟虔诚的或圣洁的东西是由于它是圣洁的才为诸神所爱呢，还是由于它为诸神所爱才是圣洁的呢？）这个问题表述了两种观点的尖锐对立：一种观点是道德以宗教为基础，事物之所以是善的，源于它为神所爱，神所爱者为善、为虔诚或圣洁，神所恶者为恶、为不虔诚或不圣洁，善恶依赖于神。按照另一种观点，宗教以道德为基础，事物之所以是善的，源于事物自身，而非依赖于神。柏拉图在这篇对话中隐约但

---

① 以上参见 *The New Encyclopedia Britannica*, Chicago: Encyclopaedia Britannica, 1993, V.18, pp.492-493。

② 柏拉图 "*Euthyphro*"，10A；*The Four Socratic Dialogues of Plato*, Oxford, At the Clarendon Press, 1949, p.24。

也无可怀疑地表达了这样一个观点：如果是神的赞许和爱使一种行为成为善的，那我们就可以问，为什么神赞许和爱这种行为而不赞许和爱那种行为？柏拉图主张，善与恶、对与不对的行为标准并不是以神的赞许和爱与否为转移。①苏格拉底—柏拉图显然主张置宗教于道德基础之上，而不是相反。

关于中国周人的"天"降德于人的宗教观点，我们同样也可以作出类似的思考。周人其实只是表面上主张"天"降德于人，实际上，其最终目的是借畏"天命"以明人德。周人宗教上的天命论实以人伦道德为基础。这一点到孔子发展得更为明显。孔子显然有类似于苏格拉底—柏拉图把宗教置于道德基础之上的思想。不过，这里我必须立刻指出的是，二者的伦理道德观又有很大的差别，甚至可以说，差别大于相似。孔子的"天"已不具有外在性、彼岸性。孔子讲"仁"，"仁"出自人的天性。"仁远乎哉？我欲仁，斯仁至矣。"（《论语·述而》）孟子说得更明确："仁义礼智，非由外铄我也，我固有之也。"（《孟子·告子上》）宗教意义上的"天"几乎被撇到了一边，但孔孟并非不言天，《论语》中多处言及天。"子见南子，子路不说。夫子矢之曰：'予所否者，天厌之！天厌之！'"（《论语·雍也》）这句话至少可以解读为，在孔子那里，人之好恶与"天"之好恶相通。孟子言人之善心乃"天之所与我者"（《孟子·告子上》）。这句话从字面上似乎可以解释为道德意识乃"天"之所赐，好像希腊神话中的宙斯赐予人以尊敬与正义的道德意识一样，但这种解释显然是肤浅可笑的。结合孟子讲的"四端""我固有之""万物皆备于我矣，反身而诚，乐莫大焉。强恕而行，求仁莫近焉"等思想来看，在孟子那里，很显然，人的道德意识既是人所固有的，又是天之所予，人与天合而为一，天并非外在于人的，并非彼岸的。孔孟这种伦理道德观的非彼岸性、现实性对于我国思想文化传统缺乏彼岸性、超验性的宗教意识起了决定性的作用。

与孔孟的伦理道德观点不同，苏格拉底—柏拉图的思想观点则要复杂得多。柏拉图既有置宗教于道德基础之上的思想，如我们在上面所看到的那样，但又有很多灵肉二元对立和超验性、彼岸性的宗教神秘主义，从而使柏拉图主义经过长期发展而成为影响整个西方思想文化传统的基督教置道德于宗教之下的伦理道德观。柏拉图认为，人的灵魂原本与永恒的"理

---

① *The New Encyclopedia Britannica*, V. 18, p.493.

念"结合在一起，只是由于灵魂与肉体的结合亦即由于人的出生，忘却了它与理念的原初结合，而堕入感性的、变动不居的世界，因此，要获得"理念"之真知识，就必须通过理性的净化（柏拉图所谓"辩证法"）和道德的净化过程，以回复到灵魂之本然。在柏拉图看来，"理念世界"本身是神圣的，灵魂居于此世界之中，乃是居于自己的家园中，因此灵魂的本性也是神圣的。灵魂通过净化过程，超越肉体之束缚，也就是灵魂回归自己家园的过程。柏拉图所谓"善的理念"，不仅是最高的理念，而且超越了理念的世界，它乃是理念世界或者说存在和知识之源。①灵魂通过净化过程以后所达到的境界不仅是真正的知识，而且是一种超越知识的、与"善"合一的状态。②总之，灵魂所回归的家园是一个以善的理念为根源、为善的理念之阳光所照耀的神圣的家园。灵魂与神原来就有"同类"性③，或者用更通俗的话来说，人性原来就具有神性。"只有热爱智慧的人，才能进入彼岸"，回到"天外"的神圣的家园。④这神圣的领域既是人的"家园"，又在超越于现实世界的"彼岸"。这正是柏拉图思想的复杂而丰富之处。就其主张人性本具神性而言，颇有些类似孔孟的天人合一。孔孟基于天人合一而主张人的道德意识"仁"乃人之"天"性；柏拉图基于人性本具神性而主张诸神之所爱乃人之所爱，乃人之所认为善的。孔孟与柏拉图在这里有相通之处。但柏拉图又主张"理念世界"及其源泉"善"在"感性世界"之"彼岸"，这种思想则是孔孟所没有的。正是这一点造成了他们所影响的中西传统思想文化的区分，造成了中西传统思想关于道德与宗教关系的观点的分歧。

原来，柏拉图思想的来源既有先前的以宙斯为首的奥林匹斯诸神的多神教，又更多地是后来流行的奥尔弗斯教。希腊多神教认为即使是主神宙斯也要受一种隐藏在一切背后的无可抗拒的神秘力量"命运"的控制。因此，柏拉图认为，"正义"的道德意识并非取决于宙斯的命令。⑤

柏拉图的"理念论"则是受奥尔弗斯教的影响，这是柏拉图的二元论和彼岸思想的主要来源。但即使是柏拉图思想的这一个方面，也与后来基

---

① 参见柏拉图：《国家》篇，508C—509B。
② 参见柏拉图：《会饮》篇，211E—212A。
③ 参见柏拉图：《蒂迈欧》篇，90A—D。
④ 参见柏拉图：《斐德罗》篇，247C—248A。
⑤ 参见罗素著，何兆武译：《西方哲学史》上卷，北京：商务印书馆，1963 年，第 154 页。

督教的道德以宗教为基础的神学有不小的差距，这中间有一个发展过程。柏拉图的二元论和彼岸思想还没有上帝从无中创造出世界的观念。他的最高的理念，善的理念，还不能说是人格的上帝。他在《蒂迈欧》篇中所表达的神造世界说，似乎认为在神之前已存在着质料，但这些质料漫无秩序，神不过是从无序中创造出有秩序的世界。①柏拉图之后，首先有纪元前后的菲洛。他认为有一个不能为人所认识的上帝，或者说超越了人的认识能力的上帝，他创造了人，人的灵魂是上帝的创造物，是上帝所赐予的恩典，灵魂并不如柏拉图所说的那样具有神性的本性。这样，在菲洛那里，灵魂的净化过程就不是灵魂回归到自己的家园的过程，而是向彼岸的上帝的渴望。超验的、彼岸性的上帝在菲洛这里已经明显地表现了菲洛对柏拉图思想的飞离。关于超验的、彼岸性的上帝的思想，自菲洛起，似乎越来越改变了柏拉图的理念论：理念不再像在柏拉图那里那样是终极的东西，而是隶属于上帝的。到了基督教，人格化的上帝观念，上帝从无中创造世界的观念，恩典的观念，都非常明确而成为基督教的超出柏拉图主义的特点，从而在道德与宗教的关系问题上基督教也有不同于柏拉图主义的观点：在柏拉图主义那里，人的灵魂本身具有神性，道德是人的灵魂自身的净化，是灵魂摆脱肉体的束缚而返回自身家园的行为；在基督教这里，创造者与被创造的造物之间有着根本的对立，人的灵魂亦属由无中创造的造物，不具有神性，人的本性是有罪的，即所谓"原罪"，道德是圣灵的产物，人要靠信仰上帝才能受到"救赎"的恩典而有道德。从柏拉图主义到基督教，在道德与宗教关系问题上，似乎实现了一个由以道德为宗教之基础到反过来以宗教为道德之基础的转化。

基督教的神性与人性二元分裂的内在矛盾，在整个西方历史发展的进程中日益尖锐，从而使基督教的神权统治地位逐步衰微。文艺复兴以后，到了17世纪，特别是18世纪，基督教的彼岸性的人格化的上帝日渐隐退，以宗教为基础的伦理道德观也越来越难有立足之地。但是在相当长的一段时间内，在许多大思想家那里，道德仍离不开神，哪怕这个神已经远离了基督教的上帝的含义。伏尔泰虽然大骂基督，但为了赏善罚恶，他仍然说："即使没有上帝，也有必要捏造一个上帝。"卢梭、康德等人强调人的道德本性，但他们都在赶走基督教的彼岸性上帝的同时，却又在人的本性中安

---

① 参见柏拉图：《蒂迈欧》篇30A；参见罗素：《西方哲学史》，第190页。

置了一个上帝。上帝的神性和人性是同一的。卢梭认为人天生就有对与自己息息相通的同类人的"同情感",这是人的"天性",也就是人的"良心"。人之所以把自己看作同别人一样,希望别人也不受痛苦,就是出于"同情感",出于"良心",出于人的"天性本身"。这种同情感、良心、天性是我们从事道德行为的基础、根据。"在我们的灵魂深处生来就有一种正义和道德的原则;尽管我们有自己的准则,但我们在判断我们和他人的行为是好或是坏的时候,都要以这个原则为依据,所以我把这个原则称为良心。"①值得注意的是,卢梭把道德上的"良心"等同于宗教上的"上帝"。"良心呀!良心!你是圣洁的本能,永不消逝的天国的声音。……是你在不差不错判断善恶,使人同上帝相似!"②卢梭的话多少使我们联想到中国人爱说的"天理良心",良心等于天理,尽管中国人对"天"尚缺乏卢梭说的那种"对永不消逝的天国的声音"的西方式的宗教感情。

康德深受卢梭的影响,他对卢梭把宗教信仰植根人的道德本性的基本思想作了更进一步的发挥,从理论上作了细微的论证。康德在《纯粹理性批判》中从理论认识的角度赶走了上帝,但在《实践理性批判》中又认为,为了道德之故,有必要"设定"一个上帝。在康德这里,上帝仍然立足于人的道德本性,这和卢梭的观点是一脉相承的。

总之,在西方近代思想史上,基督教那种居于彼岸世界而又主宰人间祸福的上帝固然退隐了,作为人伦道德之根源的上帝固然退隐了,但仍然有许多思想家没有摆脱上帝的阴影,尽管他们的上帝观念已大不同于基督教的上帝观念。在这些思想家心目中,似乎不能有根本没有宗教信仰的道德。

中国传统思想把人的道德意识都说成是"天理"。其实,大家都知道,中国人的"天"并不是基督教的上帝,"天"不是外在于人的彼岸力量,人的道德并不是像基督教主张的外在于人的力量所赐予的,它既是"人"性,又是"天"性,天与人合而为一。这种情况在某种意义上与卢梭之把良心等同于上帝颇有些类似。中国传统思想需要把"人性"说成是"天理",同西方在基督教的上帝退隐之后一些思想家需要在人的道德本性中安插一个上帝一样,都是要为道德找宗教上的支撑,以增加道德的权威性。伏尔泰

---

① 周辅成编:《西方伦理学名著选辑》下卷,北京:商务印书馆,1987年,第143-144页。
② 周辅成编:《西方伦理学名著选辑》下卷,1987年,第146-147页。

说的即使没有上帝，为了赏善罚恶也有必要捏造一个上帝，这话已很明显地表现了宗教服从于道德需要的思想。卢梭、康德的上帝，从实质上来看，也是出于道德需要宗教的权威性。中国传统中礼教杀人的无数事例，其实都是给封建道德的教条披上"天理"的虎皮（权威）以压制人欲。戴震说的"人死于法，犹有怜之者；死于理，其谁怜之！"真是一语破的，生动地说明封建道德需要靠"天理"的支撑才能发挥其最大效力。戴震的话主要针对中国封建道德以礼教杀人的方面而言，事实上，中国儒家一般讲的人性本善的道德本性也都是借"天理"的虎皮以发挥其效力。

　　从以上的历史事实可以看到，在主张人有"原罪"、人性本恶，需要有上帝赐予人以道德的恩典才能获得拯救的基督教之外，无论在西方在中国，都有很长的历史时期，一些占主导地位的道德观（在西方如卢梭、康德等人的思想，在中国有儒家的思想）也仍然或则离不开"上帝"，或则离不开"天"。难道道德必然要以宗教来树立自己的权威吗？道德命令本身就没有绝对性吗？人为什么应该讲道德？道德的绝对性只能在于宗教吗？在西方现当代，像传统基督教教义那样一种对主宰人间祸福的人格上帝的信仰，已经是日薄西山了，但连爱因斯坦这样的伟大自然科学家也还信仰一种他所谓的"宇宙宗教"（我认为这实际是一种无神论的宗教）；美国当代著名神学家蒂里希一方面反对人格上帝，一方面又认为，他所主张的作为人的"终极关怀"的超主客关系之"一体"需要有一个人格的象征。西方现当代思想的主流似乎仍然认为道德离不开宗教，"没有宗教的道德"（morality without religion）是不能发生效力的。中国自鸦片战争、五四运动以后，特别是新中国成立以后，"天"的确被打倒了，什么"天命""天理"都成为落后的代名词。但是中国传统思想中一向与"天理"并提的"良心"、道德是否也同时而彷徨起来了呢？与"天理"同时被打倒的固然主要是封建礼教之类的东西，但中国传统的道德观中也有很多合理的东西，是否也一起被弃置了呢？没有"天理"，"良心"、道德难道就没有支撑吗？

二、"万物一体"可以代替"上帝"和"天"而成为道德的神圣性根据

　　上述这许多问题，归结起来，都是一个道德的根据问题：人为什么一

定要讲道德？各民族的进化史上，大概都有一个很长的时期需要把对神的敬畏作为道德的根据，这种情况，各个民族、各种宗教文化那里都是如此。[①]前面说的西方传统主要是在"上帝"那里找道德的根据，中国传统主要是在"天"那里找道德的根据，不过是其中最明显的例子。现在的问题是：除此以外，道德的根据何在？换言之，没有上帝的道德之根据何在？没有天的道德之根据何在？道德可否不需要上帝？可否不需要天？这无论在西方、在中国，主要都是在各自的近代史上所提出的问题。许多人就因为道德无所据，便认为道德是可有可无之事，有的人甚至由此而走上道德堕落的境地。所以道德的根据问题，人为什么一定要讲道德的问题，是人生不可回避的一个极其严重的问题。

在西方近代史上，不再在上帝那里找道德根据的思想学说主要有社会契约论。社会契约论多种多样，其所谓契约是一种假设。大体上说来，其思想实质都是认为，道德律源于一种"社会的相互制约"（social interaction）：人们相遇在一起，过着社会生活，大家都需要对各人自己的自由加以妥协、节制，以达到相互都可以接受的社会状态，这就是道德的功能。[②]社会契约论者都主张自然法，在他们看来，自然法也是一种道德规律，这种道德律不是上帝赋予的，而是出于人为了维持大家能在一起共同生存和生活下去的需要。社会契约论否定了上帝对于道德的绝对性和权威性。但社会契约论所讲的道德只能有相对性，缺乏绝对性和权威性。道德之所以必要，并不仅仅是为了维护社会秩序，使人的生存和生活得以维持。社会契约论为道德所找到的根据还只是外在的，它不能说明人为什么从灵魂深处要讲道德，要服从道德律。上帝的权威被打倒了，这是历史的一大进步，但社会契约论并没有为道德找到足以代替上帝的权威。

功利主义、快乐论认为人生的目的就是寻求现实的功利、现实的快乐，得到功利、得到快乐（我这里只是就功利主义之所谓"最大多数人的最大幸福"而言），就是善、就是道德。功利主义、快乐论不在上帝那里找道德的根据，这是值得肯定的。但功利主义、快乐论的缺点也是很明显的，它早已遭到西方许多哲学家、伦理学家的驳斥。英国新黑格尔主义者布莱德雷（F. H. Bradley）在其名著《伦理学研究》中列有专章，对功利主义、快

---

① 参见淘尔生著，蔡元培译：《伦理学原理》，北京：商务印书馆，1934年，第175页。

② 参见 Arthur Chappell, *Morality without Religion*, GM Humanist, No. 6, October, 1994。

乐论作了详尽的系统的批评。其中，我认为最有意义的是两点：第一，布莱德雷认为，人生并不以追求现实的功利、现实的快乐为最终目的。与此相联系的是，第二，功利主义、快乐论者都认为道德是得到快乐的一种手段，然而道德之为道德，正在于它是以本身为目的，功利主义、快乐论的错误在于把道德看成服务于一个外在目的的手段。①布莱德雷对功利主义、快乐论的种种反驳中，有的过于烦琐，但他的思想启发了我们：道德并不像功利主义者、快乐论者所主张的那样是人生中低于功利、低于快乐的文化层次，而是相反，道德高于功利、快乐。显然，功利主义、快乐论不但没有回答道德的绝对性、权威性问题，而且降低了道德的地位，把道德看成是达到功利、快乐的手段。

中国自上世纪道德的"天理"根据被推翻之后，似乎就再也没有找到道德的绝对性、权威性的根据。西方社会至今仍有基督这样一个道德上的神人作为人们的行为楷模，中国传统思想以"天理"为依据，也有一套道德秩序（封建的道德秩序）可循。但是我们当前在一部分人心目中，似乎什么权威性、绝对性都是虚无缥缈、迂腐可笑之谈，金钱第一、唯我至上，道德不道德都不过是说给别人听的浮华不实之辞。不少学者都在试图从中国传统思想中找到重振道德之权威性的资源。我以为这项工程非常重要，这个方向非常正确。问题是如何重振？重新恢复"天"这张虎皮，恐怕没有人会这么做。照搬西方的"上帝"，显然不合中国的国情。我还是认为要走中西结合之路。

我在《哲学导论》等著作中结合中西哲学详细地讲了万有相通、"万物一体"的道理，这里不再重复，而主要是想申述一下如何把道德建立在"万物一体"的基础之上的问题。说得更通俗一点，就是我想以"万物一体"代替西方的"上帝"和中国的"天"的地位，使我们的道德重振自己的权威性、绝对性。我以为这对于我们民族更加讲道德、更加尊重道德，会有一定的促进作用。我们现在一部分人不注重道德，最根本的原因也许是由于道德在当今失去了自己的权威性，我们要在"天"被打倒以后弥补道德无所依据的真空。我们当前都在谈论道德的教育问题，我想，建立道德的权威性才是道德教育问题的核心。

由天地万物彼此相互联系、相互作用、相互影响（一句话，彼此相通。

① F. H. Bradley, *Ethical Studies*, Oxford: At the Clarendon Press, 1927, pp.62-70, 82-94, 114-115.

包括人与物、人与人、物与物之间的相通）所构成的网络之整体，我称之为"万物一体"，这个"一体"是每个个别的人或物之最终极的根源。任何一个人、任何一个物，如果离开了这个"一体"，就不成其为一个人，不成其为一个物。人之不同于一般自然物的特点在于他能意识到这一点，或者说能领悟到这一点。这是人所独有的灵明，而动物则不能意识到它不能须臾离开这个"一体"之源，动物没有这种灵明。所以，人之为人，或者说，人要成为一个真正的人，就在于有这种领悟。但人在日常生活中由于程明道所谓"自私而用智"（程明道：《定性书》）之"自私"（这里的"自私"不是指损人肥己，应是指人皆有之的私欲）或陆象山所谓"与焉之过"①，而采取自我中心主义，以我为主，以他人为客，因而与"万物一体"之"一体"分离开来，不能达到"廓然而大公"的一种与万物为一体的境界，人也就不成其为一个真正的人了。这样，人要做一个真正的人，就需要超越主客二分的生活态度，回到"万物一体"的怀抱，把自己与"一体"之源重新融合起来。所谓"宇宙不曾限隔人，人自限隔宇宙"②，正是要我们回复到人与宇宙万物为一体之"本体"。我这里说的"回复"或"重新融合"都不是要求我们简单抛弃主客二分，简单抛弃私欲。禁欲主义是我们所反对的。主客二分乃"人生在世"之必然结构，人有私欲乃生存之必需。如果说主客二分和私欲比起与万物为一体的境界来是一个"迷途"，那也是人生必然要经历的一个"迷途"。问题是人生之真谛在于"迷途知返"。这里所要求我们的是"超越"，即超越主客二分，超越私欲，这种"超越"的要求正是我们在道德上所"应该"做的事。我们做到了"超越"，做到了道德上所"应该"做的事，那就是重新与他人融合为一，回复到与万物为一体，那也就是领悟到了人生之真谛，成为一个真正的人。反之，不思超越，沉溺于一己之私，做道德上"不应该"做之事，那就不是一个真正的人。所以这里的"应该"是直接关涉"是人""不是人"的人生最根本、最终极的严重问题。这种"应该"是绝对的应该，它不是那种出于某个外在目的而为之的应该，而是出于人性之本然而为之的应该。③人在本性上有做道德上"应该"做之事的愿望，也就是说，道德是人之本性，是人生在世的必然环节。布莱德雷说，为某个外在的目的而为善，那就永远不能窥见道德

---

① 参见：《象山全集》，《与赵监第二书》，《四部丛刊》本，第 13 页。

② 这里主要受田立克（Paul Tillich）关于区分"无条件的应该"与"有条件的应该"的观点的启发。

③ F. H. Bradley, *Ethical Studies*, pp.46, 50, 55-56, 80.

之真义，那是与道德意识相违背的，道德之真义就在于使人成为"真实的人"，道德行为是一个"使我自己成为真实的历程"，如果硬要问道德上的"应该"为什么"应该"，有什么"目的"，"为什么要讲道德"，那也可以回答说，道德行为本身就是目的，它是使人成为真实的人的活动，外此，别无目的。①总之，道德上的"应该"是绝对命令。如果说有一个最高、最终极的发号施令者，那就是"万物一体"。它是万物之源，是人之源。人与任何他人"本是同根生"，皆以它为源。服从它，做所"应该"做之事，从而达到与万物为一体之境界，就是真正的人，否则，就不成其为人。例如，道德律要求我们"应该"做到"己所不欲，勿施于人"，这就是要求我们以一种与万物为一体的"民吾同胞"的精神对待他人的欲望。我们能做到这种道德上"应该"做之事，就是真正的人，否则，就不成其为人。所以，人只要有了对"万物一体"的领悟，就必然地、无条件地会讲道德，会做道德上"应该"做之事，就像虔诚的基督教徒有了对"上帝"的信仰，就必然地、无条件地服从上帝的命令讲道德，做道德上"应该"做之事一样，或者像中国传统思想那样必然地、无条件地听命于"天"（"天理"）。这样，我们就为道德找到了哲学上本体论的根据，不至于在"上帝"和"天理"被推翻之后道德却彷徨无所依。

前面谈到人与人"本是同根生"，皆以"万物一体"为根，故人对人"应该"做到"己所不欲，勿施于人"。我这里所讲的"本是同根生"和基督教所讲的人与人皆以上帝为根，故人应该爱他人的观点，有一个很大的不同。除了传统的基督教教义所讲的上帝是人格上帝这一点毋庸再谈之外，这里主要想强调的一点不同之处是，基督教的上帝这个根是超验的创造者，而人是被创造者，这两者之间原来是有鸿沟的。人有"原罪"，只是靠上帝的恩典而获得拯救。人之所以应该爱他人，在于人与人同为上帝的造物，在于通过上帝。而我所讲的万物一体之"一体"不是超验的，万物皆在时间之内，"一体"也是在时间之内永无止境流逝之整体，我称之为"动态的整体"。人与人（以至天地万物）构成一个整体，人与这个整体的关系不是时间之内的造物与超验的、创造时间的创造者之间的关系。所以在万物一体之中的人与人，不是通过一个超验的什么东西而相爱，而有"民吾同胞"的精神；万物一体之中的人与人，用我经常用的一个术语来说，是由于彼

---

① 参见张世英：《新哲学讲演录》，桂林：广西师范大学出版社，2004 年，第 213 页。

此"相通"而相爱、而有"民吾同胞"的精神。王阳明讲的"一体之仁"与基督教传统教义讲的人与人因同为上帝的造物，故应该彼此相爱，两者有根本的区别，我讲的万物一体的思想，与王阳明的"一体之仁"有传承的关系。

前面多处谈到道德上"应该"做之事。原来，凡讲道德都是讲的"应该"或"应然"，而非"已然"或"实然"。所以道德行为都有一个实现此行为的过程，即把"应然"转化为"实然"的过程。现在的问题是，此过程何以必需？有什么哲学理论上的根据？前面说过，道德行为是人之实现为人的过程。人虽然实际上总是生活在万物一体之中，丝毫离不开与他人、他物结合为一的整体，但人的日常生活大多处于主客二分的"在世结构"中，因此，人的一般生活态度，或者说生活境界，都与建立在"万物一体"基础上的"民胞物与"精神有或多或少的距离。人要成为一个真实的人，成为一个与万物为一体、具有"民胞物与"精神的人，就要缩短这个距离。有的人人生境界比较低，较多地陷入一己之私，这种人虽然知道"应该"与人为善，"应该"爱人，或者说知道"应该"有民胞物与的精神，但要实行这道德上"应该"之事，其间的距离比较远，也就是说，这种人要成为一个"真实的人"，需要克服私己的难度比较大。反之，越是较少陷入一己之私的人，其到达实行道德上"应该"之事的距离越短，也越容易接近成为一个"真实的人"。但无论如何，一个人从当前的生活境界之水平到实行"应该"，把"应然"变为"已然"，其间总是有某种距离。否则，就谈不上"应该"。"应该"总是蕴含一种"未然"或"尚未"，即距离。所以道德总是一种向着尚未实现却应该实现的理想的追求，总是一种弥平距离的过程，人生也正是这样一个向往成为"真实的人"的追求过程。"人皆可以为尧舜"，说的不过是人人在原则上皆可以成为"真实的人"，成为尧舜，但并非人生而为尧舜，这里需要的是作道德上的努力，也就是平常说的道德修养，实即克服一己之私，向着万物一体、民胞物与的精神境界迈进。

问题是，有的人愿意作道德上的努力，有的人不愿意或不甚愿意作这种努力。这里的关键还是在于"万物一体"是否真正能对道德具有权威性。基督教的"上帝"或中国传统的"天理"以不同的方式都对道德起着绝对权威的作用，故虔诚的基督教徒和深受中国传统思想影响的人都能因信仰上帝或因不敢违背天命而愿意无条件地作道德上的努力。上帝和天命都具有神圣性（尽管两者的神圣性的含义不同），它们对道德的权威性正是由于它们的神圣性。现在我们讲"万物一体"，这"万物一体"的境界能像"上帝"和"天理"那样具有某种神圣性吗？

　　一般人的日常生活，主要采取主客二分的人生态度，心目中总离不开一个以我为主的"我"字，我在《哲学导论》中把这种状态叫做"有我之境"。人在这种境界中，"昭昭察察"，人我之间界限分明，对于利害得失都有精明的计较，这是一种毫无神圣性的境界。但是当人经过努力（道德修养，还应该包含审美方面的修养），超越了主客二分，达到一种与万物为一体的境界之时，人就忘了一切限制，忘了我与他人之间（包括与他物之间）的"限隔"，我称这种境界为"忘我之境"。人在这种境界中，超越了人的有限性而与无限的整体（"万物一体"之"一体"）融合为一，由此而获得了"永生"。我以为这就是一种神圣性。平常总是把神圣性理解为只有人格神才能具有，我这里讲的神圣性乃是一种无神论的神圣性。这种神圣性是与上述"有我之境"中那种以我为主、斤斤计较的状态相对待的。这种神圣性有点像奥地利宗教家、哲学家布伯所说"我—你"（I—Thou）公式中的神性，它与"我—它"（I—It）关系中的非神性是对立的。尽管我不赞成人格上帝，但布伯认为，按"我—你"公式生活的人具有神圣性，而按"我—它"关系生活，把人看成物（"它"）[①]，则人无神圣性，这个基本观点是很有启发意义的。一个处于"万物一体"境界中的人，一个有道德的人，是有神圣性的；一个一心沉溺于私己的人，一个不讲道德的人，是没有神圣性的。我以为正是"万物一体"的这种神圣性构成它对道德的权威性，正是对"万物一体"的神圣性的崇敬，激励着人要成为一个"真实的人"——成为一个本性上有神圣性的人，激励着人要无条件地做道德上"应该"做之事。如果有人说对"万物一体"的神圣性的这种崇敬之情仍然是一种宗教感情，我倒也很乐意接受这种提法，只不过我要补充一句，这是一种无神论的宗教感情。如果有人说我在这里仍然是把道德置于宗教基础之上，那我也是愿意接受的，不过我仍然要说，这是一种无神论的宗教。我们平常说"劳工神圣"，为什么不可以说人在本性上有神圣性呢？

　　由此观之，道德与宗教（指我所说的"无神论的宗教"）两者既不相同而又相通，其间的关系可以说是同一过程之始与终的关系：道德之为道德在于"主客二分"的生活态度与"万物一体"的生活境界之区别和差距，

---

① 参见张世英：《新哲学讲演录》，2004 年，第 364-367 页。

道德上的"应该"就是讲的"应该"克服这种差距,"应该"超越主客二分,达到与万物为一体的境界,以"民吾同胞""廓然而大公"的精神待人。但一旦达到了这种境界,道德作为道德就完成了自身的任务而进入了"万物一体"的宗教领域(指我所说的无神论的宗教领域)。可以说,"万物一体"的宗教乃道德之终极目标,道德以完成自身而结束自身,这乃是道德的悖论。①如果套用王阳明关于知行合一理论的话("知是行之始,行是知之成"),那么,在某种意义上也就可以说,道德是实现真实的人的行为过程之"始","万物一体"的宗教是实现真实的人的行为过程之"终"。道德与宗教是一而二、二而一的东西,始与终既有区别,又无截然可分的界限。

如果从自由不自由的角度来看道德,则道德作为道德总具有某种强制性,"应该"就有强制之意。从主客二分的生活态度和私己的立场来看万物一体、民胞物与,后者对于前者不能不有"他律"的意味。超越主客二分,克服私己,做道德上"应该"做之事,并非轻而易举,必然会感到"他律"的强制性,这正是道德的不自由之所在。席勒认为道德义务是"理性冲动",是一种"限制",具有强迫性,是一种"不自由"。席勒的观点②是很有道理的。不过,道德上的这种强制性不是来自外在的权威或某种需要,而是出于人性之本然、出于人皆愿成为真实的人而自愿做的"应该",这是一种自愿的强制,人本性上自愿强制自己超越主客二分,克服私己,从事道德行为。这样,"他律"也就转化成了"自律",不自由也就转化成了自由。当道德实现了自己的任务而进入"万物一体"的宗教领域时,天人合一,人己一体,毫无限隔,人也就达到了完全自由的境地。从道德到"万物一体"的宗教,是一个实现自由的过程,是一个由不自由到自由的过程。

(原载:张世英:《境界与文化——成人之道》,北京:人民出版社,2007年,第 109—123 页)

---

① 这里受布莱德雷的"a moral duty to be non-moral"观点的启发,参见 F. H. Bradly, *Appearance and Reality*, London: George Allen & Unwin LTD. 1987, p.436;*Ethical Studies*, pp.410-430。

② 参见席勒:《审美教育书简》,第 15、23 封信。

《四十二章经》道安经录阙载之原因

王维诚

《四十二章经》相传为汉明帝遣使西域求法时所获得，且为中国佛经之最先翻译者。以现存最早之经录言，此经初见著录于梁僧祐《出三藏记集》（下称"祐录"）。但"祐录"于本经条下注曰："旧录云：孝明皇帝四十二章。安法师所撰录阙此经。"安法师者即东晋释道安。道安尝总集群经，撰为经录（下称"安录"）。其录甚为前人所称，而云阙《四十二章经》，未知何故？或谓《四十二章经》者盖晚出，乃道安所不见。然汉末《牟子理惑论》于述汉明遣使求法中已言及佛经四十二章，又汉桓帝时襄楷奏疏似亦已引经内之言。其经早已流行，则"安录"阙载岂遗漏欤？

"安录"原书已亡，惟僧祐《出三藏记集》乃根据道安经录为底本，而加以厘订增益。今由"祐录"尚可略推"安录"原书。考"安录"记载盖甚博。检"祐录"卷二"新集经论录"，首列张骞、秦景写出之《四十二章经》，次列安世高以下至法炬、法立、卫士度等所出各经。僧祐于法立条后曰：

> 总前出经，自安世高以下至法立以上凡十七家，并安公录所载。其张骞、秦景、竺朔佛、维祇难、竺将炎、白延、帛法祖凡七人，是祐校家众录新获所附入。自卫士度以后皆祐所新撰。

按僧祐首要说明者，为法立以上十七家皆安录所载。上文前云："凡十七家并安公录所载。"当指译经言。后云："凡七人是校众录新获所附入。"当指出经人言。盖张骞、秦景、竺朔佛等七人之名与张骞、秦景写出四十二章之经，皆安录所未载。然上述七人除张秦二人外，其余五人之名，安录虽阙，其五人译出之经则当为安录所载（按如"祐录"载《祇难法句经》二卷，竺将炎共支谦译出。而"祐录"支谦条下亦载《法句经》二卷。似"祐录"当亦同载，但未别出维、竺名。又"祐录"载竺朔佛《道行经》一卷。道安有此《道行经序》，其录自当已载其经）。此中惟白延、法祖二人四经安录俱阙。然四经均佚，僧祐已为注明。或即道安未见，故此阙失。至竺朔佛之名见于"祐录"卷七道安《道行经序》，祐云新获，当系据此。"安录"阙彼，或因昔时传写脱遗，亦未可知。"祐录"自卫士度以后，皆僧祐所新撰，是"安录"记载当原至于法立为止。如上解说，可知安录所载前代译经，自安世高以下至法立以前，几甚完全。

又检"祐录"所载法立以前十七家译经中，有注出别录，谓"安录"无者共十余部。然寻"祐录"中所见"安录"，似仍可检得若干部，试举如下：

"祐录"支谶条下，别录出《伅真陀罗经》二卷。查"祐录"卷三安公失译经录中有《伅真陀罗所问宝如来经》二卷，僧祐注云："或云伅真陀罗经。"按当即共一经。又支谦条下，别录出《赖吒和罗经》一卷。查安公失译经录中有《赖吒谞罗经》一卷，谞疑谞，谞与和音近，按似即一经。

又竺法护条下，别录出《阿述达经》一卷，僧祐注云："或云阿阇贳王女阿述达菩萨经。"查"祐录"卷二依"安录"载同法护条下有《阿阇贳女经》一卷。按《阿述达经》与《阿阇贳女经》似均为《阿阇贳王女阿述达菩萨经》一经之省称。

按上举别录所载三部，或本系一经，著为别出；或先在失译，彼出其名。虽谓"安录"所无，盖亦尚非其真。

兹由以上所论结果，即道安撰录，凡前代出经，实记载甚博。其有未详译人，则著经阙人，列在失译（按"安录"中有失译经录。"祐录"卷十五道安传称其师初与安《辩意经》一卷，未详译人，即见"安录"失译经录）。其有未详出经，即如别录所增，亦乃译人他经多载，此为少阙（按如别录载支谶译《光明三昧经》、支谦译《龙施女经》等）。其或经人俱阙，则有别录所载白延三部，"祐录"所载法祖一部（按"祐录"卷十五《法祖传》载祖译经不只一部。又《高僧传》《昙柯迦罗传》载白延所译经名不同，亦不止三部）。尚有其一，即为旧录所载张骞、秦景写出《四十二章经》。其四部缺佚，可当别论。惟《四十二章经》特为后世所著称，众推佛经之始出，其经前代流传，今"安录"竟无记载，宁谓众经略备，适即遗此首著一经？如上所论，殊未能信其若此巧合，则"安录"阙载谅有别故。

或谓《四十二章经》昔颇散失，惟流行江左，道安未至江左，或为不见，故因阙录。此据慧皎《高僧传》言。检《高僧传·竺法兰传》传曰：

竺法兰……翻译，所谓《十地断结》《佛本生》《法海藏》《佛本行》《四十二章经》等五部；移都寇乱，四部失本，不传江左。唯《四十二章经》今见在。……

按上文所云，盖谓竺法兰所译五部，其四部不传，江左所见者仅《四十二章经》一部而已。其"唯《四十二章经》今见在"一语，意但指江左唯有此经，非谓唯江左有此经也。然则江左以外仍可同有《四十二章经》，道安虽未尝至江左，不获见江左之《四十二章经》，但似不能即谓江左以外之《四十二章经》道安亦不见。"祐录"及《高僧传》皆记《四十二章经》藏在洛阳，若其经北方流传，则道安北人似更不能谓其不见。今且假定《四十二章经》昔时北方失传，唯江左见在。然道安曾南至襄阳，居樊、沔间十五载，及襄阳陷于苻坚，乃北返洛阳。苻坚陷襄阳在晋武帝太元四年（西元三七九年）。由此回溯十五年则为晋哀帝兴宁二年（西元三六四年）。据"祐录"卷五所记，"安录"成书于孝武帝宁康二年（西元三七四年），时道安在樊、沔已十载。查东晋之世，自兴宁初至宁康间，桓豁、桓冲分督荆、扬、江诸州军事约近十年，未有更变。此十年间约即道安久在樊沔时期。当此时期荆、扬、江诸州未闻有若何战乱之事，而桓豁与桓冲为兄弟，其所督辖，多在长江流域，交通便利。扬州、江州一带固世称江左之地，江左已有《四十二章经》，则当亦无不可流通于荆州一带之樊、沔也。道安往来南北，同学弟子散在各方，其在襄阳时，每有远地送经本来。今可不论《四十二章经》何处见在，惟如此为前时所传言，后时所著称之经本，纵道安初非已见，亦安知即无他人道及与奉致者？况道安甚博学，其同时人习凿齿称"其理怀简衷，多所博涉。内外群书，略皆遍观"。则《四十二章经》流传已久，博学如道安又遂能信其不知不见耶？

今综合以上之研究，道安于《四十二章经》已不能谓其不知或不见，然则"安录"阙载，当何说欤？

前述《四十二章经》相传为汉明求法所获得。按汉明求法之说，与《四十二章经》盖常互相连带。世言佛法入中国以汉明求法为初始。东晋时人，如袁宏后汉纪及王度奏议，其言佛教初传，皆称求法之说。然"祐录"卷五，载道安述佛法由来有曰："佛之著教，真人发起，大行于外国，有自来矣！延及此土，当汉之末世，晋之盛德也。"于汉明之事竟无称道。查王度为东晋初石虎著作郎，石虎卒于晋穆帝永和五年（西元三四九年）。袁宏为东晋中桓温记室，宏生于晋成帝咸和三年，卒于晋孝武帝太元九年（西元三二八—三七六）。道安则生于晋愍帝太兴二年，卒于孝武帝太元十年（西元三一四—三八五）。今稍长于道安之王度与稍幼于道安之袁宏，皆知闻汉明求法之说，则道安年岁居中，且在释门，当不能不知。若道安知之，则与求法说相连带之《四十二章经》，当亦不能不知。道安似固不信求法之说，故其述佛法至于中国不及汉明传说。然道安不称汉明求法之说，固不能谓其不知其说。今同理，道安未载《四十二章经》，亦固不能谓其不见其书，而道安不见其书，则即与不信求法之说有关系也。

汉明求法之说，学者多已考证其伪。然其说盖依托于《四十二章经》。检"祐录"卷六载《四十二章经序》一篇，即述求法获经之说，其序曰：

> 昔汉孝明皇帝夜梦见神人，身体有金色，项有日光，飞在殿前，意中欣然甚悦之。明日问群臣，此为何神也？有通人傅毅曰：臣闻天竺有得道者，号曰佛，轻举能飞，殆将其神也。于是上悟，即遣使者张骞、羽林中郎将秦景、博士弟子王遵等十二人至大月支国，写取佛经四十二章，在十石函中，起立塔寺。于是道法流布，处处修立佛寺。……

按《四十二章经序》未详作者，亦未知作于何时。然以文字比较而言，汉末《牟子理惑论》所述求法故事，似即祖述序说。查上序所说最足令人注意者厥为张骞之名。世人莫不知汉武帝时有张骞使西域，未闻汉明帝时又有张骞其人出使月支。《四十二章经序》所载使者张骞之名，并余傅毅之言，秦景、王遵之名，全属史传无据。如此之说，固不待考汉明求法之伪，亦已不可置信。道安有见此序或见牟子所载，要彼当知而不信者也。然道安知求法写经说而不信，夫何不著载其经而论列其可疑耶（按"安录"中有疑经录）？窃思此非不能，而有所不可。盖道安出家奉佛，为时人所信重，如对于相传"孝明皇帝四十二章"表示可疑，势必影响世俗信仰，若此则岂不重违教徒护法之旨？而况道安固非欲以疑古为高者乎？然道安夫又何不著录其经而不加论列耶？窃思此非不可，而有所不能。盖若此则岂不谓求法写经说为可信？而况道安撰录固将欲"铨晶译材，标列岁月"（用僧祐语）者乎？道安知求法写经说而不信，其于《四十二章经》既不可著录而论列之，复不能著录而不论列，则惟有阙而不论之一法，是或即为"安录"阙载此经之故欤？今按就教徒护法而论，道安之不论列《四十二章经》

之可疑，与就尊重史实及记载谨严而言，道安之不著录《四十二章经》，道安之德行学识于此俱可敬佩。夫道安者为中国佛学史上首出一代之大师，品学并高，其所作为，宁不当如是耶？

（收入：张曼涛主编：《四十二章经与牟子理惑论考辨》，台北：大乘文化出版社，1978 年，第 35-41 页）

宗教改革和新教哲学

车铭洲

恩格斯说："宗教改革——路德的和加尔文的宗教改革——这是包括农民战争这一危急事件在内的第一号资产阶级革命。"[1]十五至十六世纪，西欧经济技术的发展，新兴市民资产阶级的不断壮大，中央集权的民族国家的形成和巩固，人文主义和自然哲学思潮的传播，从经济、政治、思想等各个方面打击和削弱了罗马天主教会的统治力量，动摇了它的号令一切的权威，罗马教会成了一切革新运动冲击的目标。罗马教会是欧洲最大的政治压迫者和经济剥削者，僧侣阶级愚昧腐败，行贿受贿，买卖教职，搜刮民财，贪婪无度，无恶不作，彻底改革教会早已成了人民的呼声。在这种历史背景下，欧洲许多国家都爆发了公开而激烈的有广泛社会影响的宗教改革运动，一般还伴随着规模很大的革命战争。宗教改革运动是十六世纪西欧最有社会影响的重大事件。这个时期的宗教改革运动一般具有市民资产阶级的性质，是市民资产阶级反封建神学和罗马天主教会控制的思想解放、社会政治解放和经济解放的一种形式。英国现代著名科学史家丹皮尔（William Cecil Dampier，1867—1952 年）认为："宗教改革家有三个主要目标。第一，整顿由于有人滥用罗马会议，由于许多僧侣们生活放荡而遭到破坏的教律。第二，按照先前遭到镇压的某些运动的方针改革教义，并返回原始的质朴状态。第三，放松教义控制，准许个人在一定程度上可以自由地根据圣经作出自己的判断。"（41，p.169）宗教改革运动削弱罗马天主教会的权力，在宗教外衣下宣扬改革、发展和思想自由的精神，与人文主义和自然哲学是相联系着的。可以说，宗教改革运动是人文主义和自然哲学思想的一个重大的社会成果。罗素说："文艺复兴和宗教改革瓦解了中

---

① 恩格斯：《自然辩证法》，《马克思恩格斯选集》，第 3 卷，北京：人民出版社，1995 年，第 527 页。

世纪的综合思想体系。"（9，p.379）宗教改革在哲学思想史上的意义也是不可忽视的。在宗教改革运动的发动和发展时期，曾经受到人民群众的广泛支持，但当人民群众起来更深刻地进行反对压迫者的斗争尤其是武装斗争的时候，一些宗教改革家的害怕群众、敌视群众的资产阶级立场就明显地暴露了出来，最后变成了人民革命的反对者、诅咒者，脱离了广大人民群众，也就抵挡不住罗马天主教会的反击，他们的宗教改革以半途而废告终。

这个时期最著名的宗教改革运动是路德、加尔文领导的宗教改革运动。这里，我们对这两派的宗教改革运动和他们的宗教哲学作扼要的考察。

一、路德的宗教改革和宗教哲学

十六世纪的德意志，是深受罗马天主教会剥削和压迫的国家，罗马天主教会几乎三分之一的财产来自德国。1517 年 3 月 15 日罗马教皇利奥十世（Leo X）颁行所谓"赦罪状"，强力发售"赎罪券"，搜刮民财，修建罗马圣彼得教堂，加强了对德国的经济掠夺，引起了货币经济刚刚发达，国家经济刚刚富裕起来的德国各个社会阶层的极度愤慨，反对罗马天主教会的情绪迅速高涨，只要有一颗火星，就会引起强烈的社会运动。

这颗火星终于闪现了。1517 年 10 月 31 日，威腾堡大学神学教授马丁·路德，把他反对"赎罪券"的《九十五条论纲》贴在平日张贴学术公告的威腾堡城堡教堂的大门上，接着他又把《论纲》的抄本送给梅因茨的大主教阿尔希雷特，并译成了民族语言德文，在社会上流传，很快震动了德意志，开始了震动整个欧洲的德国宗教改革运动。

路德声称，他之所以将自己的观点以《论纲》的形式公开张贴出来，目的是"由于对真理的热爱，以及希望将真理明朗化"（5，⑲，p.7）。这就是说，他是以代表早已存在的社会要求和追求真理的旗帜而倡导宗教改革的。的确，他的思想反映了当时普遍的社会愿望。

首先，路德断然否定罗马教会的权威，激烈斥责以至咒骂罗马教会的罪恶。他称罗马是一只"巨大的吸血虫"，是"无底的罪恶深渊"，"罗马教廷是撒旦的会堂"，而教皇是"强盗头子"，是"撒旦的母猪"，那些主教都是伪君子。因此，罗马不是什么圣地，罗马的僧侣绝不是什么圣人，教皇不是神圣的权威。路德号召学生和市民把教皇的使节统统赶出德意志。他写道："啊！教皇！且听此言吧！您不是最神圣的人，而是最罪恶的人啊！喔！上帝将要摧毁你的教皇宝座，并将它沉入地狱的深渊！……噢，我主基督，请俯视子民，让您的判决破坏并摧毁在罗马的这个恶魔的巢穴！"（5，⑲，p.26）

路德认为，除了《圣经》以外，没有神圣的权威。这是欧洲宗教改革运动的一个普遍的观点。路德特别强调，既然《圣经》是信仰的唯一权威，信徒就必须直接阅读《圣经》，对《圣经》的含义和解释，应完全以个人的理解和判断为基础。每个人有权信仰他自己从《圣经》中所理解的东西，任何人，无论是王公贵族，还是主教教皇，都无权把自己的对《圣经》的信仰和解释强加给别人，都无权强迫人信教，人们对《圣经》和宗教的信仰是自主的、自由的。这样，路德就把从教会和教皇那里剥夺下来的权威，放在了个人的身上，宣扬以个人为本位的宗教信仰，以宗教改革的形式体现了资产阶级以个人为中心的思想自由和信仰自由的愿望。十九世纪德国著名的诗人、政论家海涅突出评价了路德的自由思想。海涅认为，德国的宗教和哲学从中世纪以来的历史就是一部理性、自由、民主与宗教、愚昧、专制作斗争而逐渐取得胜利的历史，他把路德的宗教改革解释为理性的抬头。海涅写道："自从路德说出了人们必须用圣经本身或用理性的论据来反驳他的教义这句话以后，人类的理性才被授予解释圣经的权利，而且它，这理性，在一切宗教的争论中才被认为是最高的裁判者。这样一来，德国产生了所谓精神自由或有如人们所说的思想自由，思想变成了一种权利，而理性的权能变得合法化了。"（28，p.42）

其次，路德在否定教会权威的基础上，反对罗马教会的以封建等级制度为核心的教阶制。在路德看来，既然每个人都可以通过读《圣经》取得自己的信仰，个人就可以直接表达对上帝的爱，直接领受上帝的恩惠。这样，每个教徒都是教士，根本不需要教士阶级和教会作为人与上帝交往的中介。而治理万民是上帝的事，也不许别人代庖，根本不需要高于万民之上的教皇和等级森严的教会。教会应是教徒的结社，教士是教徒选出的公仆，他们是普通的人，不是神人（demigvd），与俗人没有什么不同。因此，路德写道："我但愿我能嘘出闪电打击教皇及教皇制度，并且每股风都是霹雳。我将诅咒和责骂这些无赖，直到我进入坟墓之时为止。"（5，⑲，p.125）可以看出，路德反对教会特权，反对教会的专制统治，而教会专制是封建专制的典型表现。通过反对教会等级制度，体现了资产阶级反封建的平等观念，反映了市民资产阶级从封建制度束缚下解放出来的要求。

第三，主张国家至上和反对罗马霸权。民族主义倾向是路德的宗教改革思想得到社会广泛响应的重要原因之一。路德猛烈攻击罗马教会对日尔曼的掠夺，他向市民、贵族和神圣罗马帝国皇帝查理五世宣传，日尔曼的金钱不能送给罗马教会，每个国家都有权建立本国的教会。并且指出，国家政权是神授的，教会没有立法权和行政权，在国家的管理上，国家权力是唯一合法的权力。实际上，路德把国家置于教会之上，把教会看作是国家政权的工具。路德在宗教问题上表现的国家主义和民族主义倾向，反映了日益壮大的欧洲民族国家同罗马大公教会的一统天下的统治之间的矛盾，为民族国家的独立发展提供了理论。这在当时是具有进步意义的。

否定教会权威，反对教会特权，消灭教士阶级，鼓吹个人主义和民族主义，是路德掀起的宗教改革运动的主要原则。路德的宗教改革运动主要在于实际的宣传鼓动，在于提出实际的改革措施，不在于理论的研究和论证。与反对经院哲学相关，他厌恶思辩理论，声称"推理是信心的最大敌人"（5，⑲，p.51），认为专事哲学思辩的亚里士多德是"该死的、自命不凡的、诡计多端的野蛮人"（5，⑲，pp.51-52）。但是，在宗教改革运动中，路德也发挥了自己的新教哲学思想。路德认为《圣经》是神的话语，他不怀疑《圣经》中的说教，也不反对处女怀胎、道成肉身、三位一体等传统的教条。他主要否定宗教的形式主义，强调宗教信仰的个人的内在的基础。路德在其《论基督徒的自由》这本著作中指出，因信得救，非靠善行，是他的基本信条，这也正是他的新教哲学的基本思想。

路德激烈反对理性神学，断言理性同信仰是敌对的，理性可以帮助人们的日常生活，而对上帝的旨意决不能依靠理性，因为上帝的旨意是超越理性的，只能信仰，而无法加以理解。这样，哲学与神学也是对立的，他反对像托马斯那样把亚里士多德的哲学用之于神学。路德受唯名论的影响，注重个别性、多样性，否定普遍适用的共相，语言和概念。在他看来，人们日常运用的语言和思维的概念是多义性的，它们的具体的含义是由不同的人、人所处的不同环境以及概念表述的具体对象决定的，在不同的情况下有不同的含义。他依据这种概念的多义论理论，反对人们用理性的概念去论述上帝的性质或神学的问题。路德认为，人的心灵与肉体相比，心灵是更根本的，对上帝的信仰应建立在个人心灵的基础上，真正的基督徒，首先应做到内心信仰上帝，不是靠理解而是靠内心的信仰，直接与上帝交往。只有内心真正信上帝了，才会有真正的爱心，才能有真正善良的行为，才能得到上帝的拯救。路德依据《圣经》中"人心里相信，就可以称义"（《保罗达罗马人书》10，10）的话，发挥说，"首先要记住我已说过的话，无需'事功'（按："事功"是实行教会规定的各种事务），单有信仰就能释罪、给人自由和拯救"（18，p.444）。否则，内心没有真正的信仰，就不能真正接受和实行上帝的话，这样，无论靠什么外在的"事功"或苦修，也不能成为善良的人，从而不能获得释罪、自由、圣洁、真理与和平，不能成为上帝的儿女。路德说："善行并不造成一个善人，一个善人却能行善。"（18，p.461）只靠外在的或外表的"事功"，如圣职、祈祷、斋戒、施洗、忏悔赎罪、捐献，等等，毫无益处，只能造就伪君子，造成社会的普遍虚伪。因为内心没有信仰，尽管外表上是善的，内心不是那么回事，那只是用外表的"事功"自欺欺人而已，"如像披着羊皮到处劫掠的狼一样"。因此，路德否定罗马天主教的形式主义的神圣意义，号召完全抛弃一切对教会规定的"事功"的依赖。路德的因信得救的理论，强调个人信仰决定一切，实际目的是揭露基督教表里不一的虚伪性，宣扬信仰的自主性，摆脱罗马天主教的束缚，并不否定善行。路德不否定由真正的信仰而产生的善行，而是反对只靠"事功"作为判断善恶的标准，主张信仰、动机的决定意义。同时，路德否定天主教规定的那些"圣事"的作用，甚至主张取消除圣餐之外的一切宗教仪式，引导人面向实际。在路德看来，人们的劳动、工作，比基督教的"事功"更重要。在宗教改革运动的初期，路德把人们的注意力从宗教活动引向实际生活，突出了他的宗教改革的社会意义。

路德的宗教改革运动宣扬的个人自主、自由的精神，起了反封建的思想解放作用。但是，正如海涅所说的，德国的宗教改革运动乃是"唯灵主义发动的一场战争"（28，p.32）。而广大劳动人民则突破了宗教改革的范围，发动了更为激烈的反对教会和封建主义制度的斗争。1524—1526年间，在德国爆发了规模宏大的农民战争。农民要求推翻贵族的压迫，要求财产公有，抗拒苛捐杂税，要求用暴力手段夺取政权。路德虽然在宗教改革运动初期，主张"宗教和世俗的阶级都必须进行改革"（5，⑲，p.18），但当农民革命战争超出宗教改革的限制同时威胁到资产阶级的政治、经济利益的时候，路德的剥削阶级立场就暴露了出来。他一方面竭力否定宗教改革与农民战争的联系，认为农民战争是统治阶级自己剥削劳动人民使之忍无可忍而产生的，是统治阶级本身造成的，主张以调和的办法解决封建贵族与农民的矛盾，呼吁贵族、君主"放弃一些你们的专制和压迫，让可怜的百姓们得到一点生存的空气和空间。至于农民，就他们的本身，应该让他们自己接受命令，放弃一些远不能及、高不可攀的条款"（5，⑲，p.78）。另一方面，他进一步说明，"基督徒的自由"是指信仰和思想的，并非社会政治和经济的自由和平等。他说："在一个世俗的王国中是不可能人人平等的。有些人应当自由，有些人不应当自由。有些人应当统治别人，有些人应当被别人统治着。"（29，p.176）在路德那里，并不给贫苦的农民以自由和平等，他拥护强迫劳动，拥护奴隶制，叫嚷"牛、羊、奴隶，均为主人财产，他高兴便可以出卖。这是一种好制度，自古以来莫不视为当然。要不然，就没有人可以驱策和驯服这群奴性根深的人"（5，⑲，p.172）。因此，路德攻击、谩骂农民战争，说农民"像疯狗似的抢劫放肆……，他们所从事的，是恶狗的勾当"（5，⑲，p.87）。他并且要王公贵族用武力镇压农民的革命运动，成了农民战争的敌人。路德咬牙切齿地说："按我的看法，把农民统统杀掉，还比让王侯或大官死好些，因为乡下人拿起刀剑，并没有神圣的权威。"（5，⑲，p.88）曾几何时，路德是反对罗马天主教权威的战士，但当农民不受他的限制而独立行动时，当一些比他更激进的教派转而反对他时，他就以绝对权威自居，声称"我不允许任何人批判我的主张，即使是天使。凡不接受我的主张者就不能得救"（5，⑲，p.132）。他反对农民之凶狠，排除异己的宗教狂热，并不亚于罗马天主教。

神圣罗马帝国皇帝查理五世说，这次德国农民战争是"路德运动"。就路德发出的反对教会的战斗号召唤起了农民的革命战争来说，查理五世的这句话是对的。但就农民战争与宗教改革的阶级实质不同来说，查理五世的话是不对的。农民战争是农民阶级反对封建制度的斗争，与资产阶级性质的宗教改革的阶级基础和目的是不一样的。因此，农民称路德是"说谎博士"（Dr. Liigner），是"王侯的谄媚者"（5，⑲，p.87）。

路德的宗教改革在于改革宗教，在于以新的宗教代替旧宗教。马克思指出："路德战胜了信神的奴役制，只是因为他用信仰的奴役制代替了它。他破除了对权威的信仰，却恢复了信仰的权威。他把僧侣变成了俗人，但又把俗人变成了僧侣。他把人从外在宗教解放出来，但又把宗教变成了人的内在世界。他把肉体从锁链中解放出来，但又给人的心灵套上了锁链。"①德国宗教改革时期，德国的市民阶级还处在初期发展的极软弱的阶段，市民资产阶级还力求在德意志的统一和民族国家的独立发展中寻求出路。"路德的宗教改革确实建立了新的信条，即适合君主制的宗教。"②他的新教也就被封建地主阶级用来作为封建国家的思想统治工具。

路德发起的具有民族规模的德国宗教改革运动，逐渐蜕化而最终失败了。主要原因在于"那时市民阶级既不够强大又不够发展，不足以把其他的叛乱等级——城市平民、下级贵族和乡村农民——团结在自己的旗帜之下。贵族首先被击溃；农民举行了起义，形成了这次整个革命运动的顶点；城市背弃了农民，革命被各邦君主的军队镇压下去了，这些君主囊括了革命的全部果实"③。但是德国的宗教改革对于哲学思想的发展却起了积极的促进作用。在德国哲学发展史上，路德宗教改革宣扬的思想自由，对后来德国资产阶级哲学的发展具有重要影响。"思想自由开出的一朵重要的具有世界意义的花朵是德国哲学。"（28，p.42）

二、加尔文的宗教改革和宗教哲学

在路德于 1517 年发动的宗教改革之后出现的加尔文领导的宗教改革运动，是欧洲另一次新兴资产阶级反对罗马天主教和封建专制制度的政治思想革命，它为资产阶级动员了群众，提供了思想和政治纲领，对十七世纪的英国资产阶级革命起了巨大作用。

加尔文（Tohn Calvin，1509—1564 年）出生在法国诺恩城（Noyon），曾在法国巴黎和奥尔良学习法律和文学，1532 年出版了他的第一部著作《论仁慈》，在这本书里可以看到，当时的人文主义思潮和古罗马斯多葛派哲学家塞涅卡的思想对他有很大的影响。1533 年，加尔文公开宣布与天主教脱离关系并开始宗教改革活动。由于天主教的迫害，他于 1536 年离开法

---

① 马克思：《黑格尔法哲学批判导言》，《马克思恩格斯全集》，第 1 卷，北京：人民出版社，1956 年，第 461 页。

② 恩格斯：《〈社会主义从空想到科学的发展〉英文版导言》，《马克思恩格斯选集》，第 3 卷，第 391 页。

③ 恩格斯：《路德维希费尔巴哈和德国古典哲学的终结》，《马克思恩格斯选集》，第 4 卷，第 251-252 页。

国，到了当时欧洲宗教改革运动的中心瑞士的巴塞尔，研究《圣经》和教
父著作。1536 年以拉丁文出版了他的主要著作《基督教要义》，1537 年又
写了《信仰指南》一书。在这些著作中，加尔文系统地阐发了他的改革宗
教的思想，提出和论证了新的教义，他的思想被称为加尔文主义，他建立
的新教派被称为加尔文教。加尔文以瑞士的日内瓦城为中心，并在法国、
德国、意大利等欧洲国家广泛活动，积极推进宗教改革活动，成了当时欧
洲宗教改革的最重要的首领之一。

在加尔文到瑞士之前，瑞士苏黎世大教堂的总主持兹文利（Ulrioh
Zwingli，1484—1531 年）已经在积极开展宗教改革运动，他反对教会专制，
否定教会权威，主张一切依《圣经》为标准，宣传预定论。加尔文继续推
进了兹文利的宗教改革运动，并在运动中发挥了自己的宗教哲学思想。

加尔文极其重视哲学与神学的研究，认为哲学和神学研究的对象和目
的，是对上帝和对人自身的认识。他说："真实的智慧主要地是由两部分组
成，即对上帝的认识，与对我们自己认识。"（30，p.3）加尔文从神学的立
场出发研究这些问题，在哲学世界观上，他是一位宗教唯心论者。

在信仰与知识的问题上，加尔文坚持信仰主义观点，但具有调和主义
的色彩。他强调"圣经中的教理都是出于神意"（30，p.37）。"上帝的圣灵
是真理的唯一的源泉。"（30，p.179）因此，对上帝的认识，"只能求之于
圣经"（30，p.2）。在他看来，对上帝的认识是最高的智慧，《圣经》是判
断一切的依据，这是一种信仰高于一切的观点。但加尔文未局限于此，他
同时肯定人的现实的认识能力以及现实的知识对人生的作用，试图把信仰
和知识加以区别，认为凡是对人不能理解的东西归之于信仰，凡人所能理
解的东西，归之于人的认识，二者各有自己的地位和作用，都是人类生活
必不可少的。

关于信仰的根源和实质，加尔文作了独到的分析。他主张"信仰本身
不是我们生来就有的"（31，p.88），"人本无信仰的能力"（31，p.88），否
认信仰是天赋的能力，而是后天具有的，"信仰的基础是在于预先相信神的
真实性"（31，p.65）。而这种预先相信来自圣灵的启示，来自上帝的道，
来自确信基督。因此，"道是信仰的源泉"（31，p.64）。加尔文认为相信神
是信仰的源泉，等于说信仰是信仰的源泉。显然，这是说不出什么道理的
神秘主义，这是由加尔文的基督教立场决定的。这里值得注意的是，加尔
文的信仰的后天性观点，为知识的探求和不信仰留下了地盘。他说，"我们

的心必顺着自然的本能而倾向于不信。此外，还有无数的试探常常猛烈地攻击我们"（31，p.76）。因此，信仰是相对的，疑问和探索是人的自然的要求，人们总是力图确证自己相信的东西。这样，"每一个人的信仰总混杂着一些不信的成分"（31，p.63）。在加尔文看来，信仰不但不排斥认识或知识，而且相反，信仰排斥无知与盲信，它与知识是必然联系在一起的。他说："信仰不是在于无知，乃是在于认识。"（31，p.61）他痛斥教会故意纵容无知，驳斥罗马教会的"真理是在错误中，光明是在黑暗中，真知识是在愚昧中"（31，p.61）的谬论，指出那种把教会的指示无不视为神谕，连最大的错误也盲目接受的"盲信"，"是终必毁灭的"（31，p.61），认为"知识是必须与信仰相结连的"（31，p.62）。当然，加尔文所说的认识，主要是指对上帝和基督的认识，体现了他的宗教神学的立场。但同时他也强调，人生在世，对一切事物的认识很不完全，由于这种"无知"，人就要谦虚，就要学习，就要努力向前，不断改善自己的认识。这却是一种积极的、现实的态度，在当时对于反对宗教蒙昧主义，有启蒙的意义。

加尔文对人的认识能力作了细致的分析。他说："首先我承认有五种感官，即柏拉图所称的感官，借着它们，一切物体进入于共同的感觉，如同进入共同的仓库一般；其次有想象，辩别共同的感觉所认识的事物；再次有理性，一般的判断属之；最后有心，对理性所考虑的事物，再加以冷静的沉思。心（mens），理性（ratio），想象（phantasia），是灵魂的三种智能……"（31，p.112）他进一步把这三种智能概括为两种功能。他说："按照我们现在的分法，人类灵魂的两种功能，即理解力与意志。理解力的任务就是辩别事物，哪一种看来值得采纳，哪一种不值得采纳。意志的任务是选择理解力所认为好的，排斥理解力所认为不好的"（30，p.113），"灵魂中没有什么权力不是归入这两者之一的"（30，p.114）。加尔文认为，心与理性结合，形成辩别和判断事物的理解能力，想象与理性结合，形成选择行动的自由意志。这里，他是把心理学与认识论联系在一起的，还没有科学的认识论范畴，还没有形成科学的认识论。但是他的分析，促进了对认识能力的研究，为近代认识论的发展，提供了资料。

"预定论"是加尔文宗教哲学的根本原理。正如他自己所说的，"关于预定论，其本身是极为复杂的，由于人的好奇心，更使这个问题困惑难解"（31，p.346）。预定论涉及到许多哲学上的重要问题。由于加尔文的唯心主义神学立场，使得他不可能正确解决这些问题，他的预定论包含着许多内在的矛盾。

加尔文改造了路德的"因信得救，不靠事功"的理论，进一步强调这一理论的宿命论的方面。一切都归之于上帝，即一切都是上帝的安排和命令，是加尔文的预定论的出发点。在加尔文那里，上帝不但是万物的创造者，而且是万物的直接的管理者。上帝不是懒惰的、沉沉欲睡的，而是一个不务空名的、积极活动着的、勤恳而不好逸偷闲的典范。因此，一切"都在上帝的掌握之中"（30，p.119），"世界所发生的一切都是出于上帝无可测度的旨意"（30，p.131）。而上帝的旨意不是随遇而生的，是预定的，"宇宙无一事不是上帝所预定的"（30，p.127）。上帝以自己的智慧，"早在太初就已决定了它所要做的事，现在又以它自己的权能，执行它所预定的一切"（30，p.125）。不但如此，上帝的预定是上帝的永恒的意旨，是绝对不再改变的，是绝对的。一切都是上帝必然预定的、永久而不改变的安排，人绝对不能离开上帝而独立有所作为，这是加尔文的预定论的基本观点。依据加尔文的观点，既然一切都是上帝预先安排好了的，那么一切都是绝对必然的，没有任何偶然性。他说："上帝从事统治一切特殊的事，而一切都是出自上帝一定的旨意，因此，没有什么事是出于偶然的。"（30，pp.121-122）加尔文把必然性绝对化了，认为"没有一滴雨不是奉上帝的命而降的"（30，p.122），没有上帝的意旨，我们的头发一根也不会失落。他反对把一切事物视为偶然的，但又完全否定了偶然性，不了解必然性与偶然性的辩证联系，这种没有偶然性的必然性是空洞的，陷入了机械的决定论。

加尔文以预定论作为反对罗马天主教的理论基础，并且在这个基础上建立了自己的宗教神学和社会政治学说。

加尔文依据预定论，认为上帝和《圣经》是唯一的权威，否定罗马教皇和罗马教会的权威，否定那些教父、牧师和所谓先知的权威，认为人只受制于神的权威，而人不是神，不能受制于人的权威。实际上，那些先祖和教父们，对许多事情是茫然无知的，因此，我们在利用他们的著作时，"为的是要服事我们，不是管制我们"（30，《题献》）。我们应重视真理，而不是盲从祖先的规定和习俗。加尔文揭露罗马教皇诡称自己是基督的代表，要人盲从教皇和教会的权威，目的是要人们只服从教会，而不服从上帝。教皇和教会以"神迹"来证明信仰，实际上，他们所说的"神迹"，"经不起事实的证明，都是无价值的，可笑的，或者是虚空的和不实在的"（30，

《题献》）。罗马教会的僧侣只不过是一些"神迹贩子"，目的是欺骗人民，掠夺人民的财富，以便他们穷奢极欲。其实他们并不信上帝，"口腹就是他们的上帝，厨房就是他们的宗教"（30，《题献》）。加尔文痛斥罗马天主教"是基督的主要仇敌"（32，p.31），"教会中那可咒诅和可憎恶的头，乃是教皇"（32，p.33）。

加尔文在揭露和痛斥罗马天主教的虚伪和罪恶的同时，提出和论述了他的改革基督教的思想。他强调要区分真信神和假信神，真先知和假先知，真教会和假教会。他认为，"认识上帝是人的禀赋"（30，p.9），人人都可以从认识自己到认识上帝，要在人的内心建立对上帝的信仰，即"必须清除藏匿在内心的污垢，在内心建立上帝的祭坛"（31，p.113）。因此，信仰重在内心真诚相信，信仰的外在形式就不是主要的了。加尔文由此得出结论，"教会的存在不一定要有看得见的形式"，"教会的形式不是指外表的浮华，而是在宣扬上帝的道，与执行合法的圣礼"（30，p.13）。但罗马天主教以为敬拜上帝，非有富丽堂皇和浮华的用物不可，因此搞烦琐的仪式，徒具形式，却没有神道，实际上是假神之名，炫耀自己的功德，欺骗无知之人，以其作为笼络头脑简单的群众的政治工具。加尔文坚决反对教会烦琐无益的仪式，因为"基督已经公开显现，用不着仪式作模糊不清的模写，所以废除仪式以后，真理更加焕然一新"（30，p.259）。他主张建立内心的教会，反对宗教形式主义。这里，加尔文实际上在进行一项促进社会发展的社会改革。教会作为庞大的寄生机构，成了社会发展的绊脚石，无尽无休的、无孔不入的烦琐仪式，毁坏了人的活动能力，扼杀了人们的聪明和才智。把人们从宗教仪式的束缚下解放出来，在有益的社会活动中发挥力量，是当时一切进步社会势力的一个直接的要求。加尔文反对宗教形式主义，是社会进步要求的思想反映。

加尔文依据他的预定论，进一步论证了他的"因信称义"的教理，按照他的观点，上帝早已按照自己的意旨，决定了要将谁接收入它的救恩中，给他以永恒的生命；决定了将谁贬入灭亡，给以永远的惩罚。人的不同的命运，是上帝的拣选，这种拣选不依个人的善恶功罪为转移。上帝的恩典也不依任何条件为转移，而是"白白拣选"，"白白赐予"。按照这种理论，人的现世生活对于人的来世的生活和命运，没有什么影响。这样，人们就没有必要在现世追求来世的目的，顾虑来生是没有意义的。同时，天主教的一切威胁与恐吓，一切圣事与事功，以及把人引向得救之路的僧侣阶级和教会制度，也就统统是不必要的了。因此，加尔文猛烈攻击罗马天主教的救赎理论。天主教鼓吹，靠个人的所谓功德、忏悔、禁食、苦修、慈善行为、购买赎罪券等等，就可以得到上帝的赦罪，只拘守外表的仪式，不管生命的真正改造和内心的再生，就可以补罪、赎罪而升天得救。加尔文认为，把赦免得救建立在神甫的人事上，由神甫向认罪者宣布赦罪，是一种完全错误的理论和活动。实际上，教会把这些名堂，当作牟利的交易，用这些手段，"教廷勒索捐款，并把这些勒索得来的钱，消耗在娼妓、淫荡和狂欢之中"（31，p.144）。加尔文痛斥罗马教会的这些骗人的勾当是"魔鬼的诡计"（31，p.145），断言"天主教的全部教理是亵渎和诽谤的总和"（31，p.146）。加尔文认为，人是"因信称义"的，就是说把"称义的能力归于信仰"（32，p.288），即要把自己的"良心"呈在神的审判台前，做到内心只顺服基督，不是靠自己的行为，不是靠自己的善功与功德，而是靠神的白白的怜悯与施恩。只有这样的"义"才不是人自己的"义"，而是神的恩典。

　　罗马天主教指责加尔文的"预定论"和"因信称义"是把一切归于上帝，使个人对一切不负责任，从而可以把暗杀、奸淫、不养父母等一切恶行都归之为上帝预定的，都是奉行神意，这是否定人的善行，纵恿人作恶。加尔文驳斥了这种指责，申明他的"预定论"和"因信称义"的学说，目的是反对罗马教会以神的名义把自己神化，以虚伪的善行和金钱，代替内心的真诚信仰，以偶然的所谓神迹，代替神圣的必然的规律。总之，目的是反对教会的腐朽败坏，决不是要人肆意妄为，不要美德。也不是要人听天由命，怠惰无为。加尔文认为，人类的始祖亚当和夏娃，在上帝创造之初，本性是善良的，只是后来由于堕落而变坏了。"我们说人是由于本性的堕落而变坏了，但是堕落的根源不在本性。我们否认人的堕落来自人的本性，指出它只是一种外在的性质，只是偶然的而不是原来天生的本质的性质。然而我们把它叫做本性的堕落，是为了不使人以为它是为每个人由坏的习惯而招致，实际上，它是由于祖传的原罪而使人人皆有的。"（18，p.491）在加尔文看来，始祖犯罪由于偶然，但罪传给了后代，使人类必然犯罪，从这个意义上说，人的本性是堕落了。就是说，人的罪恶不要抱怨上帝，人不要傲慢与自负，不要自以为最有力量和智慧，不要放肆自己的理智和感性、意志和情欲，不要夸张个人的力量，而是罪在自己，自己的愚行使自己陷于空虚。因此"人的苦难必须唯一地归罪于他自己"（18，p.491）。

绝不能以人必然犯罪为借口，就认为上帝喜欢人的罪恶，人可以尽管作恶而不必行善，不必追求正义。因为上帝憎恶一切恶，"除了公正、清白、纯洁，是没有别的东西可以为上帝接受的"（18，pp.487-488）。因此，"在指出人在其所留存的东西中没有任何是善的时候，在指出最悲惨的必然性围绕在人的周围时候，仍然要教导人去热望他所没有的善和他所失去的自由；应当唤醒人用更踏实的勤奋而不是以假定人有最大的力量来克服怠惰"（18，p.493）。这样，虽然天命不由人定，但人不要完全依赖神，应勤奋工作，成事在天，行事在人，有了罪过在自己身上找根源，有了成功，不夸大个人的力量，这是上帝所喜欢的。加尔文指出，《圣经》上说，"人心筹算自己的道路，唯有主指引他的脚步"[箴16（9）]。这表明"上帝自永恒所命定的，并不妨碍我们照上帝的旨意为自己筹划办事"（30，p.133）。又说，"我们否认善工在称义上有什么地位，但我们主张善工在义人的生命中十分有地位"（32，p.288）。不管上帝如何预定，个人的今生都要洁白无疵的生活，功德不能改变神的预定，但功德由恩典而来，一切成功是上帝的赐福，灾难由于上帝的咒诅，上帝对于拣选的人则时时给予恩典。因此，人应当内心正直，作事公义，积极活动，目的不在救赎，而在现实的生活与成功。显然，加尔文的预定论和因信称义的学说，反罗马天主教的意义是很突出的。在理论上，他试图解决客观的必然性与个人的主动性、个人动机与客观效果之间的矛盾关系问题。个人的活动是有目的的，看来是自由的，但活动的结果，却不是依个人的意志为转移的。加尔文的预定论通俗地说就是"谋事在人，成事在神"的思想。这种思想所反映的是人受异己的自然和社会力量支配的实际情况，只有当社会的发展，人们从必然王国进入了自由王国，从而摆脱了异己力量的奴役的时候，当"谋事在人，成事也在人"的时候，也就不会再有预定论这种异己力量的宗教反映形式了。加尔文的预定论以宗教的形式，强调了那些不依个人的意志为转移的客观必然的东西，包括资本主义生产方式的客观必然性、绝对性。这样，当时的资产阶级就可以从中获得关于资本主义制度合理性的理论根据。正如恩格斯指出的："在路德遭到失败的地方，加尔文却获得了胜利。加尔文的信条适合当时资产阶级中最勇敢的人的要求。他的先定学说，就是下面这一事实在宗教上的反映：在商业竞争的世界中，成功或失败不取决于个人的活动或才智，而取决于不受他支配的情况。起决定作用的不是一个人的意志或行动，而是未知的至高的经济力量的摆布；在经济革命时期，当一切旧的商业路线和商业中心被新的代替的时候，当印度和美洲已经向世界开放的时候，当最神圣的经济信条——金银的价值——也已经开始动摇和崩溃的时候，这种情形就特别真实了。"[①]另一方面，加尔文的预定说，否定封建贵族的寄生生活，强调人必须积极从事实际的社会活动，不管来世如何，争取现实的成功。客观上，为被封建贵族所贬斥的世俗生活特别是资产阶级的工商业活动，制造了理论根据。加尔文甚至利用他的学说，为资产阶级的高利贷活动辩护，认为榨取利润，发放高利贷，奴役别人，都是神预先决定的，都是合理的。加尔文说："一个人所享有的财产，不是出于偶然，乃是由最高之主的分配。"（30，p.300）把贫与富、主与奴，都视为神的预定，这显然是对剥削阶级有利的观点。加尔文强调："仆人对主人要忠心顺服，要勤劳工作；不可做表面功夫，要出自内心的诚意，如同服事上帝一般。"当然，加尔文也劝说剥削者对仆人要和善，他说，"主人对仆人，也要温和，不可使气，也不可遇事苛刻，或心存鄙视；要把他们当作一同服事天上主人的兄弟和伴侣，互相敬爱、亲切相待"（30，pp.301-302）。不言而喻，这种说教对剥削者来说是无济于事的，在阶级压迫的社会里，劝说剥削者发善心，对劳动者只能起思想麻痹的作用。

恩格斯指出，"然而，只有能够自由地支配自身、行动和财产并且彼此处于平等地位的人们才能缔结契约。创造这种'自由'而'平等'的人们，正是资本主义生产的最主要的任务之一。虽然这在最初不过是半自觉地发生的，并且穿上了宗教的外衣，但是自路德和加尔文的宗教改革以来，就牢固地确立了一个原则，即一个人只有在他握有意志的完全自由去行动时，他才能对他的这些行为负完全的责任，而对于任何强迫人从事不道德行为的做法进行反抗，乃是道德上的义务"[②]。

实质上，加尔文的教义，也是以资产阶级的自由、平等、民主和个人主义为基础的。加尔文认为，《圣经》是最高的权威，宗教信仰应以个人阅读《圣经》为基础，人人都可以通过阅读和信仰《圣经》，直接与神相通，不需要那些神职人员作为神和人相联系的中间人，宗教应以个人的主观努力为本位，只要个人积极从事社会活动，各尽其职，勤劳努力，就是实现了上帝的愿望。这样，加尔文就把世俗的生活方式神圣化了。由此出发，

[①] 恩格斯：《社会主义从空想到科学的发展》，《马克思恩格斯选集》，第 3 卷，第 391 页。

[②] 恩格斯：《家庭、私有制和国家的起源》，《马克思恩格斯选集》，第 4 卷，第 76 页。

加尔文反对教阶制度，否定教会和教皇裁决一切的权威和专制权力。

加尔文"以真正法国式的尖锐性突出了宗教改革的资产阶级性质，使教会共和化和民主化"①。加尔文主义的教会改革方案和教会的组织原则，是资产阶级民主共和制度的政治要求的具体表现。加尔文宣称，要"完全颠覆教皇制"（32，p.79），反对罗马天主教的"神品阶级"或教阶制，主张废除教皇和主教制，使教会共和制度化。他提出，教职人员不能由一个人的权威来委任，应由教徒投票选举，并且在众人面前经过多年的试验，否则不能擢升。加尔文引用居普良的话，"依照神的权威，一位牧师当在众人面前公开选出，而且当由众人证明为合格而适当的人选"（32，p.46）。他又引教皇利奥一世的话，"凡管理众人的，须为众人所选举"（32，p.56）。加尔文据此发挥，认为主权归于人民，教阶制规定一人为教皇，其权力凌驾于一切人之上，统治权归于一人，整个世界由一个长官治理，这种思想和制度是荒谬的。因为治理全世界，任何一个人的力量都是不够的。加尔文坚决反对用君主制政体来治理教会，坚决反对"君主制"，指出："罗马教皇以首位自居，乃是毫无根据的。"（32，p.72）

加尔文还强调，要从世俗教徒中选举教会管理人员，由教士代表会议管理宗教事务，而且被选出的人接受职分，必须不是出于野心或贪财或其他不纯洁的动机。加尔文说："除非人在道德上健全，在生活上圣洁，不至因过失使他们的权柄败坏，或使职分蒙羞，就不配当选为监督。"（32，p.43）在教职人员彼此之间以及教职人员同信众之间，必须始终保持平等的关系，即使教会的头，在职位上他比别人尊重，但他必须给别人发表意见的机会，"他自己却服从由信众弟兄组成的大会"（32，p.49），遵守和服从信众的决定。这是因为真理并不常在牧师、主教等教职人员的胸中，而且离经叛道的，往往首先是牧者。因此，不能使他们专断，不能盲从他们，因为正如《圣经》上说的，"若是瞎子领着瞎子，两个人都要掉在坑里"。这样，加尔文教以共和政体形式的教会制度代替了封建专制政体形式的教会制度。加尔文教会，是当时资产阶级理想的民主共和国的实验，是对封建君主专制制度的公开决裂，在当时具有重大的政治意义。

在现实的社会政治问题上，加尔文不像在宗教改革上那样激进，虽然也发挥了他的新教思想，但在某些问题上，也作出了保守主义的结论。

---

① 恩格斯：《路德维希费尔巴哈和德国古典哲学的终结》，《马克思恩格斯选集》，第 4 卷，第 252 页。

关于国家制度，加尔文首先反对社会和国家的无政府主义，认为即使权力平等，一个会议、一个国家也应有个头，有个主席，以便节制或调整众人的行动。因此，不能把政府视为败坏的事，教徒只服从基督而不注重人间的长官是不对的。人要在地上作客旅，就需要有政府，"若想废弃政权，乃是野蛮不近人情的，它对人类是如面包和水，阳光和空气一样重要，而且更为优越"（32，p.243）。当然，政府的官吏应热心追求正直、谨慎、仁爱、节制和清白，"在他们的行政里对人表彰神的安排，眷顾，良善，仁慈和公义"（32，p.246）。

关于政体的形式，他认为一个国家采取什么政体形式，不能抽象决定，应依具体的情况为转移。政体有：君主政体（一人掌权）、贵族政体（主脑人物掌权）、民主政体或平民政治（政权属于全体民众）。加尔文认为就这三种政体本身而论，"贵族政权与民主政体的配合"比较好。他说，"我既欣然承认在这种政体内，自由若是与适当的约束相调节，而且是建立在一个巩固的基础上，就没有一种政体较比这种政体更好的"（32，p.248），这是因为"使政权操于许多人之手，乃较为稳妥"（32，p.248）。可以看出，在国家制度问题上，也体现了加尔文的议会主义思想。

关于宗教与国家、神权与政权的关系，加尔文坚持二者独立并存，互相促进的观点。他认为一切权力都出于神，教权与政权都根源于神，都是必然的，尽管天国与人世、永生与今生、宗教与世俗，是两种完全不同的事，但二者不是互相抵触的，而是相互促进的。政府应以促进宗教信仰为首务，不能只顾及人的利益而不顾及神，君王和一切在位的人都应看顾和保护教会，"使共同的宗教能以维持于信徒中间，且使人道能以维持于人间"（32，p.243）。而宗教和教会也要辅助政府的活动。宗教反对教徒脱离人间的现实生活，反对教徒不作工，不自食其力而靠人养活，一个人尽职治理家庭和社会是神所要求的，教徒应积极参加有利于社会的各种活动，甚至容许贷款收息，要限制超额利息，利息的处理不违背基督教的爱及公平原则。加尔文认为，基督教要训练教徒勤奋俭朴，在对上帝具有贡献的职业上能够有高度的效率，加强他们的政治意识和责任感，为全体谋福利。同时，基督教徒要热心科学文化，"探求真理的欲望"是人类堕落后仍然"继续发光的火花"之一。

同路德一样，加尔文对于劳动人民特别是劳动人民的现实斗争是惧怕的。加尔文鼓吹，人民群众必须服从君主和官吏，即使对不尽职的政府也要服从，因为一切来自神的预定，老百姓不能抗拒残暴的统治。加尔文公然声称，如果认为"只有对公义的统治者才应服从，那就是极坏的理论"（32，p.267）。人们可以为暴君的统治而苦恼，但"神是用这些苦恼来管教我们"（32，p.268）。人们无权来纠正这些邪恶，只能求"主"帮助。在加尔文看来，神掌握一切国度的变迁，要由神来"毁坏暴君血腥的王权，推翻专制的政府"（32，p.269）。加尔文所说的"神"，实质上是他所代表的资产阶级，资产阶级可以自由、平等、公义、共和等等向人民作号召，只是不允许超出资产阶级要求的范围只许由资产阶级领导进行，反对劳动人民独立的革命斗争。加尔文的宗教哲学体现了资产阶级的性质，"加尔文教是当时资产阶级利益的真正的宗教外衣"①。

"加尔文'克服'了官方的天主教。"②加尔文主义的社会作用是很大的。"加尔文的教会的组织是完全民主的和共和的；而在上帝的王国已经共和化了的地方，人间的王国还能够仍然从属于君王、主教和领主吗？当德国的路德教变成诸侯手中的驯服工具的时候，加尔文教在荷兰创立了共和国，并且在英国，特别是在苏格兰，创立了有力的共和主义的政党。"③十七世纪的英国资产阶级革命，"在加尔文教中给自己找到了现成的理论"④。英国资产阶级是首先通过加尔文教运动为其政治革命开辟道路的。

在近代英国，宗教斗争具有十分复杂的情况。英国在蔷薇战争（1455—1485年）之后，封建领主的力量已消耗殆尽，使得都铎王朝（1485—1603年）建立了强大的君主专制制度。都铎王朝的奠基者英王亨利七世（1485—1509年在位）和他的儿子英王亨利八世（1509—1547年在位），为了扩大王权，对抗罗马天主教会的控制，同罗马教会分离，进行了"宗教改革"，成立英国国教会，集政权与教权于国王一人之手，没收罗马天主教会的财产，分给王室和宠臣。英国封建统治阶级摆脱罗马天主教的控制，主要出自经济和政治的原因。因此，英国国教会与罗马天主教会并没有本质的不同，罗马天主教的主教制、基本信条和宗教仪式，几乎都保留下来了。但是，就在英国国教会成立的时期，资产阶级发动的加尔文主义的清教运动也在英国迅速发展起来了。加尔文主义者要求修改国教会制度，要求在教

---

① 恩格斯：《路德维希费尔巴哈和德国古典哲学的终结》，《马克思恩格斯选集》，第 4 卷，第 252 页。
② 恩格斯：《恩格斯致弗·梅林》，《马克思恩格斯选集》，第 4 卷，第 501 页。
③ 恩格斯：《社会主义从空想到科学的发展》，《马克思恩格斯选集》，第 3 卷，第 391 页。
④ 恩格斯：《社会主义从空想到科学的发展》，《马克思恩格斯选集》，第 3 卷，第 391 页。

会制度、教义、仪式等方面彻底清除罗马天主教的成分，号召人们起来"清洁"教会，因而，加尔文主义者被称为"清教徒"（从拉丁文"purus"而来，意为"清洁"），他们要建立选举制和共和制的加尔文教制度。英国资产阶级在反对罗马天主教和英国国教会的宗教外衣下，进行反对封建君主专制的斗争，引起了封建统治阶级的慌恐不安。当时伦敦国教会的一位主教这样写道：人们趋向清教徒"就像罗马教皇即位时大家朝圣一样地川流不息，……有些议员和阔市民总是醉心于这些人"。有的国教会主教惊呼，一旦清教徒领导了人民，"就会把所有的贵族推翻"。英王伊丽莎白•都铎统治时期（1558—1603 年），深怕加尔文教徒直接领导人民起义，大肆镇压清教运动。但是，清教运动却更加普遍地高涨起来。在斗争中，那些中小资产阶级和出身其他下层阶级的清教徒，更形成了清教运动中的"独立派"。他们采取了更加激烈的斗争形式，宣称他们要通过暴力和武装斗争来取得清教运动的胜利，独左派首领布朗在传教中公开宣扬资产阶级共和制度，宣传资产阶级自由、民主和平等思想。他声称国教会不是真正的教会，真正的教会是教徒按照自愿原则组成的。教会权力应属于教会的全体成员，教职人员由教徒选举和罢免，没有任何特权。他认为，个人与上帝的直接联系是真正的宗教的基础，自由、平等是真正的宗教精神，《圣经》是教会的唯一法律，民主共和制度是教会组织的神圣形式。他还把宗教同反封建的政治斗争直接联系起来，进行资产阶级革命的政治鼓动，他说："在天国里你们和其他的人有平等的地位，为什么你们允许世上的福利有不平等的分配呢？"

清教运动也进入了英国的统治机关，在国会众议院里，产生了强有力的清教徒反对派，甚至在十六世纪八十年代，他们在众议院占了多数。加尔文教会实质上成了资产阶级的政党组织，王室与众议院的斗争，成了封建王权同资产阶级的斗争了。加尔文主义成了资产阶级反封建的思想旗帜，加尔文教运动为十七世纪英国资产阶级革命作了有力的政治思想准备，加尔文教徒成了十七世纪英国资产阶级革命的骨干力量。

英国资产阶级反对封建制度的斗争，披着宗教的外衣，以加尔文的宗教唯心主义作为自己的战斗的理论旗帜，有着深刻的社会历史根源和阶级根源。首先，当时的罗马天主教会，在经济、政治和思想上，都是欧洲封建制度的支柱。资产阶级要反对世俗的封建制度，要发展直接为资本主义生产服务的自然科学，必然首先要把矛头指向教会，从宗教问题上打开缺口，首先把宗教问题作为反封建斗争的呼声。其次，广大农民受着封建制度和封建社会的最残重的压迫，资产阶级首先从反对天主教会发难，也最容易发动群众。正像恩格斯所说："如果说大学和城市商人领先发出了呼声，那么一定会在而且确实已经在农村人民群众即农民中得到强有力的响应，农民为了自己的生存不得不到处同他们的精神的和尘世的封建主进行斗争。"[①]再者，无论就资产阶级的政治利益和文化教养来说，还是就欧洲宗教信仰的传统习惯势力来说，宗教信仰同资产阶级没有根本的利害冲突，资产阶级为了确立自己的统治，麻痹和统治劳动人民，需要劳动人民保持宗教情绪。最后，在英国，近代唯物主义是由英国保王党孕育出来的学说。由于英国封建统治者同罗马天主教会的尖锐的经济和政治矛盾，在反对天主教的斗争中，一些人倾向唯物论，唯物论开始是在封建统治集团中秘传的、贵族的学说。英国资产阶级，特别是中小资产阶级，首先以加尔文主义作为反封建的斗争旗帜，而不是首先以唯物主义作为旗帜。其至在一定时期还仇恨唯物主义，英国近代唯物主义最初具有反对资产阶级的政治联系，也是个重要原因。但是，唯物主义在近代英国的兴起，就其实质意义来说，它也具有反封建的意义，如果把它的革命性加以发扬，它对还处在发展和革命阶段的资产阶级，仍然可以是一种反封建的思想武器。在英国资产阶级革命时期，一些资产阶级和新贵族的思想家，运用唯物主义哲学为资产阶级革命制造舆论，就是一个证明。英国资产阶级在加尔文教中找到了他们的现成的理论，一些资产阶级思想家又着重宣扬形而上学的唯物主义，二者在当时都具有反封建的革命意义。加尔文主义和英国近代唯物主义，都以不同的方式，促进了英国资产阶级革命的胜利。

（原载：车铭洲：《西欧中世纪哲学概论》，天津：天津人民出版社，1982年，第249-276页）

---

① 恩格斯：《社会主义从空想到科学的发展》，《马克思恩格斯选集》，第 3 卷，第 390 页。

唐君毅新宗教的佛教观

卢升法

一、返本体仁的新宗教精神

（一）

唐君毅（1909—1978 年），四川省宜宾市人。18 岁由中俄大学转入北京大学，听梁启超、梁漱溟及胡适等人讲演。次年转入南京中央大学哲学系，受学于方东美、汤用彤，听熊十力讲《新唯识论》。24 岁（1932 年）毕业，获文学士学位。任教于各大学。1944 年，出版《人生之体验》《道德自我之建立》两部著作，确立了超越自我以建立道德自我中心观念的思想。1949 年去香港，先后任教于新亚书院、中文大学。1953 年，出版《中国文化之精神价值》，力求以较清楚的哲学概念，凸显中国文化的面目，表达中国文化的独特精神，申述中国文化对西方文化可以摄取的理由，以展开中国未来的人文世界。1958 年，出版《文化意识与道德理性》，阐明人类一切文化活动皆属于一道德自我或精神自我、超越自我而为其分殊的表现，力图为未来中西文化的融和作一铺路的工作。从 1966 年至 1975 年，历时十年，完成了《中国哲学原论》六大册巨著。认为良知乃价值之主体，它不仅具有道德意义，表现于人的道德行为中，而且表现在宗教信仰、审美体验、科学认识等活动中。他明确以儒家心性之学为中国学术思想之本。1976 年，写成《生命存在与心灵境界》一书，以佛教判教的方法，立心灵，沟通世间与出世间，层层超升，成一辩证之系统，置儒家"践仁尽性，天人合一之教"为最高层。为现代新儒家建构了判教模型，是其一生思想的结晶。其思想的进路可概括为：以黑格尔型的方法及中国佛教华严宗型的系统所展开的"一心通九境"文化哲学体系。被称作"唯心论的本体——

文化论的哲学系统"。

（二）

在唐君毅看来，人类文化都是"道德理性"（道德自我）或"超越自我"的各种不同表现。此"道德自我"为"体"，而各种文化活动则为"用"，二者构成一种动态统一的关系。人生的目的，即在于依赖此道德自我的自由以完成其要求人们所达到的道德理想，过道德的生活。道德生活中共同性的表现即"道德自我"或"形而上的自我"之呈现，也就是为"中国哲人所谓的本心本性，他以为，为心所附寄的身体虽然有限，而心的本体则无限。可以把身体了解为只是依附性的存在，保存身体主要在于使心灵的活动得以实现。从外部看，人身"为一物质身体之存在"，受时空的限制，然而"自内部看为一精神之存在"，超越了时空的限制。精神的活动常为自觉的求真、善、美等价值的表现。东方哲学的路是从"求实用、实践、生活上之真知及求人类社会历史之真知出发，而即在实用、实践、生活上及我自己在人类历史社会中所处之地位，随处体认反省以到哲学"[①]。这个体认反省的主体"超越自我"即是一"仁心"或"良知"，良知乃价值的主体，或称为"自我之价值意识"。"良知判断我之科学的纯知活动之价值，判断我之实际行为之价值，判断我之艺术活动、宗教活动之价值，即是看此等等之是否合乎自己之内在的向往或标准，是否合乎良知之理。凡合者，谓之是，不合者谓之非。良知是是而非非，亦即善善而恶恶，是为人一切道德智慧、道德实践之源，人生之内在的至高无上的主宰。"[②]他认为，人类文化的创造，均基于无限的心灵主体，但要在人能反省自觉。人能反省自觉其本心本性为不同宗教精神所自生的根据，并对不同的宗教，知道各有其所契之几，所呈之用，因而尽可承认它们在中国人文世界中的地位，使之并行不悖。

总之，哲学思考最后必须落在对超越的道德良知的肯定上。在玄学方法和思考模式上他持反实证论、超越理性思维的"体悟"方式。这种"体认""证会"即"返本体仁"方式，是其对儒、释、道三教，特别是对佛教的高度"综合"与"创新"。

---

① 唐君毅：《人文精神之重建》，桂林：广西师范大学出版社，2005 年，第 571 页。

② 唐君毅：《人文精神之重建》，第 578 页。

（三）

在唐君毅的文化哲学中，宗教、道德与哲学三者构成生命存在与心灵境界的主要内容。他说："真正的宗教精神，是一种深切的肯定人生之苦罪之存在，并自觉自己去除苦罪之能力有限，而发生忏悔心，化生悲悯心；由此忏悔心悲悯心，以接受呈现一超越的精神力量。……此精神力量之呈现，吾人乃能真拔除吾人之罪恶，而有宗教性的道德文化之实践。"[①]这一超越的精神力量，就是"新宗教精神"。他以"宗教良知"作为其"终极关怀"，认为，中国社会文化的发展，必须自觉地肯定宗教的价值。强调"宗教良知"的目的意在要各宗教徒依自己的"宗教良知"与"良知"所统率之纯知的理性与经验，成就"新宗教精神"。

唐君毅的"新宗教精神"，是指摒弃了世间一般宗教流弊而只在人的充分发展而至于极的仁心处所呈现的宗教信仰。因此，"宗教良知"也即是"仁心"。他认为，儒家亦有与一切人类高级宗教之共同点即宗教性，今后儒家思想（即新儒家）应不只以哲学理论形态出现，而仍可成为儒者之教。这种儒者之教与一切宗教有共同之点，就是重视人生存在自己求得一确定的安身立命之地[②]。其"新宗教精神"并非要创立一个宗教，而是依孔、孟、宋明儒精神之转进而自觉地表现出，也就是由人的道德文化精神的充分发展而自觉树立。因此，"新宗教精神"即是发扬即道德即宗教的中国儒者之学。其所谓"新"，是针对文化的花果飘零而言，作自植灵根的创造性实践。在唐君毅看来，极致的儒学，是贯宗教、哲学与道德精神以为一的。也就是中国宗教精神之极高明而敦笃厚的至诚。秉此至诚精神，他晚年完成了《生命存在与心灵境界》一书，对古今中外各种形式的"文化、宗教、哲学"作了判释，以别同异，定位序，作为综摄融通的基准和轨迹。

---

① 唐君毅：《人文精神之重建》，第 347 页。

② 唐君毅：《人文精神之重建》，第 373 页。

二、论中国佛学之两大进路

（一）

在佛学理论上，唐君毅肯定佛教的"境地论"，认为此实"开一人生之新道路"。佛道虽开出种种不同的义理，但其根本要义则在于视人生为一大苦事。释迦牟尼发心作佛即由于深感人或有情生命生老病死的痛苦，而寻求解脱的道路，以达至乐境界。佛学中的种种义理，也都是始于人的生命之一种要求。所以佛道亦为由人的生命心灵所示出来而引导人安顿其生命的不同表现。而对佛家之说的繁复，他说："今欲循一简单之路在哲学义理上加以了解，当知佛之说法，乃教人以由世间得解脱灭度之道，则自必有 说明现世间之为如何如何之埋论，再必有一次第得超拔出离之果之理论。此中前二者，大乘佛学名之为'境'，今所谓知识论、宇宙论、形而上学也。第三者名之为'行'，今所谓道德宗教修养论也。第四名之为'果'，今所谓佛学之人格论或佛格论或究竟论是也。"[①]《华严经》的《十地品》讲因果相摄，不同境界间相摄相入，为中国佛教华严宗提供了核心观念。唐君毅认为，由这一核心观念（境地论）的展开，从真谛到玄奘、窥基的法相唯识学为一脉相续，而地论宗则为华严宗的先河。但"华严宗义，又多由法相唯识宗义之升进而成，而可合视为佛学中之一大流者"[②]。中国佛学中的另一核心观念为"般若"，不重心识之分析，主张开启众生原有的"知见"（即"佛知见"）。以佛教的"境地论"与"般若论"会通中国佛学众流派，他概括出中国佛学的进路说："印度佛学之传入中国，初盛大乘般若之学，次有成实论师为小乘佛学近大乘般若者。及吉藏以《般若》通《涅槃》《法华》，至智顗而归宗《法华》圆教，以《摄论》《地论》所论者，为别教义。此是沿印度般若之学之路，而进至融摄印度二大流之佛学所成之圆成。故智顗于《法华文句·卷一》有'张大教网，亘法界海，漉人天鱼，置涅槃岸'之语。气象弘阔。此是中国佛学之一大成。至于由《十地经论》《摄大乘论》之译出，中国之地论宗、摄论宗之成立，至《大乘起信论》之

---

① 唐君毅：《中国哲学原论》，第三卷，台北：学生书局，1984 年，第 6-7 页。
② 唐君毅：《中国哲学原论》，第三卷，第 47 页。

出现，再至华严宗之成立，则为沿印度瑜伽法相唯识之学之道路，而进以融摄般若之学所成之又一教。故法藏于《华严一乘教义分齐章》，稍易智顗之语，而言华严圆教，亦有'张大教网，下生死海，漉人天鱼，置涅槃岸'之语。……此正以华严之教为中国佛学之又一大成，或一大创造之故也。"①唐君毅之判析比牟宗三更注重学术性，而由于建立体系之着重点不同，故于天台、华严两大系统二人之钟情稍有差异，是知佛学对他们的关键作用。唐君毅对中国佛学与印度关系之分判也比牟宗三更少宗派的主观性。

（二）

在唐君毅看来，华严宗代表了中国佛学的两大进路之极致。它们同以《华严》为佛始说之自证境界，谓之"根本法轮"。《法华》为佛导三乘归一之最后说教，谓之"摄末归本法轮"。两家所奉宗经的差别处，在于"直接说"与"间接说"，或曰"直显"与"开显"、"流出"与"会归"。其说法方式原无冲突，所以两宗共奉二经，互相影响，其义理也并行不悖。只是二宗所谓"性"义有大差别。华严宗主"性起"说，其所谓"性"，乃直接指法界性起之性，此"心性"乃一存在之实体者，为"体性"之性，如称"性海圆明"，"性海具德"者。此体性必有其用，故能有所起。此所起者，在众生界兼具染净善恶，叫做"一心生二门"。天台宗主"性具"，其所谓"性"非体义，同"法性"之性，由《法华经》所谓"十如是"之"如是性"而转出，乃就十界的种种范畴法相说。其所谓"性具染净"，也并非说"性体"具染净。由此可见，天台仍认许华严在第一义上说佛性真净。华严宗的精神即扣紧佛在自证境界中，只证此自性清净之法界性起心为第一义以立教。因此，在观行工夫上，就必然为由观诸法的相摄相入即"法界缘起"，而求直接契入佛所自证的唯一真心。这就是华严"五教"中所以于天台"四教"之外，别立顿教，其圆教中必包涵顿教的缘故。他说："吾意如依哲学与审美之观点看，则华严之通透而上达，盖非天台所及；若自学圣成佛之工夫看，则华严之教，又似不如天台之切挈而警策。"②仅就宗教而言，唐君毅这个分判是符合两宗之旨

---

① 唐君毅：《中国哲学原论》，第三卷，第 272 页。
② 唐君毅：《中国哲学原论》，第三卷，第 280 页。

的。天台"摄末归本"之法轮，不能涵盖华严所谓佛之自证清净法界。华严宗本其"四法界""十玄门""六相圆融"等范畴，以展示"无尽法界、性海圆融、缘起无碍、相即相入"之理境，成一无尽缘起的大法界，致广大而极高明。他以华严宗囊括禅宗，认为："真正之禅者，则又尽可视作华严之法界观之工夫……，则禅宗之重心悟而弃教观，即又可视为华严宗之向上一着。"①唐君毅通过对佛家"性"之六义的辨析和中国佛学两大进路的详尽考查，彰显了华严宗在中国佛学发展史上承前启后的地位，而后归结到中国化佛学的形成最显著的标志就是由印度佛教主"法性"而逐渐转进到以"心性"为主的中国佛学。这一标志的最大成就是华严宗的"法界缘起说"即心性本体论。揭示这一点的目的就在于阐明中国佛学与传统儒家心性学说的会通处及宋明新儒学产生的新理路，从而壮大中国哲学中的心性论内容，为现代新儒家的形而上学建构奠定了深厚的理论基础。他本是致力于使佛学诸流派接上中国传统文化的大流，即寻找"三教归一"的佳境。此一佳境就是"心性"之说。"在中国固有思想之流中，除佛家精微博大之心性论之外，仍有儒、道二家之心性论之流，与之并行，鼎足为三，虽或相非，而皆天地间所应有，亦大心菩萨所应许者之故也。"②他特别赞许华严宗之澄观、宗密等对儒、道的宽容。从这里可以找到现代新儒家在建构其理论体系重振阵容时的求合心态："澄观，宗密，皆研儒、道之学，故其书对《周易》《老》《庄》以及魏晋玄言，皆时加引用评涉。如澄观《疏抄·卷一》，以《易》之天道喻智正觉，人道喻有情，地道喻器世间。宗密《圆觉经疏抄·序》，以'元亨利贞，乾之德也'与'常乐我静，佛之德也'对言。此则较吉藏，智颙之藐视中土玄言者，胸度为广阔。"③

总之，唐君毅对中国佛学是持开放、批判吸收的态度，而尤推崇华严宗的契合儒家的心性之学。其晚年"一心通九境"的判教观，也是受华严宗法界说及判教方法影响的。

---

① 唐君毅：《中国哲学原论》，第三卷，第 280 页。
② 唐君毅：《中国哲学原论》，第三卷，第 305 页。
③ 唐君毅：《中国哲学原论》，第三卷，第 271 页。

三、"一心通九境"的判教方法

（一）

唐君毅自认为"反省二十年来，所论以告人者，可以立三极、开三界、存三祭尽之"[①]。"三极"之"太极"，相当天道，代表绝对精神；"人极"相当人道，代表主观精神；"皇极"相当王道，代表客观精神。"三界"之"人格世界"，继天立极，乃太极见于人极的表现；"人伦世界"，为人极显现为皇极的初步；"人文世界"，则为皇极之大成。他认为，"三祭"之"祭天地"，然后人心遥契太极，人格得以完成；"祭祖宗"，然后上下之情通，人伦之本立；"祭圣贤"，然后人知法古今之完人，使人文化成天下。所以，"三祭"立，天人之际的旨趣遂得以实现。"三祭"表现了一种宗教精神，实为一无限心量即"心体"的充分实现，它可以通幽明之际，彻造化之原。

在《中国文化之精神价值》序中说："吾于中国文化之精神，不取时贤之无宗教之说，而主中国之哲学与道德政治之精神，皆直接自原始敬天之精神而同开出之说。故中国文化非无宗教，而是宗教之融摄于人文。"本此，他认为，儒家之学与教，兼具哲学、道德与宗教三个方面。可称之为"哲学智慧的与道德的宗教"[②]。但儒家之教，异于一般宗教。他说："吾终不信吾之安身立命之地，必当求之于一特定之宗教，而亦终不信吾人必须先由一确定之宗教思想以讨论人在宇宙之地位，然后人乃能求得其安身立命之地。盖人之涌天盖地之宗教精神，与缘是而生之一切宗教信仰与思想内容，一朝被人自觉，即知其仍属于吾人当下之生命存在自己。此求各种价值之实现，生发之超越的圆满与永恒之理想要求，明为吾人所发出者，由发出而信仰其必能达成，并信仰有使其必能达成之超越的存在，亦为理所当然。于此，儒家可无以异于一切宗教家。然儒家所有进于一般宗教家者，则为儒家除可信一些超越的存在外，还信仰能发出此信仰之当下的本心本性，即为一切庄严神圣之价值之根源。人类宗教精神之发展，实向此自信之精神而趋，人之本心本性即天心天性之天人合一之教，终将为一切宗教

---

① 唐君毅：《日记》，1976 年 8 月 17 日。
② 唐君毅：《中华人文与当今世界》，桂林：广西师范大学出版社，2005 年，第 463 页。

之结局也。"①这一"本心本性"在儒家即是"无限之仁心"。人类文化的创造、发扬，都是根源这一无限的心灵主体，而要在人能反省自觉，即"返本体仁"。

本此一"无限仁心"，他认为，儒家不独为一种宗教，而且还可以协调一切宗教的衡冲，根绝一切宗教的纷争。一切形而上学讲至最后，无不归于唯一的"真实"，但唐君毅不认为人类通向此唯一真实的道路只有一条，而且以为此一真实也不能对我们是超越的外在，必须是既超越又内在于众生的"本心本性"。所以，人才可以由个人的"尽心、知性"以直达契合于此一真实，也可以不同的神灵为媒介，与此真实接触。

由上述中心观念及其所表征的意涵，再以佛化之超越"仁心"与佛教的般若精神，最终便形成了其晚年终结之作《生命存在与心灵境界》一书，以"归向一神境""我法二空境"及"天德流行境"为生命终极的归宿。

（二）

《生命存在与心灵境界》一书，为唐君毅晚年定论和归宿之作。书之自序中曾引志勤禅师的诗："三十年来寻剑客，几回落叶又抽枝；自从一见桃花后，直到如今更不疑。"该书以人的整个生命为存在前提，分析了人的不同心灵活动，在不同的心灵活动中分离出不同的观法，包括"横观""顺观"和"纵观"。相应于这些观法，则有不同的所观对象，而可分为"体""相"和"用"。不同的"体""相""用"既是心灵所对的客观存在事物，也是心灵自身的主观活动或超主、客观境界的心灵向往。以不同的"体、相、用""三观"相应的"三界"。于是，展现出心灵活动的九境：（一）万物散殊境。（二）依类成位境。（三）功能序运境。（四）感觉互摄境。（五）观照凌虚境。（六）道德实践境。（七）归向一神境。（八）我法二空境。（九）天德流行境。"九境"中的前三境属客观境界，中三境为主观境界，最后三境是超主、客观的境界。超主客境界亦叫"超主客之绝对主体境"。产生于人的心灵追求无限、绝对、永恒的超越之向往。它超越主客而又统主客于其中。九境次第升进，呈一辩证发展的上升态势；展现了生命主体即心灵的不断实现自我超越的无限圆满过程，统摄人生一切问题。

九境的最后三境之"归向一神境"（又称"神教境"）"要在论一神教所

---

① 唐君毅：《中国人文精神之发展》，桂林：广西师范大学出版社，2005 年，第 374 页。

言之超主客而统主客之神境”，主要指西方人的宗教即基督教境界。“我法二空境”（又称“佛教境”）“要在论佛教之观一切法界一切法相之类之义为重，而见其同以性空为其法性，为其真如实相，亦同属一性空之类；以破人对主客我法之相之执，以超主客之分别。”“儒教境”（又称“天德流行境”“尽性立命境”）“要在论儒教之尽主观性，以立客观之天命，而通主客，以成此性命之用之流行之大序，而使此性德之流行为天德之流行，而通主客、天人、物我，以超主客之分者。”[①]

在唐君毅看来，这一系统融合统摄了中、西、印三大文化传统的成就而为整个人类生命与心灵活动的呈现而以超越的心灵贯通于其中。从动态的发展过程说，这是主体由不自觉趋向自觉而终为一超越主体的过程。这一过程又可分别称为“觉他境、自觉境、超自觉境”，以实现儒家“圣人”人格的递升，表露出受佛教之“阿耨多罗三藐三菩提”佛格之启示而与之相应者：“自悟求他悟，自觉求觉他。”

作为现代新儒家的判教，唐君毅显然是把儒家藉人的“道德自我”而实现于道德实践中的“天德流行境”视为最高境界。认为，在根本上这是一中正而圆融之道，即执两而用中之道，使两端之相继而次序为用。由人的道德实践上展现出，而不走归向上帝或否定现实人生的路，如基督教和佛教那样的纯宗教。也就是要在现实有限的生活现象见一超此现象者，并欲藉此现象以表现为另一价值意义。

（三）

上述唐君毅这一体现新宗教精神的判教架构即是现代新儒家“圣人”人格的全部内涵和“哲学原型”，是一“观照”的唯心论或“德性”的唯心论系统。他说此即为“立三极、开三界与成三祭”的论述与展开。“三祭”体现了中国儒家效天法地的新宗教精神，其教人于“礼”上谦卑，于“智”上高明，为宗教道德之极致。

作为“判教”而言，其取于佛教而进于佛教者可归为四点：（一）以统一的标准把各种说法纳于一系（这一标准在佛教为“佛说”，在唐君毅为“人类生命”），别同异、定位序，并以自家为本位，置系统之最层。气魄恢阔可视为“泛宗教”之判教。（二）“天德流行境”即是现代新儒家的代名，

---

① 唐君毅：《生命存在与心灵境界》，上册，北京：中国社会科学出版社，2006年，第51页。

作为最高圆满之教，实统摄了人类文化的全体，昭示了世界文化的归趋。（三）即道德即宗教的实践性。（四）明确了圆教精神的主导者（本体）在人之心灵主体而不是客观精神（包括一主宰神）。新宗教精神直接依靠人的注重于"人与精神之贯通"中，在人伦、人文世界中体现天心，置人间于天上①。因此，新宗教精神不在于独断的教条、生活的禁戒与宗教的组织仪文，而是由道德的实践，以达于知性、知天的形而上学境界，而以"三祭"的礼乐，表现一充实圆满的精神。其目的在于希望中华儿女能以自信自尊自重，发扬五千年文化，疏通新的生活方式，以协调世间一切宗教的冲突而安和天下。

唐君毅上述有得于佛教而执两用中的判教精神，旨在通过尽性知命的道德实践，容许各种超越的信仰，转入人文生命的核心②，以消解"外转""下转"的生存与文化危机，为应世而生的宗教道德与哲学置一大方向③。

（原载：卢升法：《佛学与现代新儒家》，沈阳：辽宁大学出版社，1994年，第435-447页）

---

① 唐君毅：《中国文化之精神价值》，桂林：广西师范大学出版社，2005年，第394页。
② 唐君毅：《生命存在与心灵境界》，下册，第980页。
③ 唐君毅：《生命存在与心灵境界》，下册，第1144页。

终极关切：宗教与哲学的不同解答

阎孟伟

一、生存，还是毁灭

在哲学和宗教学的研究领域，一个意味深长的主题正在日益凸显出来，这就是"终极关切"（ultimate concern，又译"终极关怀"）。美籍德国哲学家、神学家蒂利希在他的《系统神学》一书中，把"终极关切"视为神学研究的一个原则，并对此做出这样的解释："我们的终极关切就是决定着我们是生存还是毁灭（to be，or not to be——亦可译为"存在还是不存在"）的东西。只有那些能把它们的对象作为对我们具有生存和毁灭意义的事物来加以阐述的陈述，才是神学的陈述。"①如果我们暂且不论蒂利希对终极关怀问题的神学解答，这个解释的基本内涵对于哲学也是适用的。对人的存在来说，没有什么问题比关乎人的生存或毁灭的问题更根本、更具有终极性。这里所说的"生存或毁灭"不仅仅是指自然生命的存活或死亡，而且是指人作为"人"所具有的全部生存价值和意义的获得或丧失。我们可以将之称为价值生命的"生存或毁灭"。

自然生命的产生是自然过程的结果，其存活与死亡，取决于人的自然生命的运动周期和维持自然生命所必需的各种物质生活条件的获得，这主要是科学研究所关注的问题。而人的价值生命则是历史和文化的产物，是人通过对自身生活实践的根本性意义的反思和追问而不断生成的过程，因而它包含的是人对自身所具有的人格、尊严、幸福、快乐的理解和追求，对自身生活目标和自我实现方式的价值选择。人的价值生命作为人的生存

---

① 蒂利希：《系统神学》（*Systematic Theology*），第 1 卷，芝加哥：芝加哥大学，1967 年，第 13 页。

意义的生成和显现，通常是有关自然生命的自然科学探讨所不能穷尽的，因为这种探讨只能说明人怎样才能活着，但不能说明人为什么活着，或者说人怎样活才更有意义，而一旦缺乏甚至丧失了对生存意义的确认，人就难免会沉沦、颓废，甚至在自然生命的一切生存条件都具备的情况下放弃自然生命。正如苏格拉底所说："没有经过审查的生活是不值得过的（the unexamined life is not worth living）。"正因为如此，对人的价值生命的"存在与非存在"问题的深切关注成为宗教文化和哲学文化的核心议题。

二、宗教：心灵深处的"彼岸世界"

20 世纪以来，西方宗教学界已经逐渐淡化了"偶像崇拜"意义上的宗教观念，而是日益从人们精神生活的深处探询宗教存在的根据。蒂利希是这个方面最著名的代表之一。受海德格尔哲学的影响，蒂利希是从传统哲学有关"存在论"（ontology，又译"本体论"）的研讨中引申出他的神学命题。他指出"存在论"的问题就是："什么是存在本身？"在对这个问题的回答中，蒂利希像海德格尔那样把"存在"和"存在者"区分开来，认为"存在本身"不是指任何特定的存在物，也不是指存在物的集合，而是指一切存在物得以存在和赖以存在的基础或力量。它比一切存在物更根本，渗透于一切存在物之中；它超越于主客体对立之上，无限高于一切存在物，因而它正是"决定我们存在还是不存在的那个东西"。毫无疑问，这个"存在本身"在蒂利希看来，就是"上帝"。换句话说，只有把上帝理解为存在本身，才能真正体悟上帝何以成为万物存在以及人之生存的终极性根据。由此，蒂利希语出惊人地断言："肯定有上帝同否定有上帝一样，都是无神论。"[1]因为，说"有一个上帝"和说"没有一个上帝"一样，都是把上帝当作有限的"可有可无"的存在物，或归为存在物的一种，从而也就否认了上帝的无限性和永恒性。蒂利希进而认为，对存在的领悟，必须通过人对自身生存的体验。人和其他任何存在物一样，都是有生有灭的或有限的存在，因而被"非存在"所包围，并随时可能陷入"虚无"。一旦人们体验到或意识到自身的有限性，就会对自身的非存在性（如死亡）产生忧惧，

---

[1] 蒂利希：《系统神学》，第 1 卷，第 273 页。

这种忧惧导致人们去思考"存在本身"，亦即追寻，我做的这一切有什么意义？这一切对我的生命或对我的存在有什么意义？我的生命的意义又是什么？这样的问题就使人走入了生活的深处，并体现出生命的"深度"。所以，在蒂利希看来，人是必然具有宗教性的。宗教不是人生的一个孤立的禀赋，而是人的全部文化和精神生活的"深度"方面，它表现的是人生之终极关切，指向的是维系人的存在并赋予人生以意义的东西。这种终极关切可以通过人的任何创造性的活动表现出来，可以表现为真理的热切追求，可以表现为道德人格中无条件的良心命令，可以表现为献身艺术或爱情的热诚等等。总之："人最终关切的，是自己存在及意义。'存在，还是不存在'，这个问题在此意义上是一个终极的、无条件的、整体的和无限的关切的问题。人无限地关切着那无限，他属于那无限，同它分离了，同时又向往着它。人整体地关切着那整体，那整体是他的本真存在，它在时空中被割裂了。人无条件地关切着那么一种东西，它超越了人的一切内外条件，限定着人存在的条件。人终极地关切着那么一种东西，它超越了一切初级的必然和偶然，决定着人终极的命运。"[①]

然而，让蒂利希感到痛心疾首的是，人们对自身终极命运的关切，常常误入歧途。在物质极大进步的现代社会中，人们往往并没有自觉意识到自身的存在价值，而是表现为竭其心力地对一切可欲对象的占有，也就是把自己无条件的信赖和执着献给一些有限的和有条件的东西，例如荣誉地位、金钱财富、政治权力、种族优越之类，把这些东西当成终极关切的对象。蒂利希认为，对于人的生存来说，最可怕的就是把有限的存在物当作终极关切的对象。因为有限的存在物总是被非存在所包围，将之作为毕生追求的对象，作为寄托自身全部价值的东西，最终不可避免地会陷入"生存的失望"，沦落于空虚和无意义的境地。因此，问题不在于人有没有"终极关切"，而在于关切的对象是否真的具有"终极性"。只有当人们超越了对有限物的追求，真正去体验"存在本身"的时候，生存的终极意义才能呈现出来。因为，一切存在物都是有限的，有生有灭的，只有使一切存在物得以存在的"存在本身"是不会随着存在物的生灭而生灭的，它是无限的、整体的。而这个"存在本身"就是上帝。对上帝的信仰，可以使我们体验自身生存的无限性根据，从而在信仰中摆脱由于生存的有限性带给我

---

① 蒂利希：《系统神学》，第1卷，第14页。

们的忧惧，获得克服非存在的勇气，在自己的创造性的活动中肯定自身存在的价值。

从以上可以看出，蒂利希实际上是采用了柏拉图理念论的方法，把"存在本身"从一切存在物的存在中分离出来，使之独立自存，进而将之神圣化不可认知只能心领的"上帝"。这就使他把"终极关切"变成了心灵深处的"彼岸世界"，重新恢复信仰的权威。马克思当年在评述路德的宗教改革思想时，说过这样一段话："的确，路德战胜了信神的奴役制，只是因为他用信仰的奴役制代替了它。他破除了对权威的信仰，却恢复了信仰的权威，他把僧侣变成了俗人，但又把俗人变成了僧侣。他把人从外在宗教解放出来，但又把宗教变成了人的内在世界。他把肉体从锁链中解放出来，但又给人的心灵套上了锁链。"①用这段话来界说蒂利希的"终极关切"论也是很合适的。而且一旦把"存在本身"从一切存在物中分离出来，"存在本身"也就成了"虚无"，它给了人们的充其量不过是虚幻的拯救。

三、马克思主义哲学：人类实践的内在价值

"人文关怀"或"终极关怀"作为对人的生存价值的追问或反思，是对生活的深度理解和把握，同时也就是生活本身的深度。因为这种追问和反思必然会超越生活的直接的经验内容，超越浅近的功利目标，而从"人生在世"这样一个层面上，思寻生活的一般意义和信念，使人们在充满不确定性因素的生活世界中获得持久的价值定向，并把生活的直接经验寄寓在对生活的一般理解中，让生活本身为意义感所充实。这种追问和反思正是生活哲理的精髓之所在。哲学就是从整体上或总体上把握人与周围世界的关系，就必然要揭示人的价值生命存在的根据以及人的价值生命所具有的丰富内涵。因此，哲学亦是内在于我们生活深层的东西，它是一种对生活的深度思考，而且这种思考又是人的生存质量的有机构成。在这个意义上，我们甚至可以说，人不可能过一种没有哲学的生活。马克思主义哲学同样包含着对人的终极关切。

---

① 马克思：《〈黑格尔法哲学批判〉导言》，《马克思恩格斯选集》，第 1 卷，北京：人民出版社，1972年，第 9 页。

　　尽管马克思在自己的著述中没有使用终极关切这个概念，但他始终把人的本质、人的解放和人的自由与发展作为全部理论的起点和归宿，因而从根本上揭示了人的存在的终极性价值。与以往旧哲学和一切形式的宗教观念不同的是，马克思主义哲学没有停留在对人的抽象把握上，没有把对人的终极关切变成人的心灵深处的彼岸世界，而是立足于人类实践活动的历史性和具体性，把对人的终极关切与对社会生活的科学考察结合起来，从对社会生活的现实基础、客观关系、内在矛盾的理论分析和价值批判中探索人的解放或实现人的自由价值的现实途径。

　　实践活动就是人的存在方式,蕴涵着人的存在的全部价值和终极意义。我们知道，马克思主义哲学始终把人类最基本的实践活动——物质生产活动作为考察社会历史及其发展的现实基础。然而马克思所讲的物质生产活动本身就具有经济学的和人本学的双重意义。从经济学意义上说，物质生产活动是全部社会生活的基础、前提和条件，人们进行生产活动首先是为了满足自身生存的物质需求和社会生活对物质手段和条件的需求。从人本学意义上说，生产活动作为人类最基本的实践活动又是一种自由自主的活动。马克思非常反对那种仅仅从表面的有用性的角度来看待物质生产活动的观念，他指出："工业的历史和工业的已经产生的对象性的存在，是人的本质力量的打开的书本，是感性地摆在我们面前的、人的心理学。"[①]物质生产活动作为人的本质力量的公开展示，恰恰是人的自我实现，是人的实在的自由的获得。关于这一点，马克思在《经济学手稿》（1857—1858 年）中明确指出："诚然，劳动尺度本身在这里是由外面提供的，是由必须达到的目的和为达到这个目的而必须由劳动来克服的那些障碍所提供的。但是克服这种障碍本身，就是自由的实现，而且进一步说，外在目的失掉了单纯外在必然性的外观，被看作个人自己对自我提出的目的，因而被看作自我实现，主体的物化，也就是实在的自由，——而这种自由见之于活动恰恰就是劳动，——这些也是亚当·斯密料想不到的。"[②]由此可见，在马克思那里，生产活动就是一种与人的自由直接联系在一起的，具有本体论意义的实践形式。沿着马克思的思路继续延伸，我们就不难看到，人类的一切实践活动本质上都是自主自由的活动，因而人的存在的终极性价值实际

---

①　马克思：《1844 年经济学哲学手稿》，北京：人民出版社，1985 年，第 80-81 页。

②　马克思：《政治经济学批判》，《马克思恩格斯全集》，第 46 卷（下），北京：人民出版社，1980 年，第 112 页。

上是蕴含在一切实践形式之中的。

人们所进行的任何一种实践活动本身都具有外在价值和内在价值两个方面。所谓外在价值是指通过实践活动所能获得的各种实际利益（如金钱、权势、地位、名声等）；所谓内在价值则是指人们把实践活动作为自我实现的现实方式，当作人的自主性和自由性的现实形态，从而在实践中体现出对生活的意义的追求。正是实践的内在价值体现了人的存在的终极性意义。一旦人们自觉地意识到实践的内在价值，就会在实践活动中不仅创造出具有实际效用的产品以满足自己的直接需要，而且还会超出这种有限的实际需要，去追求自己的自主性和自由性的全面发展，并为自己的本质、能力、智慧能够在自己创造性活动中得到显示和确证而获得极大的满足和喜悦。

实践的二重价值原本是统一于实践活动之中的，但在现实生活中，对外在价值的追求和对内在价值的追求却经常处于矛盾状态之中。以市场经济为基础的现代社会就是以利益的驱动机制有力地推进了现代工业文明、商业文明和科学文化的发展，但也恰恰是这个利益驱动机制使人们在激烈的竞争当中特别看重实践活动的外在价值，忽视或淡化对内在价值的追求，从而导致在生活实践的诸领域中出现相当普遍的意义缺失或失望，并造成精神生活的萎缩和紊乱。这正是现代社会中，人的"精神危机"的最深刻的内涵。

（原载：《南开学报（哲学社会科学版）》，2002 年第 3 期，第 25-27 页）

神道教伦理思想的现代阐释

王中田

　　神道，这是在日本的称呼，而在中国则把它称为神道教，但不管是哪种称呼，神道教是日本的民族宗教、是日本文化传统的核心价值，在这一点上是没有疑问的。要想对日本文化进行深入的分析，必须花大力气研究神道教。伦理，是人际关系之理。不同的民族，具有不同的伦理观念，是民族文化价值的核心部分，而在宗教意识浓厚的民族里，每个民族的宗教意识是其伦理思想之根。就日本民族来说，神道教就是其民族思想的根源，当然也是日本民族伦理思想的核心价值。

　　中国学者对神道教的研究代表性著作主要有两部：王守华、卞崇道编著的《日本哲学史教程》，其中一部分（见第四章）是我国学术界系统地从哲学思想发展史的角度研究神道教思想的著作；张大柘的《当代神道教》则是从宗教发展的角度研究介绍新兴宗教的著作。①而对神道教伦理思想的研究，特别是对传统的神道教伦理思想进行现代的阐释，即使在日本伦理学界，也极为少见（日本学者喜欢考据式的论证，而缺乏理论上的理解与阐发）。本文试图填补这一学术空白，这也是笔者的日本伦理思想史研究的一个部分。

一、神道教伦理思想的发展

　　如何分析、研究日本神道伦理思想的发展过程，这的确是一件困难的

---

　　① 王守华、卞崇道编著：《日本哲学史教程》，济南：山东大学出版社，1989 年；张大柘：《当代神道教》，北京：东方出版社，1999 年。

事。在这里，本文试图摆脱哲学思想发展的束缚，也不想流于一般的宗教史的描述，而是把神道教伦理思想放在日本文化的发展过程中去分析，去理解。必须指出，笔者在这里使用的是广义的文化概念，即包括物质文化、制度文化、精神文化三个层面，这是一个由表层到深层的表现形式。而在精神文化层面包括哲学思想、宗教观念、伦理精神、审美价值、思维方式五个方面。由此可见神道教伦理思想在日本文化中的重要地位。

神道教的发展经历了原始神道教、神社神道教、教派神道教、复古神道教、国家神道教等几个发展阶段。

原始神道教思想虽然在理论形态上形成较晚，但在历史上事实存在着。作为原始的宗教意识，是同大和民族与生俱来的。一般认为，原始宗教意识包括两个阶段：一是万物有灵论观念形成的阶段，人的自然意识因素和灵魂观念因素二者结合起来，自然物同人一样，也是有灵魂的，这是原始宗教意识的基础，是神的观念的发源地；二是进入多神教阶段，这是经历了万物有灵、自然崇拜、图腾崇拜之后，发展到了多神教。日本的神道教也是如此，从原始的自然崇拜到多神教，最后形成今天我们所认识的神道教。①

神社神道教是其最初的形态。历史地看，神社是一种宗教的组织形式，是宗教发展到一定阶段的产物，也是日本原始宗教走向成熟的一个发展过程。神社不仅仅是祭祀的场所，也是日本人精神信仰的物质载体和精神载体。直至今天，我们在日本都会看到到处都有神社。神社神道教的最重要的两部书籍是《古事记》和《日本书纪》。其中的神代卷讲述从开天辟地到所谓神武天皇以前的大和国的皇室祖先神和豪族祖先神的传说，成为后世建构神社神道教的神学体系的核心内容。在神社神道教的神学体系中，有所谓自然万物的造化神和造成日本国土、民族的神世七代神。其中，最重要的是皇族祖先神，即象征太阳的天照大神。据说她派孙子到人间进行统治，到神武天皇时开始东征，成为第一代天皇。因此，神道教教育的核心部分就是宣扬日本天皇是神的后代，皇统就是神统，以所谓玉、镜、剑三种神器作为天皇君权神授的合法证明。②

教派神道教是在神社神道教的基础上发展起来，并在民间传播开来的。

---

① 《古事记》，上卷，东京：岩波书店，1993年。
② 《日本书纪》，东京：中央公论社，1978年，第119页。

其发展主要是在江户时代（1601—1867年）后期。在民间陆续形成的以神道教信仰为主要特色的宗教组织，每个教派都有自己的活动范围，并且编写了自己的神道教义，一般不以某一神社为活动中心。教派神道教的发展，与江户时代特定的历史文化的发展背景有关。江户时代前半期，幕府的统治者德川家族以儒学的朱子学作为统治思想，实现了长达200余年的社会长治久安。有感于作为外来文化的儒家思想的大一统局面和对大陆文化的反抗与挑战，江户时代在思想界出现了反抗儒学的国学思想，强调日本的神皇正统的本土思想和本土文化；在民间形成了多种教派神道的神道教，与国学思想发展相适应。这也是日本思想、日本文化逐步摆脱汉文化、儒家思想的束缚和影响，应该说这是日本思想和文化成熟、独立的标志。教派神道教主要包括13派，它们是有神道大教、黑住教、神道修成派、出云大社教、扶桑教、实行教、神道大成教、神习教、御岳教、神理教、禊教、金光教、天理教。①

　　复古神道教形成于明治维新之前，也就是在日本的前近代化时期，即在国学思想大发展的时候，由研究日本古典文献、探究日本民族文化精神的国学思想家荷田春满所创立，后经过贺茂真渊、本居宣长的发展，到平田笃胤所完成的神道学说。复古神道既反对神道教附会佛教，也反对神道教吸收儒家的思想，大力宣扬恢复古神道，对《古事记》《日本书纪》神代卷的神话和诸神重新加以解释，重新建构神道的神学思想体系，宣称日本天皇继承了天照大神以来的神学思想传统，天皇不仅是日本的最高统治者，也应当统治世界。②这些思想为日本近代的军国主义、扩张主义准备了思想条件。

　　国家神道教是伴随着日本近代化和资本主义经济发展而出现的。明治维新之后，日本迅速扩张，走上了工业化的道路，并且很快地成为与西方列强平分秋色的经济、军事大国。日本资本主义取得迅速发展后，也与西方列强一样走上了侵略的道路。但是，与西方列强不同的是，近代的日本思想支柱是国家神道。在文化上大力宣扬日本文化优越论、日本民族优越论；在思想上强调要用皇国思想统治日本，建立"大东亚共荣圈"的东方殖民主义体系；在宗教上向日本国民大力鼓吹和灌输天皇至上，特别是在

①　张大柘：《当代神道教》，北京：东方出版社，1999年，第四章。
②　《神道讲座》，第3卷，东京：原书房，1985年，"道义篇"。

侵略战争中鼓吹为天皇而进行"圣战";在组织上由内务省设立神社局,后来又升格为神祇院,直接管辖全国神社神职人员,向全体国民灌输"敬神"的思想。①从此,神道教成为日本的国教,参拜神社、奴化教育,成为近代日本人生活的一部分。

战后,在美国占领军的主导下,日本开始了民主化进程。"国家神道的瓦解,是日本民主主义的巨大进步,日本的宗教由此首次从政治权力中解放出来,获得了凭本身的责任和势力来扩大教势的条件"②,从此结束了神道教作为日本国教的历史,也基本上实现了政教分离的发展目标。神道教从至高无上的国教地位,走向了与其他宗教如佛教、基督教等平等发展的道路。神道教的思想尽管在日本社会生活当中特别是在一部分人心中仍有很大的影响,但其辉煌的时代已经过去。宗教与政治分离开来是民主化、自由化的一个重要方面。在西方,从文艺复兴时代开始就逐渐结束了政教致、教权高于王权的极端时代,走向了独立的、近代的民族国家的发展道路。相比之下,日本近代的政教合一的极端局面使日本近代化的成果毁于侵略战争,这是近代日本的悲剧。而政教分离的局面的出现,才使日本在战后又迅速地走上了经济发展的道路。当然,我们也要看到,神道教的思想对日本政治的影响、对日本政客的束缚仍然很大,靖国神社的阴魂仍然不散,也许日本人还要为此付出惨痛的代价?

二、神道教伦理思想的内容

任何宗教伦理思想的主要内容都包括三个方面:神、人与自然的关系,神与人的关系,神之下的人与人之间的关系。在神与人的关系上,日本的神道教是非常独特的。在其他民族的宗教中,一般都是神是人的主宰,在人面前,神是高高在上的,是遥远的,是可望而不可即的。③而在日本的神道教中,神与人之间的关系是一种血缘关系,有天照大神才有日本人,神皇一统、万世一系,这也正是日本文化、日本宗教最为根本的特点。因此,强调对天皇的忠诚、对企业的忠诚、对家族的忠诚本是一脉相承的。

① 村上重良:《国家神道》,北京:商务印书馆,1990年,第107页。
② 村上重良:《国家神道》,第172页。
③《神道讲座》,第2卷,东京:原书房,1983年,第110页。

森岛通夫在《日本为什么"成功"》①一书中，把日本人的忠诚仅仅理解为是受儒家思想的影响，完全忽视了自身的、本土的文化影响即神道教的直接作用，显然是片面的。

在神道教看来，日本的国土、日本的民族、日本人都是天照大神创造的，那么在人与自然的关系上就是一种平等而又敬畏的关系。不管是人还是自然，都是神创造的，那么对神所创造的一切都保持一种敬畏的心理。这与西方的人与自然的二元对立是完全不同的。西方人强调人对自然的征服，改造自然，让自然为人类服务，而在神道教的思想看来，人与自然是和谐统一、共同发展的，从中蕴涵着人与自然、人与环境整体发展，体现了最早的环境伦理思想，这也是神道教伦理思想中最有价值的部分。

任何宗教不仅关注神与人的关系，而且也关注人与人之间的关系。与其他宗教相比，神道教似乎更为关注人与人之间的关系，在人与自然和谐相处的基础上，强调人与人之间的和谐相处、共同发展，强调整体利益即日本式的"集团主义"。②日本虽然自明治维新以来就提倡"脱亚入欧"，战后又大力提倡"脱亚入美"，100 余年来，日本人深受欧风美雨的洗礼，但是西方的个人主义价值观一直没有在日本占绝对统治的地位，其原因就在于神道教的思想在其中起了决定性的作用。

神道是日本人之道，从历史到今天，神道一直是日本固有的大道，即天祖天照大神之道，为日本民族生活之根本，这是天地自然之道，非人力所造。神之道不出乎君臣、父子、夫妇、兄弟、朋友之外，人与人之间的交往、日常生活之道就是神道。神道即日本国民之道德、宗教，神道维持日本之国体，为国民道德之真髓，是自神代传承之纯粹的国民宗教。天皇是天照大神的后裔，是天照大神在人间的代表，皇统就是神统③，"神道设教"因而形成，在日本人的心目中，天皇永远都是神，也就是"现人神"。尽管战后在民主化、自由化的冲击下，天皇的神的光辉已经退色，但仍然是日本人的精神象征，仍然是日本文化的精神本体，仍然具有神一样的地位。

---

① 森岛通夫：《日本为什么"成功"》，成都：四川人民出版社，1986 年。

②《神道讲座》，第 4 卷，第 469 页。

③ 和辻哲郎：《日本伦理思想史》，上卷，东京：岩波书店，1979 年，第 286 页。

三、神道教伦理与日本伦理

神道教伦理思想经历了几千年的发展，其中有精华也有糟粕，但是作为日本伦理思想发展史上的核心价值的地位一直没变。[1]从历史发展的角度看，不管是在原始神道教时代、神社神道教时代，还是在教派神道教、复古神道教、国家神道教时代，神道教都处于日本文化、日本宗教的核心价值地位，即使到了战后政教分离的时代，神道教思想的影响、天皇的精神象征都成为维系日本民族、日本文化的精神象征。在新的世纪里，神道教思想和天皇的精神象征地位也不会发生根本改变。因此，这也是分析、理解日本文化的关键。

从原始神道教开始，神道教伦理思想对整个日本伦理思想的发展产生了决定性的影响，作为日本人精神生活中的核心价值的地位很难改变。从公元 2、3 世纪大陆文化的冲击开始，儒家思想、佛教思想都对神道教的发展予以很大的挑战，但在强势文化的冲击下，神道教思想不仅没有被吞灭，相反，却在冲击下丰富和发展壮大起来。在上千年的文化冲突中，直到江户时代，也就是到日本的前近代化时期，在民间有教派神道教，在思想界有复古神道教，可谓上下呼应，形成了民间与学界的互动，也形成了日本文化的独特景观。即使到了明治维新以后，在西方文化的强大冲击下，整个日本社会被称为"向西方一边倒"，但是，神道教与国家主义、天皇制绝对主义结合在一起，成为日本发动侵略战争的思想支柱。历史的发展经验告诉我们：宗教若是与政治结合，这种政治必将走向专制，走向极端，走向悲剧；宗教应回到民众的日常生活中去。战后的政教分离，乃是历史的必然，但神道教作为日本人的精神价值核心的地位，仍然没变。我们在研究神道教的时候，应该把历史的分析与现实的思考结合起来。

神道教伦理思想对日本人现实生活的影响即现实规定，主要表现在政治上自 1955 年以来，自民党一党执政长达 38 年，直到 1993 年才进入联合执政的时代。神道教思想一直是自民党统治的思想武器，而靖国神社是自民党心中的圣殿、依靠的力量。自民党充分发挥靖国神社的影响力，以此

---

[1] 日本思想史研究会编著：《日本伦理思想发展》，东京：吉川弘文馆，1965 年，第 281 页。

来笼络"遗族会"等政治力量的人心，为其拉选票。为了政治上的利益，自民党不顾亚洲各国人民的反对，坚持参拜靖国神社，可见，靖国神社、神道教思想对现实日本政治生活产生了决定性影响。在经济上，一般认为支撑日本经济发展的精神力量是儒家思想或佛教思想，很少有人认为神道教思想在其中所起的重要的甚至是决定性的作用。笔者认为，相比之下，神道教思想的作用可能更大,因为神道教思想是日本人精神中的核心力量，是日本人的核心价值，无论是儒家思想还是佛教思想都没有达到神道教思想那样的重要地位。在文化上，原始神道教是日本文化之源，日本文化之所以源远流长，日本文明发展之所以具有独特性，其中最为重要的是以神道教思想为核心不断吸收外来思想、外来文化、外来文明的优秀成果，其吸收能力、融合能力、包容能力正是日本文化独特性的表现。

四、神道伦理与日本文化

神道教思想、神道教伦理作为日本文化的核心价值、日本文化的精髓具有独特性、神秘性、超越性三大特点。当然，这种概括或者过于笼统，或者尚有遗漏，但这三大特点从本质上把握住了神道教思想的特点、日本文化的本质。

神道教伦理思想作为日本文化的核心价值，其独特性就在于它是泛神教。神道教有 800 万神，赋予自然万物皆有神灵，这在世界宗教史上独一无二。神与人的血缘关系、万世一系的神道传统、神皇一统的表现方式都说明了神道伦理思想与日本文化的独特性。日本民族与其他民族的文化差异、日本文化自身的文化认同、日本文化与其他民族文化的冲突的原因正在于此。

在《古事记》《日本书纪》出现之前，原始神道教是通过民间传承的方式发展下来的，是在神社的祭祀中表现出来的，神道教思想作为民族宗教与其他宗教不同的特点是缺少正式的教义，缺少历史资料，只能从考古的发现中或在神社的祭祀中去理解神道教思想。神道教思想这种神秘性给研究者提供了多方理解的可能，但是，难于把握，难于准确理解，难于深入到神道教的本质。因此，研究神道教的学者历来很少，当然研究著作也少得可怜。同时，仅从书本上又很难对神道教进行分析，必须对神社的祭祀形式、祭祀内容深入了解，才能够认识神道教思想的神秘性。

神道教伦理思想的超越性主要表现在超越历史发展的时空观念，作为已经存在了数千年的日本民族宗教，神道教显示出了持久的宗教魅力和思想魅力，并使日本文明慢慢脱离儒家文明。亨廷顿在《文明的冲突与世界秩序的重建》[①]一书中，把日本文明作为一个独立的文明实体与中华文明（汉字文明）区别开来，这个观点很富有启发性，但未来是否如此还需要时间的检验。不容否认的是，神道教思想的超越性为未来的日本文明的发展指出了一个新的方向，那就是超越历史与现实的束缚，在新的世纪里走向独立发展的道路。

五、神道伦理与 21 世纪的日本

自 1975 年以来，也就是在法国的朗布依埃召开了发达国家首脑会议以后，世界上的主要发达国家开始联手主宰世界经济的发展命脉，世界进入了经济全球化的时代。经济全球化是一个历史发展的大趋势，也是一个无法回避的现实。经济全球化主要在以下经济领域里展开：交通、国际贸易、国际金融、国际互联网等方面。也有的学者是从全球网络的广度、全球相互联系的强度、全球流动的速度、全球相互联系的影响等方面来论述全球化问题。[②]经济全球化使世界经济格局发生了根本性的变化。在经济全球化面前，有很多学者认为经济全球化必然导致普世的或普遍的伦理价值观念，民族国家观念、民族主义意识将会淡化。笔者认为，这是对未来的一种理想性描述，也是对经济发展的乐观性期望。从世界宗教发展史和从世界文明发展的历史来看，文化差异性、文化认同感、文化冲突论等问题为什么一直存在着，原因就在于不同文明之间、不同宗教之间的核心价值观念是难于改变的，经济全球化往往导致与民族意识的冲突，经济全球化与民族文化是矛盾的，对此，我们必须进行客观的、理性的分析。

---

① 亨廷顿：《文明的冲突与世界秩序的重建》，北京：新华出版社，1998 年，第 29 页。

② 戴维·赫尔德等：《全球大变革——全球化时代的政治、经济与文化》，北京：社会科学文献出版社，2001 年，第 24 页。

民族意识是一个民族独立、自觉的意识。丸山真男认为，日本人的民族意识觉醒于德川时代末期，是"自然地升华为民族政治一体意识"①。与全球意识相对应，民族意识凸显了民族的主体精神，强调了民族的自觉性。在民族意识面前，外来文化、全球意识都要遭遇到反抗、抵制，进而达到与民族意识的融合，但是这种融合并不意味着民族意识在其中丧失了主体性，而是从民族意识出发去吸收外来文化。全球化是对民族文化、民族意识的挑战②，而民族意识若是发展到一定程度就会形成民族主义。

民族主义是近代民族国家发展到一定阶段的产物。按照丸山真男的理解，民族独立和民族统一问题的出现，才导致形成了民族主义，这是把民族意识推向极端，过分强调民族的主体意识。③近代日本曾出现过民族主义和极端的民族主义，这是与天皇绝对主义、天皇专制政治紧密联系在一起的，并成为日本发动侵略战争的精神支柱。产生这一悲剧的一个最为重要的原因就是民族主义的泛滥。

在日本民族意识中，最为根本的、最为核心的就是神道教思想。神道教思想是作为日本民族的思想根源而存在的，我们在研究近代日本民族主义的极端化的时候，必须深入日本民族意识之根——神道教思想中去。近代的日本历史发展证明：日本民族是一个民族意识、民族主义都很强盛的国家，并且，这种民族意识、民族主义一旦遇到合适的条件就会走向极端。而反思能力、反省精神的缺乏，又不能不引起亚洲周边国家的疑虑。

在经济全球化的过程中，基于利益的冲突必然导致不同文明价值观的冲突。所谓文明的价值，就是指不同文明实体中的核心价值、主导精神，也就是民族意识中最为核心的层面，它反映着不同民族的价值追求，更是民族精神本质的体现。神道教作为日本民族意识的核心价值，代表着日本民族的精神价值。在经济全球化的冲击下，民族意识正在崛起，民族主义更易兴盛，更容易导致文明价值的冲突。日本文明是一个独立意识极强的文明实体，是一个特殊的存在。④这种独特的文明价值实体在全球意识的

① 丸山真男：《日本政治思想史研究》，北京：生活·读书·新知三联书店，2000年，第270页。
② 井上孝顺编著：《全球化民族文化》，东京：新书馆，1997年，第24页。
③ 丸山真男：《日本政治思想史研究》，北京：生活·读书·新知三联书店，2000年，第271页。
④ 《文明与冲突21世纪日本》，东京：集英社，2000年，第46页。

冲击下，在挑战与回应的发展模式下，文明价值的冲突会愈演愈烈。我们在分析、研究经济全球化背景下的文明价值的冲突时，必须追根溯源，深入到日本文明的核心价值层面即神道教思想当中去。

（原载：《日本学刊》，2003 年第 6 期，第 124-135 页）

奥义书与大乘佛教的发生

吴学国

日本著名的东方学家中村元曾说："在印度思想中，最大正统为吠檀多，最大异端是佛教，二者的相互关系影响了印度精神史。"（Nakamura，1983，p.131）大多数印度思想史家认为，佛教的基本世界观乃是从被称为"吠陀终结"（吠檀多）的奥义书思想发展而来（Oldenberg，p.52；Radhakrishnan，p.361，470）；反过来，佛教对奥义书和婆罗门思想发展的影响也同样显著（Mittal，p.9，13）。但本文重点讨论前一方面的影响。盖印度文化源于属雅利安的吠陀传统和非雅利安的沙门传统的整合：前者的特征是祭祀主义、彼岸的理想和对形上绝对的追求，而其形上学大成于奥义书；后者旨在通过巫术、苦行的实践获得某种神秘体验。佛教乃是融会这两种传统而来的（Nakamura，1987，p.61ff；Upadhyaya，p.101ff）。它尽管应溯源于沙门苦行传统，但在世界观方面主要是来自奥义书，其修道论也嫁接了奥义书的形上学理想（Kimura，p.97）。尽管佛陀对于形上学的绝对常保持沉默，但《阿含经》对涅槃的描述使学者们确信佛学中仍潜藏着一个这样的绝对（Radhakrishnan，p.682）[①]；这种绝对既然不是沙门思想的产物，那就只能是来自奥义书思想的渗透，故早期佛教其实是默认了奥义书的形上学。（ibid）在佛灭后一千多年内，奥义书思想日益深入地渗透到佛教思想中，影响了部派和大乘佛教思想的演变。原始佛教对超验的绝对存在一

[①] 例如《杂阿含经》（卷十二）说"此法常住法住法界……法住、法空、法如、法尔，法不离如、法不异如，审谛真实不颠倒"，这与奥义书对大梵的描述是一致的。（Bri Up，III. 8.8）本文凡引印度古代文献，篇名皆按惯例用缩写，如"BG"为"The Bhagavad Gita"（《薄伽梵歌》）的缩写；每一种奥义书（Upanishad）的篇名也用缩写，如"Bri Up"为"The Brihadaranyaka Upanishad"的缩写，"Chan Up"为"The Chandogya Upani-shad"的缩写，文中所引奥义书全部出自"The Thirteen Principal Upanisads"，缩写篇名后为引文所在章节。

般是保持沉默，但发展到大乘佛教后，绝对、真如法性不仅成为讨论的主题，而且越来越得到肯定的描述。最后，如来藏佛教将它等同于众生的真实自我、自性清净心，从而实现了与奥义书形上学的同化。吠陀-奥义书思想日益深化的影响，对于大乘佛教的产生、发展乃至消亡，都起着本质的推动作用。

大乘佛教是在公元前 1 世纪前后出现的一种新思想，其主要特点包括强调悲愿、入世利他、信仰主义、梵化的佛性与涅槃观、绝对的佛陀观、超验的形上学等。（Eliot，p.6）学界充分意识到，一方面，这种思想与早期佛教存在巨大的断裂；另一方面，它却与吠陀-奥义书传统表现出强烈的一致性。（Stcherbatsky，p.41，42；Dumoulin，p.27）大多数学者认为这主要是因为奥义书影响了大乘佛教（Williams，p.337）。可以发现，大乘形上学的一些最独特的观念，如"不二""平等""如幻""假有""二谛""非有非无""无分别""唯心"等，都在沙门传统中找个到根源（参见松本史朗，第 133、134、137、140、141 页；霍巴德等主编，第 251 页），然而奥义书的相同观念不仅出现得比佛教早，其源头还可上溯至吠陀、梵书，因而可以肯定，在这一点上大乘佛教与奥义书是继承与被继承的关系。本文将具体证明大乘佛教的产生就是奥义书思想长期渗透的结果。

在大乘佛教产生的年代，婆罗门教的东扩已使佛教"处在印度教的包围之下"，"婆罗门教对佛教的影响开始迅速增长"（Eliot，p.69）。此时主要的奥义书已集成并被尊为天启文献，信奉它的婆罗门遍布各地，故奥义书思想的影响已达到鼎盛（Nakamura，1983，p.139，144；Akira，p.15，16）。而这时的佛教一方面其流布的区域与印度教逐渐重合，另一方面也因逐渐开始使用梵语而得以直接理解婆罗门典籍，使它终于对婆罗门的文献、思想变得很熟悉（Nakamura，1983，p.145，144）。这些都为奥义书思想影响佛教打开了方便之门。另外，大量皈依的婆罗门也把奥义书思想（尤其通过新的禅观）带入佛教。在这一情势下诞生的大乘佛教，势必表现出更强烈的"吠檀多化"趋势。（Williams，p.337）

大乘佛教的产生可能不是一种单一的运动，而是相互松散联系的几种思想趋势整合的结果（Williams，p.175；三枝充惠，第 119 页）。这包括：（1）禅观的新发展；（2）菩萨行的开拓；（3）信仰主义的强化；（4）脱离部派佛教的实体论恢复佛陀本旨的冲动。本文认为，这些新思想无论从个别还是整体上看，都反映出奥义书和印度传统对大乘佛教的影响。

一、禅观的发展与早期大乘诸派

大乘般若和瑜伽思想的产生都离不开禅观的发展，后者尤其在般若思想的产生中起到了决定性的作用，主要因为"它为新的启示和觉悟提供了一个通道"（Williams，p.175）。这一点在大乘经中也可得到证实。如现存最早的《八千颂般若》，说有"六百万三昧门"，谓"得是诸三昧已，了达般若波罗蜜，住阿毗跋致地"（《小品般若经》卷十），明确指出了禅法的三昧是般若的根源。从逻辑上讲，在婆罗门文化的包围下，奥义书的形上学通过禅的渠道，被皈依的婆罗门大量引进佛教，乃是极自然的事；另外，般若思想可能来自不属正统僧团的游方苦行僧（Nakamura，1987，p.151；Williams，p.389），后者相对于部派僧伽的独立性，使他们的禅观更易接受新的启示，包括来自奥义书的启示。《般若经》就暗示了大乘禅观的三昧与奥义书形上学的一致性。它列举了：（1）离幻、散华、如镜像三昧；（2）无碍解脱、性常默然、不坏、光明、得安隐、离垢清净三昧；（3）无差别见、诸法不异、离一切见、离一切相三昧；（4）诸法不可得、离一切着、破诸法无明、离尘垢、离一切闇三昧等等。（《小品般若经》卷十）这类新的禅观对于早期佛学来说是很陌生的，然而却与奥义书对梵和世界的观想具有本质的一致性。比如，离幻三昧等等，就与奥义书观证世界为幻、唯大梵离幻独真一致（Svet Up，IV.9-10）。无碍解脱三昧等，也与奥义书观想大梵的离言诠、解脱、常恒、光明、安隐、清净离染等没有实质区别（Chan Up，VIII.7.1，VI.1.4-6，III.13.7）。无差别见三昧等，与奥义书观大梵的一味、无见、无相、无差别完全一致（Bri Up，III.8.8；Chan Up，VI.1.4-6）。不可得三昧等，与奥义书观大梵离诸名色、不可知、不可得、不可执如出一辙（Bri Up，III.9.26，III.4.2）。由于这类观法在奥义书中的出现远早于佛教，而早期佛教并无这样的传统，因而可以肯定，般若的三昧来自奥义书的大梵观法的影响，乃至般若思想自身就是在奥义书的启示下产生的。

另外，大乘瑜伽行派的产生也可能是由禅观的进展引起的。盖小乘部派中，就有了不事议论、专修瑜伽的瑜伽师（Nakamura，1987，p.171），后者正是因导入唯识性的观法而变成了大乘瑜伽师（高崎直道等，第18页）。有学者认为这种唯识观是从《阿含经》中一些随顺识本论的说法发展而来（印顺，1992 年，第 4-5 页）。然而应当承认，在原始佛教中这类说法的出现是极偶然的，很难想象从这里会独立地发展出作为大乘之一大主流的瑜伽行派。但识本体论乃是奥义书的主流思想（Ait Up，III.1；Bri Up，II.4.12；Kau Up，III.5——《阿含经》的识本论亦源出于此），且奥义书要求行者观名色世界唯是识（ibid.奥义书在阐述识本论时，一般是将它作为观证内容的），与唯识观一致。因此这里更自然的情况当是，皈依佛教的婆罗门把奥义书上述观法带入佛教禅观，形成了唯识观法，同时试图从《阿含经》中寻找根据，最终导致了瑜伽行派的形成。

　　在笔者看来，正是奥义书的形上学沉思渗透到佛教禅观中，才引起了后者的变革；当由此形成的新的觉证被表达出来时，就形成了最早的般若及后来的唯识思想[①]。所以，无论般若还是大乘瑜伽思想的产生，都表现为对奥义书形上学的回归。

二、大乘菩萨道的形成

　　小乘十二分教中的《本生》《譬喻》《因缘》《方广》类圣典，还有后来的佛传文学，都包含了菩萨观念的萌芽。菩萨最早唯指佛陀觉悟前的生活，后来凡发誓救度苦难众生者皆称菩萨。大乘的菩萨道以大慈大悲以及相应的大愿、大行为主要特征（Nakamura，1987，p.153），它的产生自然是以佛教传统的菩萨思想为重要资源。然而，从原始佛传的朴素生平故事，逐渐演变产生佛菩萨出于大悲的系统拯救行为，从早期佛教自利、避世、消极的取向，转变为大乘菩萨利他、入世、积极的精神，没有外来思想的影响是不可能的。有学者指出，作为菩萨行基础的慈悲观，可能受到波斯盛行的密特拉崇拜启发（三枝充惠，第 109 页），而且作为大悲象征的观世音菩萨，也可能有波斯来源（印顺，1994 年，第 483 页）。但笔者认为，由吠陀-奥义书传统与克里希那崇拜融合并吸取波斯文化因素而产生的《薄伽梵歌》，对大乘菩萨思想的影响要更大一些[②]。印度教徒以《薄伽梵歌》摄奥义书之精华，称之为"奥义书的奥义书"（Pandit，p.27），其主要内容的

---

　　① 此外，净土思想可能也与禅的发展有关，多佛观本亦为修定而设。（Nakamura,1987, p.171）
　　② 埃略特也指出大乘的菩萨行实质上与《薄伽梵歌》的主要原则一致。（Eliot, p.72）

成立远在大乘之前。本文试图阐明，大乘菩萨重悲的、利他的、积极入世的、行动的基本精神，与重禅的、消极避世的小乘立场判然有别，而与奥义书-《薄伽梵歌》的立场根本一致，说明前者是受后者影响而来。

首先，《薄伽梵歌》与早期佛教的精神，有自利与济他、寂灭与作用、入世与离世之别（Upadhyaya，p.483），它的基本宗旨是涅槃与世间、出世理想与入世实践之调和（ibid，p.467）。这是因为，一方面，《薄伽梵歌》继承奥义书的否定精神，认为世界如幻如化、为苦、不净、无常，故以离舍为修道之理想（BG，IX.33，VI.2），但另一方面，它又与早期佛教主张断灭、离世、无为不同，而更强调世俗生活的意义，强调慈悲与责任，故标榜有为瑜伽，以业道（入世的实践）为修行之纲要（Upadhyaya，p.480）。瑜伽行者必将舍离与有为结合才能修得圆满，已得圆满者仍要献身于济世之大行（BG，V.25，IV.38，XVIII.45）。而在早期佛教，涅槃和世间是不可能融合的，故它缺乏入世的精神，也不重视悲行[①]，其所谓解脱旨在离世间、绝名色、断生死〔优婆底耶充分阐明了早期佛教与《薄伽梵歌》的这种区别。（Upadhyaya，p.409）〕。发展到部派佛教，僧院生活甚至往往与世俗完全隔绝。故大乘菩萨不住生死、不住涅槃的大行（如最早的《六度集经》所谓的在秽土修行，在秽土成佛度众生），当然不可能从这样的实践直接发展出来（凯思，第209页），其在印度传统中也无其他资源，所以它必是奥义书-《薄伽梵歌》调合涅槃与世间的理想，深刻地渗透到佛教中的结果（Nakamura，1987，p.153）。

其次，大乘菩萨与慈悲相应的平等性智（证自他平等、诸法平等），也肯定是从奥义书-《薄伽梵歌》传统发展而来。第一，早期佛教讲不害，理由完全是"经验的"，仅着眼于众生同有乐生畏死之想，而奥义书-《薄伽梵歌》讲慈悲，理由则是"形上学的"（Upadhyaya，p.417）。奥义书宣称人必爱自我方能爱其妻、其夫乃至众生，因为此我是众生共同具有的。（Bri Up，II.4.5）在此基础上，《薄伽梵歌》标榜同体大悲，谓真我平等（"samatva"）、不二（"nirdvandva"）、遍入一切众生，故瑜伽行者视众生之苦乐属我，歌云："彼入瑜伽者，视一切有我，我亦有一切，故一切平等。"（BG，IV.29）圣者出于自他平等之智，才有济世利生之大行。（BG，XVIII.45）

---

① 早期佛教基本的宗教实践包括八正道、五停心观、四念处等，其中慈悲的实践不具有根本意义。其所谓慈悲喜舍四梵住，只是一种禅观的方法，且本身是从婆罗门教而来的（瑜伽派有相同的内容）。

而大乘以平等性智为慈悲之基础,当渊源于此①。第二,《薄伽梵歌》又从自我平等引申出苦乐平等、诸法平等。其以为慈柔与暴戾、净行与不贞、正直与邪伪,以及凡圣、苦乐、勇怯等一切对立之相,皆从我出,皆以我为共同本质(BG,X.4-5),故圣者等视万有,歌云:"世间众有为一体,万千差别各相同","视苦乐平等,视自他平等,乃真瑜伽士"。(BG,XI.13,IV.30)这与悲心菩萨依空慧观苦乐平等、凡圣平等,在精神上是一致的,故应视作后者的理论先驱②。第三,与此相关,"不二"作为菩萨深智的境界,也是来自奥义书-《薄伽梵歌》传统。奥义书提到心、物不二为认识的最高境界,主客对待是因为有二。(Bri Up,IV.3.30-32)《薄伽梵歌》则把心、物的不二扩展为一切诸法的不二,其以为"有二"或"双昧"("dvandva")统摄一切虚妄分别,就是创造万物的幻力,世界由此显现出一多、同异、妍媸、苦乐、香臭、好恶等差别对立,导致贪欲和斗争(BG,VII.27);圣者得"不二"之智(BG,II.45),等视一切,复归于一味之自我(BG,VII.28)。大乘的"不二"法门在早期佛教中不存在,它必定是来自奥义书的影响(松本史朗,第141页)。另外,大乘讲的不二既是诸法不二,也是涅槃与世间、真与俗、有二与不二的不二,因而它接受这种影响应当是以《薄伽梵歌》的不二论为中介,且对后者有进一步的发展。

再次,菩萨化身的观念也印证了菩萨思想与奥义书-《薄伽梵歌》传统的关联。有学者指出:"佛菩萨降临下界、开导众生的说法,只是毗湿奴化身的翻版。它乃是源于巴克提运动,尤其是克里希那崇拜。"(Mittal,p.20)例如,观世音菩萨有光焰之身,充满全宇宙,每一个毛孔都包括一个他方世界,其中有无量多的众生、菩萨,这与克里希那在阿周那面前呈现幻身,显然出于同样的思维图式(参见凯思,第258页)。《薄伽梵歌》的影响也使大乘佛教通过佛菩萨实行拯救的外力得到强调。(Nakamura,1987,p.153)另外,大乘特有的诸法如幻、心性本净和如来藏的观念,也暗示了与奥义书-《薄伽梵歌》的关联(BG,VII.25,XIII.31,VII.4-6)。

---

① 大乘所谓的平等性智,必以众生皆有的普遍、常在之自我为其形上学的预设,而这恰是为早期佛教所拒斥的,这意味着平等性智只可能袭自奥义书-《薄伽梵歌》传统。

② 像平等、无差别、无分别之类的观念,都预设了一种与早期佛教的多元论相反的绝对一元论立场。这类观念不见于巴利五部经中,而是"在反佛教的印度一元论的影响下发展起来的"(松本史朗,第133、137页;霍巴德等主编,第251页)。奥义书即已开示"无差别"(nirvikalpa)(Bri Up,IV.4.19-20),"平等"(samatva)则为《薄伽梵歌》最早提到。

与此相关的还有以下事实：（1）最早的大乘菩萨众是成立于公元前 2 世纪末印度西北的在家佛教信众团体（印顺，1994 年，第 378 页），它的兴起与《薄伽梵歌》的流行在时间和空间上都是重合的；（2）《薄伽梵歌》极力贬低出家修道，推崇在家持法，主张慈悲济世，反对弃世无为，以及强调真俗不二，都与居士佛教运动的精神根本一致[1]；（3）在家信众团体由于独立于僧团存在，使包括薄伽梵崇拜在内的印度思想渗入佛教更加方便。因而可以肯定是《薄伽梵歌》通过影响在家信众团体，逐渐渗入佛学之中，最终导致了大乘菩萨道的产生。

三、信仰主义的强化与大乘佛教的产生

信仰主义的强化也是促使大乘佛教产生的重要因素。在原始大乘中，重信的《三品经》——礼十方诸佛的忏悔法门，就是由此而来的；这一运动与西亚文化和吠陀-奥义书传统有密切联系。[2]

佛法本来重自证而不重信仰，如《杂阿含经》（卷二十一）载："尼犍若提子语质多罗长者言：汝信沙门瞿昙得无觉无观三昧耶？质多罗长者答言：我不以信故来也……（我已）常住此三昧，有如是智，何用信世尊为。"而属于最古大乘经的《阿閦佛国经》《大阿弥陀经》，主张通过信仰往生净土，《般舟三昧经》主张通过念佛得三昧，"现在诸佛悉在前立"，佛教在这里成了真正的信仰宗教（Radhakrishnan，p.591）。这种巨大的思想转变，必定是外来思想影响的结果。（Eliot，p.12）

首先，信仰佛教的产生与希腊、波斯文化的影响有很大关系。公元前 3 世纪至公元 1 世纪，希腊人、塞种人、贵霜人等的相继入侵，使西北印度成为本土文化与波斯、希腊等外来文化交融的场所（ibid）。当时留存的佛教艺术（包括文学）作品反映出的希腊、波斯文化影响是极深刻而显著的。（参见山口益，第 12 页）因此，佛教的思想受后者影响也是自然的，但这主要应当通过思想比较来验证。就净土信仰而言，它的波斯因素是很明显的。阿弥陀佛或无量光佛信仰即是沾溉波斯宗教而来。《阿吠斯塔》描

---

① 优婆底耶说："《薄伽梵歌》的精神，在于对世俗生活的肯定。"（Upadhyaya，p.464）这一点与作为凡夫修道的人间菩萨的精神是一致的。

② 由于在家信众更易接受外来影响，早期净土信仰就是从他们中起源的。（Nakamura，1987，p.201）

述西方有极乐世界曰"无量光"，后者在《往事书》中成为某一神众之名，大概是佛教把它们变成了一个神，即无量光佛（Eliot，pp.28-29）[1]。大日如来、阿閦佛的形象，也反映了波斯、希腊的太阳神崇拜影响（ibid，p.70；印顺，1994 年，第 482 页）。另外，大乘的菩萨如观音和文殊，都是某些抽象原理（如慈悲、智慧）的化身，与吠陀的自然神有本质不同，而是更像琐罗亚斯德教、犹太教的天使；这意味着他们的形象若非源自外来宗教，也是在后者熏染下被净化了。（Eliot，p.12）

其次，佛教的信仰运动可能更多地是从本土的巴克提教汲取营养。巴克提教是印度民间崇拜与外来文化和吠陀-奥义书思想融合的产物[2]。换个角度说，印度教本身的信仰化乃是奥义书中本来的信仰实践与异端信仰融合的结果。奥义书早就提到了通过虔信（"upāsanā"）、持咒（"Om"）达到禅定的方法（Katha Up，II.15-17；Mund Up，II.2-4）；也相信可以通过虔诚的皈依得到神的慈悲，从而得到觉悟、解脱（Svet Up，VI.21）；另外还相信愿力（kratu）决定往生，若人临终前一心愿入于梵，则死后必入梵界（Chan Up，III.14.1-4）[3]；从中确实可以看出净土佛教重视愿力、信仰、他力的思想的萌芽。印度的巴克提教，尤其是薄伽梵崇拜，就是将奥义书的这些思想整合并吸取其他文化因素发展起来的。（Radhakrishnan，p.525）巴克提（bakti）者，为虔信、崇拜、献身、挚爱等意。虔信生于对神的殊胜存在的领悟。《薄伽梵歌》认为薄伽梵、至上我是万物之源，是无生无灭、恒常清净、究竟圆满的；诸修行道中以虔信自我者为最高（BG，VI.46-47），依吠陀、苦行、布施、祭祀皆不能见薄伽梵实相，唯有依专注的虔信以及世尊的大悲，才能如实见之（BG，XI.53-54）；亲证梵我者，若在临死前发大誓愿，命殒之后就能入清净的梵界，最终与神我融为一体。（BG，VIII.10）将这种思想与佛教比较，可以确定以下几点：第一，它与净土信仰在理论上有明显的家族相似性。净土佛教对佛、净土的描述与《薄伽梵歌》对至上神、梵界的描述是一样的；阿弥陀佛信仰以为依据阿弥陀佛的

---

① 史实亦可与此互证。阿弥陀佛土在西方，就暗示了与西方的渊源。《三宝感应要略录》记安息国人（波斯人后裔）信仰阿弥陀佛净土，故"从是以来，安息国人少识佛法，往生净土者盖多矣"（《大正新修大藏经》，51.831）。

② 有学者指出，湿婆、毗湿奴、薄伽梵-克里希那崇拜都包括显著的外来文化影响的痕迹。（Eliot，p.12）克里希那崇拜就发端于受拜火教影响的马图拉地区。

③ 愿力决定往生的观念，在婆罗门传统中由来已久。《百道梵书》亦云："人当敬此大梵为真如。信然人生于愿力，彼命终时所愿为何，将依此意力投生彼世界。"（The Satapatha Brahmana, X.6.3.1）

誓愿，任何人只要具足信愿行，临终时一定会得到他的接引，往生至他的清净佛国，这与巴克提教的拯救图式也是一样的。由于《薄伽梵歌》的形成远在大乘佛教之前，故设想后者沿袭了前者的思想是很自然的（Radhakrishnan，p.596）[1]。第二，大乘的佛菩萨系统也与《薄伽梵歌》的神话有显著的亲缘性。佛菩萨降临下界、开导众生的说法，"只是毗湿奴化身的翻版"（Mittal，p.20）。观音的形象与毗湿奴-克里希那崇拜有关，文殊与普贤的形象脱胎于梵天与帝释[2]。七位如来对应于吠陀的七仙，佛的三身分别与《薄伽梵歌》的无德梵、有德梵、化身梵对应。（Radhakrishnan，p.599）《观音德藏经》说本际佛依禅定生观自在，后者与众神创造宇宙，这与毗湿奴神通过苦行创造生主或梵天，后者再创造世界，遵循同一思维模式。与毗湿奴一样，如来不仅是神，而且是创造菩萨、众生的"神中之神"（"devātideva"，《妙法莲华经》，VII.31）[3]。所以大乘佛教的有神论应当主要来自巴克提思想。（Radhakrishnan，p.591）另外，作为净土思想起源之一的佛塔崇拜，以在家信众为主体，其产生也与巴克提运动造成的浓厚信仰主义气氛有关。

四、大乘佛教对佛陀本旨的复归

部派佛教由于受时代思潮的影响，陷入实体论的执着，大乘佛教则旨在解构实体论，复归于原始佛教的诸法无自性思想。许多大乘经表明它们不是来自在家信众，而是"见证了出家的苦行僧人回到佛教本原启示、追求佛性或觉智的冲动"；许多最早的大乘僧团与其说是革命的，毋宁说是"原教旨主义的"（Williams，p.164ff，48）。本文将表明这一运动离不开奥义书的否定思维的感召，对原始佛教的复归在很大程度上表现为对奥义书形上学的复归。

从佛典的记载来看，部派时期影响最大的外道为胜论、数论和耆那教。

---

① 与净土不同的是，《薄伽梵歌》所宣扬的是一种积极的有为哲学，对神的虔信并不是单独念想，而要投入到积极的道德实践中，将一切事业看作是对神的献身。（参见吴学国，第 870 页）

② 小乘佛教使梵天与帝释成为佛在天上的两大弟子，在大乘中，他们与佛在人间二大弟子舍利弗与目犍连的形象融合，成为毗卢遮那佛的两大弟子——文殊与普贤。（参见印顺，1994 年，第 466-467 页）

③ 《妙法莲华经》（罗什译）："我为众生之父，应拔其苦难，与无量无边佛智慧乐。"（卷二）

与奥义书和原始佛教思想相比，这些思想的一个共同特点是，均为经验论的、多元的实体哲学。（Radhakrishnan，p.695）胜论哲学可以说是这种思想的典型，它主张实、德、业、同、异、合六句义说，其中实体共有九种（地、水、火、风、空、时、方、我、意）。实体超越时、空，不为任何因、果消灭，是组成世界的基础。（The Padārthadharmasamgraha，I.1-II.9）这种实体哲学的盛行很可能是受希腊思想影响。实体论对于当时的部派佛学产生了决定性的影响。比如部派中最有影响的说一切有部，讲法体实有，把法理解为自性永远不变的、超验的实体（"dravyasat"，Nakamura，1987，pp.123-124），这与原始佛教诸法缘生而无实体的观念有实质的冲突（参见梶山雄一，第 124-125 页；松本史朗，第 21、22 页），而与胜论一致。有部对法的机械分类和枚举（如《俱舍》的 5 位 75 法），对于属性的生硬罗列（如色有 8 德），都属于胜论独特的思维理路。所以，有部受胜论思想影响是无疑的。另外，耆那教的哲学也对部派佛学有很大影响。（Nakamura，1987，pp.124-125）数论的自性转变论，促成了经量部的心识转变说。希腊思想也可能直接促成了阿毗达磨的体系化和佛教实在论倾向的形成（参见山口益，第 10 页）。盖部派佛教时期的异族征服者大都对佛教很有兴趣（Dutt，p.3）。汉译的《那先比丘经》记录了那先比丘与希腊人的大夏国弥兰陀王的对话，据说后者最后出家当了和尚并修成罗汉。由此至少可以肯定，当时西北印的希腊人、波斯人、塞种人等，有许多皈依了佛教。这些皈依的异族人肯定会把他们原有的（比如重逻辑体系的、实体论的）思想元素带进佛教。这一点可从佛教与异族文化接触前后的思想变化得到充分的验证。比如佛教正是在与希腊文化接触以后，强化了对法的组织和原子式思维。（参见山口益，第 10 页）但实体论的影响却使佛教与原有的"缘起"立场大大偏离了。

在这种情况下，大乘的旨趣乃是要重新洗脱来自外来影响的实在论，回到佛教本来的无自性论（参见梶山雄一，第 125 页；山口益，第 12 页）。不过，这一回归不是要回到佛教本来的经验的、自然主义的立场，而是回到用空性阐明缘起（参见梶山雄一，第 125 页），其宗旨在于通过否定经验事物的实在性，诠显绝对的存在（Nagao，p.209）。大乘佛教所谓真如、空性、法性、实相、实有、实谛、实际、胜义、法界、法身、不二、绝对、涅槃、寂灭、佛性等，都暗示着某种作为万有本质的、形上学的绝对。（Conze，pp.225-226；Nakamura，1987，pp.168-169）但通过否定经验的现实性来诠显绝对，对于早期佛教是陌生的，而完全属于奥义书的思路。大多数学者认为大乘的真如、空性、涅槃与奥义书的大梵概念有本质的一致性：如拉达克利须南、杜特认为大乘的实性真如乃是"宇宙的永恒基础，相当于奥义书的大梵"（Radhakrishnan，p.593；Dutt，p.171）；日本著名佛学家长尾雅人说大乘企图证悟的"是在奥义书哲学中已被证悟"的绝对（Nagao，p.209）；松本史朗指出在《般若经》中就已经存在着像奥义书的大梵那样作为存在的绝对基础的观念（松本史朗，第139页）。因此大乘佛教朝原始佛教的复归，很大程度上是复归于奥义书的形上学传统，而且这一运动就是在奥义书思想的影响下发生的。这样说的根据是大乘佛教的一些最关键的表述，如无分别、不生、不二、平等、如幻、唯心、心性本净等，都不属于早期佛教传统，而是汲取奥义书的形上学而来的（参见松本史朗，第133、134、137、140、141页；霍巴德等主编，第251页；凯思，第243页）。总之，佛教的复归本旨运动，是奥义书思想进一步渗透的结果，由此产生的大乘佛教实质上是佛教的进一步吠檀多化。

综上所述，大乘佛教的发生主要是奥义书思想对于佛教进一步渗透、影响的结果。这种渗透使大乘佛教确立了一个形上学的绝对，后者在般若思想中一般只得到否定的表述，但大乘佛教在随后的发展中逐渐由"空"向"有"的立场倾斜（参见松本史朗，第122页），最后在如来藏佛教中，这绝对被明确等同于至上我，于是佛教完全被吠檀多思想同化，这一点也决定了后来中国佛教的根本走向。[①]

参考文献

[1]《大正新修大藏经》，日本一切经刊行会出版。

[2]高崎直道等：《唯识思想》，台北：台湾华宇出版社，1985年。

[3]古籍：《杂阿含经》《中阿含经》《小品般若经》《妙法莲华经》《阿毗达磨俱舍论》等。

[4]霍巴德等主编：《修剪菩提树》，上海：上海古籍出版社，2004年。

[5]梶山雄一：《中观思想》，台北：台湾华宇出版社，1985年。

---

① 埃略特说："菩提达摩在中国传播的学说，实际上就是吠檀多不二论。"（Eliot，p.74）科特羯也指出东亚佛教其实是在佛教名义下传入的吠檀多思想。（Ketkar，p.57）

[6]凯思:《印度和锡兰佛教哲学》,上海:上海古籍出版社,2004 年。

[7]三枝充惠:《印度佛教思想史》,台北:台湾大展出版社有限公司,1998 年。

[8]山口益:《般若思想史》,上海:上海古籍出版社,2006 年。

[9]松本史朗:《缘起与空》,北京:中国人民大学出版社,2006 年。

[10]吴学国:《存在·自我·神性:印度哲学与宗教思想研究》,北京:中国社会科学出版社,2006 年。

[11]印顺:《唯识学探源》,台北:台湾正闻出版社,1992 年。

[12]印顺:《初期大乘佛教之起源与开展》,台北:台湾正闻出版社,1994 年。

[13]Akira, Hirakawa, A History of Indian Buddhism, University of Hawaii Press, 1990.

[14]Conze, Edward, Buddist Thought in India, George Allen & UnwinLtd, 1962.

[15]Dumoulin, Heinrich, Zen Buddhism, Macmillan Publishing Company, 1994.

[16]Dutt, Nalinaksha, Mahāyāna Buddhism, Bharatiya Kala Prakashan, 2003.

[17]Eliot, Charles, Hinduism and Buddhism, Vol.2, Sri Satguru Publications, 1988.

[18]Ketkar, S.V., Hinduism, Caxton Publications, 1988.

[19]Kimura, Ryukan, A Historical Study of the Terms Hinayāna and Mahāyāna and the Origin of Mahāyāna Buddhism, University of Calcutta, 1927.

[20]Mittal, Mahendra P.(ed.), Buddha and Early Buddhism,Vol.1, Originals, 2002.

[21]Nagao, Gadjin, Mādhyamika and Yogācāra, State University of New York Press, 1991.

[22]Nakamura, Hajime, A History of Early Vedānta Philosophy, Motilal Banarsidass, 1983. Indian Buddhism, Motilal Banarsidass, 1987.

[23]Oldenberg, Hermann, Buddha, Motilal Banarsidass, 2006.

[24]Pandit, Bansi, Explore Hinduism, Heart of Albion Press, 2005.

[25] Radhakrishnan, Sarvepalli, Indian Philophy, Vol.1, the Macmilian Company, 1924.

[26] Stcherbatsky, Th., The Conception of Buddhist Nirvāna, Motilal Banarsidass, 1978.

[27] The Bhagavad Gita, State University of New York Press, 1984.

[28] The Padārthadharmasamgraha, E.J.Lazarus & Co. , 1916.

[29] The Satapatha Brahmana, Motilal Banarsidassi, 1963.

[30] The Thirteen Principal Upanisads, Oxford University Press, 1995.

[31] Upadhyaya, K.N., Early Buddhism and the Bhagavadgītā, Motilal Banarsidass Press, 1983.

[32] Williams, Paul(ed.), Buddhism, Vol.3, Routledge, 2005.

（原载：《哲学研究》，2010 年第 3 期，第 115-122 页）

索洛维约夫普世主义的上帝观

——以《神人类讲座》为中心

李 勇

　　100 年前，俄罗斯宗教哲学之父索洛维约夫与德国哲学家尼采相继辞世，这不仅仅是历史的巧合。19 世纪的人类在希望与痛苦之中经历着从传统到现代的转向，支配人类几千年的价值观念面临着强烈的挑战，虚无主义开始在思想界蔓延，精神与价值信念的重审是摆在知识分子面前最为迫切的任务。索洛维约夫与尼采可以说是这场价值重审运动中两个典型代表。"重新估价一切价值"是尼采全部哲学的出发点，他全面清理了以基督教为代表的西方传统，进而宣称"上帝已死"；与尼采激进的批判立场不同，索洛维约夫在批判传统的同时，更着眼于对传统的创造性转换以期建构新的价值世界。在尼采宣称"上帝死了"的同时，索洛维约夫却找到了普世主义的上帝。

　　20 世纪基督教发展的一个重要标志是"普世运动"的兴起，这场运动最初由新教神学家和教会发起，陆续得到天主教与东正教的支持，但俄罗斯东正教传统在这场运动中的作用往往为学界忽视，特别是被誉为"当代普世合一运动的先行者"[①]的索洛维约夫的普世神学思想尚未引起学界太多的关注。"普世运动"要回答现代社会对基督教提出的三大挑战：各基督教教派之间的分裂，特别是基督教与犹太教、新教与东正教、天主教之间的分裂；近代启蒙主义世界观的人性对神性的挑战；在现代化世界中，其他世界性宗教对基督教信仰的挑战。[②]索洛维约夫立足于俄罗斯东正教传

---

① 叶夫多基莫夫著，杨德友译：《俄罗斯思想中的基督》，上海：学林出版社，1999 年，第 105 页。

② 刘小枫：《走向十字架上的真》，上海：上海三联书店，1995 年，第 327 页。

统，积极回应现代社会对基督教提出的这些挑战，改革东正教传统神学的弊端，建构了包括上帝学、基督学、教会学在内的普世主义神学体系。

宗教的核心是对上帝的信仰，因此上帝观是宗教哲学的根本问题[①]，上帝观集中体现了索洛维约夫的普世神学思想，也是他整个宗教哲学探讨的核心问题，在索洛维约夫看来，"一般地和抽象地说，宗教是人和世界同绝对原则和一切存在着的事物的中心之间的一种联系"[②]。绝对原则、一切事物的中心便是索洛维约夫所理解的上帝，他也称之为"万物统一"。索洛维约夫从理性与信仰统一的原则出发，系统论述了上帝的多方面规定，即：肯定与否定、个性与理念、万物统一与三位一体、神性与人性等，充分表达了索洛维约夫力图统一基督教各教派、基督教与其他宗教、基督教与世俗文化的普世神学思想。

一、理性与信仰

理性与信仰的统一是索洛维约夫宗教哲学的根本原则，即上帝的存在需要信仰，而上帝的内容需要理性。

首先，索洛维约夫强调上帝的存在乃至一切事物的存在都不能从人的理性中得到证明："尽管人类最优秀的智者们都从事所谓的上帝存在的证明，但都是不成功的；因为所有的这些证明都必须依靠一定的前提，所以都有假说的性质，这就不能提供绝对的可靠性。"[③] "毫无疑问，绝对原则在自身中存在并且不依赖于我们，它的实在性，即上帝的实在性（以及一般的，除了我们自己之外的任何事物的实在性）不可能从纯粹的理性中导出，也不可能纯逻辑地证明。"[④] 索洛维约夫认为是否有不依赖于我们而存在的东西，我们在理性的范围内无法得知，因为我们所知道的一切，都是我们所体验到的，都是在我们之中，而不是在我们之外，外在于我们经验而存在的一切是在我们的实际知识之外的东西，因此不仅上帝的存在甚至一切外在于我们的存在都无法靠我们的理性得到证明，只有通过在我们的

---

① 何光沪：《多元化的上帝观》，贵阳：贵州人民出版社，1999 年，第 7 页。

② 索洛维约夫著，张百春译：《神人类讲座》，北京：华夏出版社，2000 年，第 1 页。

③ 索洛维约夫著，张百春译：《神人类讲座》，第 32 页。

④ 索洛维约夫著，张百春译：《神人类讲座》，第 30 页。

现实之外的具有俘获力的精神行为才能被确定，而精神的这个行为索洛维约夫称为信仰。^①"如果我们绝对地和直接地坚信外界的事物（其他人或动物等）的存在，那么这个信念不具有逻辑性（因为不可能被逻辑地证明），因而只能是一种信仰。"^②信仰是人对人自身以外的一切的确定，包括上帝和整个世界。

其次，索洛维约夫在否定理性对上帝存在的证明的同时，并不拒斥理性对上帝的思考："上帝存在，这我们相信，上帝是什么，这我们要去体验和认识。"^③理性与信仰的统一使索洛维约夫能够调和东正教与天主教的冲突。历史上，俄罗斯东正教与西方天主教在理性与信仰上存在着重大分歧，东正教强调信仰，天主教受希腊哲学的影响而特别强调理性，特别是当资本主义兴起之后，基督教新教的理性主义色彩更为浓厚，索洛维约夫从东正教的立场出发，对西方世界的理性主义局限进行了深刻的批判，认为"经验的、感性的认识以及理性的、抽象的和逻辑的认识，只有与第三原则，即宗教原则与直觉认识、即对对象的直观和神秘把握结合时，才具有真实的意义"^④。但与舍斯托夫激进的立场不同，索洛维约夫力图建构一种将东正教的信仰原则与天主教的理性原则结合起来的"完整知识"，"这样的知识把西方逻辑的完美与东方默想的内容结合起来，以求科学、哲学和宗教的普遍结合"^⑤。哲学与神学的结合便是理性与信仰的统一，因为仅有信仰的经验材料尚不能形成关于上帝的完整知识，"这种完整知识只有通过把宗教经验建立为一个完整的、有逻辑联系的体系，才能获得。因此，除了宗教信仰和宗教经验以外，还要宗教思考，其结果就是宗教哲学"^⑥。

从理性与信仰的统一来建立关于上帝的完整知识是索洛维约夫宗教哲学的重要特色，也是他普世神学的重要方面，这不仅表现在基督教内部调和天主教与东正教的对立，而且更为重要的是对理性原则的承认，为索洛维约夫进一步在现代理性社会中拓宽普世神学的视野奠定了坚实的方法论基础，如索洛维约夫试图将现代科学融入关于上帝的知识当中，如果仅仅

---

① 索洛维约夫著，张百春译：《神人类讲座》，第31页。
② 索洛维约夫著，张百春译：《神人类讲座》，第31页。
③ 索洛维约夫著，张百春译：《神人类讲座》，第32、33页
④ 叶夫多基莫夫著，杨德友译：《俄罗斯思想中的基督》，第102页。
⑤ 叶夫多基莫夫著，杨德友译：《俄罗斯思想中的基督》，第102页。
⑥ 索洛维约夫著，张百春译：《神人类讲座》，第33页。

囿于信仰而无视理性，便难以在现代社会中推进宗教的发展。

二、否定与肯定

　　索洛维约夫认为作为绝对原则的上帝具有肯定与否定两个方面的规定。"绝对原则确实是无，因为它不是某种东西，不是某种确定的，有机的存在或者是与其他存在物并列的存在物因为超越任何确定的东西，因为它不是依赖于任何东西。"①强调上帝作为绝对原则与一般存在物不同，超越了一切具体的规定，从这个意义上绝对原则是无，但是这并不意味着绝对的空无："摆脱一切存在（肯定的无）不意味着丧失一切存在（否定的无）。事物真正的、积极自由的前提是权力、力量，或者是能力，目的是控制它所摆脱了的东西。"②因而绝对原则也具有肯定的规定："摆脱了一切存在的神的原则，同时，因此还是一切存在的肯定力量，或者是能力，它拥有一切，一切是它自己的内容，在这个意义上，神的原则是一切。"③"作为绝对的上帝不可能仅仅是某个东西，不可能局限在某个个别的确定的内容之中，那么对上帝是什么这一问题的唯一可能的答案，是我们已经知道的，这就是，上帝是一切。"④上帝之所以是无，是因为绝对原则不可能满足于任何相对的、限制的内容，否定是为了达到更高的肯定，因此上帝是肯定的无，而不是否定的无。肯定的无就是一切，一切就是上帝的本质。若不如此，就有某种东西在上帝之外存在，那么上帝就受某种对他而言的外在东西所局限，上帝就不是绝对的了。因此索洛维约夫认为肯定与否定是绝对原则的两个不可分割的方面："'绝对的'一词意味着：第一，否定的，即摆脱了任何具体规定；第二，完结的、完成的、被实现了的，即已经拥有了一切、在自身中包含了一切；而且显然，这两个意思相互间是密切联系的，因为只有在拥有了一切的前提下，才能放弃一切。"⑤

　　肯定与否定相统一的上帝观体现了索洛维约夫力图统一佛教与基督教

①　索洛维约夫著，张百春译：《神人类讲座》，第 45 页。
②　索洛维约夫著，张百春译：《神人类讲座》，第 45 页。
③　索洛维约夫著，张百春译：《神人类讲座》，第 45 页。
④　索洛维约夫著，张百春译：《神人类讲座》，第 79 页。
⑤　索洛维约夫著，张百春译：《神人类讲座》，第 45、46 页。

的普世神学思想。随着现代社会的发展，人类交往的不断扩大，不同宗教信仰之间必然发生冲突与碰撞，如何处理与其他宗教的关系是普世宗教必须回答的问题，如今宗教宽容与对话已成为普遍的共识，19 世纪末的索洛维约夫便从东正教的传统开其先声。

　　具体而言，索洛维约夫从上帝对人的启示上来论述佛教与基督教的一致，佛教的真正教义是"缘起性空"，反对至高无上的上帝的存在，一定意义上可以说，佛教与基督教是东西方两种宗教的典型代表，在教义上存在着明显的分歧。但索洛维约夫认为佛教主张"缘起性空"是上帝对人的否定的启示："否定宗教的普世——历史表现是佛教，它把绝对原则理解为无。"[①]基督教的"绝对原则"无疑是肯定的启示，从否定与肯定的角度来理解佛教与基督教的区别可谓抓住问题的实质，但索洛维约夫的独特之处不是看到二者的区别，而是看到二者作为宗教的统一之处，即肯定与否定是上帝的两个不可分开的规定，佛教强调的是否定的方面，基督教强调的是肯定的方面。索洛维约夫从东正教的立场出发，认为上帝对人的启示是一个不断发展的过程，必然经过从否定的启示到肯定的启示，基督教作为神的启示的最高形式，并不排斥较低层次的启示，因此佛教作为较低级的宗教必然包含于基督教的完整启示之中。当然索洛维约夫对佛教尚缺乏全面、深刻的理解，仍然囿于基督教的立场来理解宗教，但其从否定与肯定统一的角度调和佛教与基督教的思想至今仍然引人深思。

三、个性与理念

　　索洛维约夫认为如同在所有的存在物里我们都应该把作为主体的它自己同构成它的内容区分开来一样，上帝本身应该与上帝的内容区别开来，上帝应该拥有自己的个性规定，正如《圣经》里上帝对摩西的回答，"我将是我将是的东西"，即我是我，我是绝对的个性主体。[②]在索洛维约夫看来，"神的现实有两个必要的因素：个性的或主观的因素，和理想的或客观的因素"[③]，这两个因素又称为个性与理念、主体与实体："神的原则是绝对的，

---

① 索洛维约夫著，张百春译：《神人类讲座》，第 45 页。
② 索洛维约夫著，张百春译：《神人类讲座》，第 67 页。
③ 索洛维约夫著，张百春译：《神人类讲座》，第 69 页。

是主体，它同时也是实体；作为个性，或拥有个性存在，它同时也是绝对的内容，或填充这个个性存在的理念。"[1]主体即上帝本身，实体即上帝的存在，是有意志的个性主体，是对一切的统一，理念的载体；而实体作为上帝的内容，是被统一的一切，纯粹的客体和理念，是对上帝的表达。

索洛维约夫认为完善的上帝必须具备个性与理念这两方面的内容，二者缺一不可。这里索洛维约夫特别强调犹太教与希腊思想的统一，其实质也就是基督教与犹太教的统一，因为希腊思想与基督教有着不可分割的联系。索洛维约夫认为在宗教的发展过程中，上帝的这两个方面被片面地强调，"如果说神的两个元素中的一个（上帝的绝对个性），主要地是向犹太民族的天才启示了，而另一个元素（上帝的绝对理念）特别地被希腊天才所接受"[2]。上帝在希腊唯心主义里被确定为理想的一切、纯粹的理念，在犹太教里被确定为纯粹的我、绝对的个性。希腊思想是对理念的片面发展，没有表达上帝自己自身的现实，因为上帝的内容不是上帝自身，索洛维约夫认为这样的上帝是纯粹的客体，这样的宗教是没有道德的宗教。因为理念只是向人的感觉与想象启示，相对于人的意志没有启示，而道德是意志的本质。犹太教是上帝的第一次个别的、个性的启示，但犹太教却又过分强调了个性，把上帝表现为纯粹的我，没有任何内容，这样的上帝是力量和恐怖的上帝，要求人对上帝绝对地服从，这样的宗教索洛维约夫称为"法律的宗教"[3]。当然索洛维约夫也意识到这种划分是相对的，特别是犹太教里也存在关于上帝拥有绝对内容的观念，因而进一步认为犹太教的实质性原则——上帝在其绝对的统一中作为绝对的我的启示，在以色列的先知启示里已经摆脱了自己的片面性，在先知意识里，《旧约》的耶和华（存在者）的主观的纯个性因素，第一次与普遍的神的实质的主观理念相结合。[4]

索洛维约夫认为个性与理念的综合（这个综合对完满的神的认识来说是必须的）最可能在犹太民族与希腊民族相遇的亚历山大城里发生，那里有许多爱好希腊文化的犹太人，其中最著名的是菲洛，他发展了逻各斯的学说，而逻各斯被看作是神的普遍本质的表现。菲洛之后又出现新柏拉图

① 索洛维约夫著，张百春译：《神人类讲座》，第 69 页。
② 索洛维约夫著，张百春译：《神人类讲座》，第 76 页。
③ 索洛维约夫著，张百春译：《神人类讲座》，第 70 页。
④ 索洛维约夫著，张百春译：《神人类讲座》，第 75、76 页。

主义者关于上帝的三个位格的学说，这一学说体现了上帝与本质的关系。索洛维约夫认为菲洛的学说与新柏拉图主义的学说体现了基督三位一体的教义和希腊—犹太人的思辨之间的内在联系①，而索洛维约夫自己的三位一体学说便是这一思路的继续。

四、万物统一与三位一体

上帝是主体与实体的统一，个性与理念是上帝的两个不可分割的因素，那么上帝与上帝的内容之间必然发生各种关系，即"作为存在者的上帝与自己的内容或本质处在某种关系之中：上帝表现或肯定自己的本质。为了肯定这个本质是自己的，上帝应该实体地拥有这个本质，即上帝应该在自己的永恒的内在行为里成为一切，或成为一切的统一"②。在索洛维约夫看来，上帝要肯定、表现、拥有、成为自己（一切）是一个过程，要经过三个阶段——在自身中的存在、为自己的存在、属于自己的存在，三个阶段也反映了上帝存在的三种方式、状态，上帝存在的三种方式必然要求上帝具有三个主体或三个位格——圣父、道、圣灵，上帝的三个主体确立了上帝的三个行为——意志、表象、感觉，也确立了上帝的三个世界——纯精神、理性、心灵，而作为上帝内容的理念也具有三个形式——善、真、美，所有这些内容都通过主体与实体的三种关系来展开，这种关系索洛维约夫又称为"统一与一切""上帝与本质"的三个规定或三重关系。

首先，索洛维约夫认为上帝（绝对存在者、个性、统一）与上帝的内容（一切、理念、本质）表现为三种关系，也称为上帝存在的三种状态、方式、规定：第一，在自身中的存在，一切被包含在上帝里，即被包含在神的主体里或存在者之中，一切都消融或隐藏在上帝里，因此，在这里，一切还没有被现实地区分出来，而只是潜在地存在于可能性之中。第二，为自己的存在，为了使这个本质成为实在的，上帝应该不仅作为他者来肯定它，而且还要表现和实现它，把它当作某种与自己区别的东西，把它与自己对立，或通过自己的自我规定的行为把它从自身中分离出来。第三，

---

① 索洛维约夫著，张百春译：《神人类讲座》，第77、78页。
② 索洛维约夫著，张百春译：《神人类讲座》，第80页。

属于自己的存在，绝对存在者在自己的内容里，保存或肯定自己，绝对存在者在他者中找到了自己，或者是永远地向自己复归的存在者，是属于自己的存在者。

既然上帝与自身的内容有三重关系，上帝有三种存在状态，那么就必然要求上帝具有三个主体：第一主体是绝对的原始，也称为圣父、绝对的精神；第二个主体是道，也称为理性，是由第一个主体直接产生的，是它的直接形象，用自己的现实表达第一个主体的实质内容，是它的永恒的表达，或它的道；第三个主体，是从第一个而来，这第一个主体已经在第二个主体里拥有了自己的表现，第三个主体确定第一个主体，如同是已经被表达的，或者在它的表现里确定它，是上帝的确立者。索洛维约夫认为上帝的三个主体是互相关联、不可分割的，承认了上帝的三个主体，并不导致三个上帝的问题，也不会与一神论冲突，"在存在者真理中，尽管三个主体中的每一个都拥有神的内容，或神的完满，因此都是上帝，但是因为它拥有使之成为上帝的这个完满，不是在自身独立的前提下，而只是在与其他两个主体绝对的、不可分割的、内在的和实质的统一之中。那么，由此所肯定的不是三个上帝，而只是在三个不可分割的和同质的主体（位格）里实现自己的统一的上帝"①。

与上帝的三个位格、主体相应，上帝有三个存在方式或行为。第一个存在方式是意志。本质还没有从存在者里分离出来的时候，存在者与本质的区别只是潜在的或在渴望之中，这个存在的方式向我们显现为意志。第二个存在方式是表象。为了使存在者能够愿望这个他者，他者虽然应该以一定的方式给定存在者或在存在者那里被给定，应该作为他者为存在者而存在，也就是说被存在者所表达，或者向存在者显现，因此存在者的存在不仅被确定为意志，而且还被确定为表象。第三个存在方式是感觉。被表象的本质作为他者获得了作用于表象者的可能性，因为表象者同时还是个有意志者，通过表象从存在者里被分离出来的意志对象重新与存在者结合，存在者在本质里找到了自己，并在自己里找到了本质，存在者与本质相互作用着，他们成了相互感觉着的。

如果存在者的三个基本的存在方式因此而被确定为意志、表象和感觉，那么与此相适应，我们应该获得关于他者（上帝的本质）的某些规定，

---

① 索洛维约夫著，张百春译：《神人类讲座》，第90页。

上帝作为存在者就是在这三种存在状态里与这个他者发生关系的，"在第一个关系里，即作为存在者的意志的内容或它所愿望的东西理念被称为善；在第二种关系里，作为存在者表象的内容理念被称为真；在第三种关系里，作为存在者感觉的内容理念被称为美"①。正如上帝的三个主体是同一上帝的不同位格，三个主体在自身的内在统一中实现着万物统一的上帝，理念的三个形式也是不可分割的，共同体现着上帝的本质，因为被绝对存在者所愿望的，所表象的和所感觉的，只能是同一个一切，只有在自己的内在统一和完整之中，一切才能成为绝对存在者的对象，因此，善、真和美是统一的不同形象或样式。

叶夫多基莫夫认为三位一体学说是索洛维约夫将哲学、科学、宗教综合起来的顶峰。②在这一学说中，索洛维约夫力图将所有人类的知识围绕上帝统一起来，使上帝成为真正的"一切事物的中心"。在这里，不仅个性与理念、理性与信仰、宗教与哲学达到统一，而且宗教与科学、上帝与世界、神性与人性也达到了统一，因此三位一体的学说集中体现了索洛维约夫普世神学的上帝观，是对来自各方面挑战的总体回应。在索洛维约夫看来，"真正的基督教真理应该以人类意识的全部内容为基础，它不仅包括传统基督教的各种形式，而且还应该包括表面上看来与宗教对立的科学。基督教应该从传统的各种束缚中解放出来，应该用当代科学知识、人类发展历史上的各种伟大的文化遗产来论证基督教真理，这样才能克服理性与信仰之间的冲突，克服信仰与生活之间的隔离状态"③。这样才能使上帝真正无所不在，进而在最普遍的意义上确立对上帝的信仰。

五、神性与人性

在索洛维约夫看来，真正的上帝还应该是神性与人性的统一。他总结了人类文明的历史，认为传统与现代在此问题上都存在着不同程度的弊端："传统形式的宗教的出发点是对上帝的信仰，但没有把这个信仰贯彻到底。当代的非宗教文明的出发点是对人的信仰，但这个文明也是不彻底的，它

---

① 索洛维约夫著，张百春译：《神人类讲座》，第103页。
② 叶夫多基莫夫著，杨德友译：《俄罗斯思想中的基督》，第102页。
③ 索洛维约夫著，张百春译：《神人类讲座》，第9页。

没有把自己的信仰贯彻到底。"①传统的宗教即天主教过分地强调神性，这样的上帝是纯外在于人的，没能根植于人的个性之中，人对上帝只能是不自愿的被动的服从，上帝对人也只是镇压与暴力。索洛维约夫认为对神性的过分强调其结果反而是对神性的背离，因为人性自身也具有神性，绝对的神的原则与人的个性之间有着自由的、内在的联系。

索洛维约夫认为现代文明过于强调人性而忽略神性，同样导致对人性的背离，"现在，不仅在社会上，而且在每个人的头脑和心灵里起决定性作用的是理性和道德上的分裂和无原则"②。理性与道德取代宗教占据了人的心灵，神性与人性的张力是现代社会的一个基本特征，"当代西方文明否定了宗教原则，认为宗教原则在其给定的形式里是主观化的和软弱无力的东西"③。但索洛维约夫并不是简单地迎合世俗化，而是以充满人性的上帝来回应这一挑战，他坚信"人类不可能在这个状态上停滞不前，人类无论如何都要寻找统一的和联结的原则"④。人仍然渴望着上帝，人对自己的信仰，同时就是对上帝的信仰，因为神性同属于人和神。区别只在于，神性在上帝里是永恒的现实，在人那里只是可能性，只是渴望，但人能达到它、获得它。"渴望在绝对的宗教领域之外建立人类，渴望在暂时的、有限的需求领域肯定自己和建设自己，这个渴望就是整个当代文明的特征。"⑤只有"彻底地被贯彻了的，彻底地被实现了的这两个信仰，即对上帝的信仰和对人的信仰，将在统一而完满的和完整的神人类真理中获得一致"⑥。

索洛维约夫的这一思想不仅是对传统与现代的调和，而且也是对东西方文化的统一所作的努力。索洛维约夫所理解的东方文化是俄罗斯东正教传统，西方文化是欧洲现代文明，特别是基督教新教所奠定的人本主义精神，认为"在基督教历史上，神的稳固的基础在人类的代表是东方教会，人类原则的代表是西方世界"⑦。索洛维约夫认为这种神性与人性的真正结合一直没有完成，东方教会与西方世界独自发展，只有当人类的原则完

---

① 索洛维约夫著，张百春译：《神人类讲座》，第 2 页。
② 索洛维约夫著，张百春译：《神人类讲座》，第 2 页。
③ 索洛维约夫著，张百春译：《神人类讲座》，第 2 页。
④ 索洛维约夫著，张百春译：《神人类讲座》，第 4 页。
⑤ 索洛维约夫著，张百春译：《神人类讲座》，第 24 页。
⑥ 索洛维约夫著，张百春译：《神人类讲座》，第 177 页。
⑦ 索洛维约夫著，张百春译：《神人类讲座》，第 177 页。

全独立出来，然后认识到自己在这个独立中的无能之后，它才能自由地与被保留在东方教会里的基督教的神的基础结合，才能实现神性与人性的统一，索洛维约夫认为这时将会产生"精神的人类"①。

六、结 论

索洛维约夫普世主义的上帝观是俄罗斯东正教传统对现代文明的回应，他作为神学家具有强烈的现代意识："我要谈的是关于肯定宗教的真理，这些东西与现代意识，与现代文明的需求相去甚远、格格不入。"②索洛维约夫没有走极端的斯拉夫主义和西方主义的道路，而是寻求俄罗斯文化的现代转换，在对待西方文化的问题上，他并不局限于东正教信仰，片面地批判现代文明的理性主义与世俗化运动，而是理性地审视自身的不足，"我不去同在当代否定地对待宗教原则的人们辩论，我不去同现代的宗教反对者们争论，因为他们是正确的。我说否定宗教的人们在现代是正确的，因为宗教自身的现代状态就能引起人们的否定，因为宗教实际上没有成为它应该成为的东西"③。为此索洛维约夫着手进行彻底的宗教改革，他认为宗教是一个不断发展的过程："宗教意识是个历史发展的过程，这个过程逐渐地达到完满的真理。"④而且"由于宗教发展的客观性和肯定性，那么宗教过程中的任何一个层次，任何一个时刻自身都不是假的或是错误的"⑤。在宗教发展过程中，较低层次的宗教并没有被较高层次的宗教所否定，而是成为更高级宗教的一部分，由此索洛维约夫将他所知道的一切宗教按照历史进程统一起来，得出"宗教应该是普遍的和统一的"⑥的结论，并认为基督教是宗教发展的最高层次，应该包含所有宗教的内容。这就意味着索洛维约夫已超越了东正教传统，建立了普世主义的宗教思想，正如洛斯基所说："索洛维约夫的宗教哲学学说表明，他既不是东正教教徒，也不是

---

① 索洛维约夫著，张百春译：《神人类讲座》，第 1 页。
② 索洛维约夫著，张百春译：《神人类讲座》，第 1 页。
③ 索洛维约夫著，张百春译：《神人类讲座》，第 69 页。
④ 索洛维约夫著，张百春译：《神人类讲座》，第 34 页。
⑤ 索洛维约夫著，张百春译：《神人类讲座》，第 34 页。
⑥ 索洛维约夫著，张百春译：《神人类讲座》，第 35 页。

天主教徒和新教徒。他超出了这一信仰的范围，始终希求成为一个货真价实的、广博的基督徒。"[1]他理想中的宗教和上帝应该拥有最大的自由，摆脱任何片面性和单一性，具有最大的普遍性；同时应该拥有最丰富的肯定内容，应该是最大的完满和完整性[2]。

（原载：《浙江学刊》，2000 年第 6 期，第 42-46 页）

---

[1] H. O. 洛斯基著，贾泽林等译：《俄国哲学史》，杭州：浙江人民出版社，1999 年，第 153 页。

[2] 索洛维约夫著，张百春译：《神人类讲座》，第 35 页。

宗教改革前的马丁·路德与经院新学

张仕颖

经院新学是中世纪末期经院哲学或神学的代名词，[①]在当时的文化生活中居于主导地位。作为宗教改革运动的发起人，马丁·路德的神学思想（主要是"因信称义"）与之息息相关。诸多欧美学者认为路德早年对神学的思考，特别是在称义神学模式和救赎论原则上，深受经院新学影响，奥古斯丁新学对他的影响也不容忽视。[②]尽管这些学者对路德神学思想的起源做了充分研究，也探讨了他与主要经院新学家之间的关系，但对宗教改革以前路德与经院新学关系的专门研究并不多见，国内对此问题的探讨则基本阙如。本文考察路德所受教育与经院新学之间的关系，阐述他起初作为一个经院新学的信奉者如何思考称义问题，并逐渐转向对经院新学称义神学的批判，最终提出了"因信称义"的观点，实现了神学思想的转变，为宗教改革奠定了思想基础。

[①] 欧洲中世纪中后期，以大阿尔伯特、托马斯·阿奎那、伯纳文图拉和邓·司各脱为代表的经院哲学思潮，被称为经院古学（via antiqua）；奥卡姆的威廉、迦伯列·比尔、皮埃尔·戴利、罗伯特·霍尔科特和黎米尼的格利高里等人的思想，则被称为经院新学（via moderna）。前者代表了经院哲学中的教条主义、思辨和论辩传统，后者则主要以批判和探索精神为主要特征，因而显示出一定新意。在共相问题上，前者基本上是"唯实论"，后者主要是"唯名论"。

[②] Martin Brecht, *Martin Luther: His Road to Reformation 1483-1521*, trans. James L. Schaaf, Philadelphia: Fortress Press, 1985; Steven Ozment, *The Age of Reform 1250-1550*, New Haven and London: Yale University Press, 1980; Paul Vignaux, "On Luther and Ockam", in Steven E. Ozement, *The Reformation in Medieval Perspective*, Chicago: Quadrangle Books, 1971; Alister E. McGrath, *Luther's Theology of the Cross*, Oxford and New York: Basil Blackwell Ltd., 1985, pp.72-93; Heiko A. Oberman, "Facientibus Quod in se est Deus non Denegat Gratiam: Robert Holcot O. P. and the Beginnings of Luther's Theology", in Heiko A. Oberman, *The Dawn of the Reformation*, Grand Rapids, Michigan: William B. Eerdmans Publishing Company, 1992.

一、路德的大学学习和修院虔修的经院新学背景

1501 年夏，路德进入爱尔福特大学学习法律，就读于文艺学院。该大学建于 1392 年，教师最初大多来自布拉格大学，并且基本上是倾向于教皇的方济各会修士。他们大体上遵循邓·司各脱的思想和方法，给该大学的学术取向打上了司各脱学派的烙印。15 世纪后期，奥卡姆的高足迦伯列·比尔（Gabriel Biel）曾在此担任神学教授。约翰·胡斯事件后，唯名论流行于巴黎、牛津和德国的主要大学。德国选帝侯要求各大学放弃主张唯实论的经院古学，转而采用提倡唯名论的经院新学。这些都说明，经院新学在爱尔福特大学占有主导地位。[①]

按照当时大学的学科设置，学生必须完成文艺系的学业，并且接受初步的哲学训练，才能进入高等学院修习神学、法学和医学。路德在繁重的经院哲学学业之外，还阅读了大量拉丁古典作品。1502 年和 1505 年，他分别获得学士和硕士学位。虽然现在很难确知大学生活对路德造成了何种影响，但是从当时大学的课程设置可以看出，逻辑学科最为重要。该大学还将语法视为基础知识，并采用新的教学方法。马丁·布莱希特写道："在这里，首先要学习 13 世纪彼得·希斯帕努斯（Petrus Hispanus）撰写的《逻辑概要》；然后学习新柏拉图主义者波菲利对亚里士多德的评注，即《旧艺》（Ars Vetus）；最后学习亚里士多德的《前分析篇》（Prior Analytics）、《后分析篇》（Posterior Analytics）和关于消除逻辑谬误的作品。"[②]对于攻读硕士、博士学位的学生来说，必不可少的训练是系统学习亚里士多德的学说，研究他的形而上学、物理学、心理学、伦理学、修辞学著作。据路德回忆，大学教授兼副主教拉斯培的约翰·波内米尔希（Johann Bonemilch von laaspe）曾经说过："不学亚里士多德，没人能当神学博士。"[③]这表明亚里士多德哲学是神学、法学和医学的基础，该大学的学者以使用唯名论的方

---

① 由于以人文学者穆蒂安·鲁夫斯（Mutianus Rufus）和尼古拉·马夏克（Nikolaus Mar·schalk）为首的学术团体的存在，爱尔福特大学成为北德意志人文主义的中心。尽管人文主义在该大学有很大影响力，但在该大学的学术体制中，人文学术只在文艺学院开设，作为神学、法学和医学三大学科的基础。

② Martin Brecht, *Martin Luther: His Road to Reformation 1483-1521*, p.33.

③ Martin Luther, *Tischreden*, Weimar: Verlag Hermann Behlaus, 1912, bd.5, S.412.

法感到自豪。

路德在学期间，由于埃森纳赫的约多库斯·特鲁夫特（Jodokus Trutfetter of Eisenach）和乌仁恩的巴托罗缪·阿诺尔第（Bartholomaus Arnoldi von Usingen）的努力，唯名论吸引了不少学生。路德以这些学者为师，并与之关系密切。特鲁夫特曾经师从约翰·布里丹（Johan Buridan）和迦伯列·比尔，1501年出任爱尔福特大学校长。特鲁夫特虽然重视逻辑分析工具的使用，但在论及启示与理性、神学与哲学的关系时，他谨守爱尔福特学者共同制定的"圣经原则"，即启示和圣经高于哲学的原则，这样，唯名论的方法就可以使神学与哲学和平共处。路德曾经说过，正是特鲁夫特告诉他只能以圣经为标准对待信仰问题。①然而，1517年路德发起宗教改革后，二人分道扬镳，路德转而反对特鲁夫特重视经院哲学甚于圣经和教父的唯名论立场，特鲁夫特也不再将路德视为"逻辑学家"（logicus）。②

阿诺尔第最初与路德关系密切，1512年在路德的影响下加入奥古斯丁修会。阿诺尔第出版过一些关于自然哲学、逻辑和语法方面的书籍，以及关于亚里士多德《物理学》《论灵魂》的习题集。在思想的宏富和缜密方面，他远不如特鲁夫特，但是在追随奥卡姆及其神学方面，他远甚于特鲁夫特。阿诺尔第告诉路德要严格按照教会教父的注解来阅读《圣经》。③从路德在爱尔福特的学习情况看来，逻辑及其形式结构是他学习的主要内容，在这一方面，他是一个唯名论者。

1505年夏季，路德决定做一名修道士，加入了以教规严格而著称的奥古斯丁修会，从此开始了他认神识人的精神成长之路。1507年路德被按立牧职，并进入修院领导层。按照该修会下属的爱尔福特神学院的规定，他需要学习五年的课程并参与辩论，学习中世纪通行的教科书——彼得·隆巴德的《箴言四书》（Sententiarum Libri quatuor）。1508年，奥古斯丁修会萨克森教区长约翰·斯陶皮茨（Johann Staupitz）邀请路德到成立不久的威腾堡大学代课。路德在威腾堡任教一年，讲授亚里士多德的《尼各马可伦理学》和《物理学》，但他真正的兴趣在圣经研究而非哲学。④同年秋天，他获准讲授《箴言四书》，并研读了奥古斯丁的作品，根据保存下来的《〈箴

---

① Martin Brecht, *Martin Luther: His Road to Reformation 1483-1521*, p.35.

② Martin Luther, *Briefwechsel*, Weimar: Verlag Hermann BÖhlaus, 1930, bd. l, S.170.

③ Martin Luther, *Tischreden*, bd.2, S.5-6.

④ Martin Luther, *Briefwechsel*, bd. l, S.7.

言四书〉边注》（*Randbemerkungen*）来看，路德依然遵循着奥卡姆主义的教导。[①]1510 年 11 月，路德受奥古斯丁修会差遣，前往罗马。此行满足了他的朝圣愿望，同时也让他目睹了罗马教廷的奢华和堕落。

1511 年初，路德返回奥古斯丁修会。期间，他与神学导师约翰·拿汀（Johann Nathin）关系密切。拿汀在图宾根大学师从比尔研习神学，1493 年在爱尔福特大学获得神学博士学位，被爱尔福特的人文主义者称为守旧的经院学者。据说，他曾劝告路德不要孤立地研读圣经，而要多读迦伯列·比尔、皮埃尔·戴利（Pierre d'Ailly）和奥卡姆的著作，后来还指示路德在教区里禁止研究圣经，这也足见他是经院新学的热烈拥护者。路德后来的神学理论，特别是圣餐论就来自他对皮埃尔·戴利和奥卡姆的研究。[②]

大概 1511 年底，路德被派往威腾堡大学，正式开始了教学、教牧事业。威腾堡大学的创立主要得益于梅勒斯塔特（Mellerstadt）和斯陶皮茨。前者是该大学的首任校长，并担任医学教授和萨克森选帝侯的私人医生，他虽然是一位托马斯主义者，但对人文学术和其他学派比较宽容。后者是首任神学系主任和奥古斯丁修会教区的代理主教，将图宾根大学的制度移植到威腾堡大学，并延请了许多著名教授前来任教，正是因为他的努力，威腾堡大学才与奥古斯丁修会建立了紧密联系。与爱尔福特大学不同，威腾堡大学的学术风气非常开放，来自各地各修会的大学教授汇聚于此，包括人文学者、托马斯主义者、司各脱主义者和唯名论者。特鲁夫特 1506 年抵达威腾堡大学任教，次年秋天接替人文学者克里斯托弗·舒勒（Christoph Scheurl）担任校长，经院新学在该大学逐渐占据了优势。

1508 年初，萨克森选帝侯要求法律系主任舒勒修改威腾堡大学的规章制度。舒勒为全校系科制定了新规，尤其是对文艺系的课程设置进行了调整。文艺系教师以前按照圣托马斯和邓·司各脱的学说授课，现在增加了黎米尼的格利高里和特鲁夫特的学说，改变了该大学的学术结构。格利高里是中世纪晚期最著名的奥古斯丁修会神学家，但并不能说他就是圣奥古斯丁的忠实阐释者。著名中世纪史家海克·奥伯曼认为，格利高里学术与奥古斯丁新学是同义词，但他也赞同教会史家格哈德·里特（Gerhard

① Martin Brecht, *Martin Luther: His Road to Reformation 1483-1521*, p.94.
② 林赛著，孔祥民等译：《宗教改革史》，北京：商务印书馆，1992 年，第 177-178 页。

Ritter）将格利高里视为经院新学代表的观点，并将其称为唯名论者，且与奥卡姆关系密切。[①]当今著名教会史和神学家阿利斯特·麦格拉思并不同意奥伯曼的看法，他认为舒勒非常了解 16 世纪初经院新学在德国各大学文艺系的重大影响力，经常尊称校长特鲁夫特为新学首领，当时大学的经院新学常以此派学人的名字命名，所以经院新学在大学课程设置中肯定得到了强化。麦格拉思基于格利高里是唯名论者的事实，断定格利高里学术就是经院新学的同名语。[②]事实上，路德本人是在 1519 年与约翰内斯·艾克（Johannes Eck）的莱比锡辩论上才提到格利高里的。1512 年 10 月，路德获得圣经神学博士学位，接替斯陶皮茨的圣经神学教席。

可见，1501—1512 年，路德受到经院新学的熏陶和影响最深，他的唯名论学术经历，加上他与经院新学者的密切关系，使得他当时首先是一位经院新学者，而非奥古斯丁新学者。[③]据《桌边谈话》所载，路德愿意被称为"新词项主义者"（Terminista modernus），[④]在谈及早期学习情况时，他自认为是奥卡姆派和比尔派学者。[⑤]

二、路德之前的基督教称义神学

基督教救赎论的主题是罪和拯救，主要探讨上帝的救恩如何临到，以及罪人如何被赦罪称义，因此也被称为称义神学（Theologia Iustificationis）。基督教称义神学的讨论肇始于使徒保罗，他批判了法利赛人的律法主义称

---

① Heiko A. Oberman, "Headwaters of the Reformation: Initia Lutheri-Initia Reformationis" , in Heiko A. Oberman, *The Dawn of the Reformation*, pp.65-80.

② Alister E. McGrath, *The Intellectual Origins of the European Reformation*, Oxford: Blackwell Publishers Ltd., 2004, pp.106-107.

③ 奥古斯丁新学是中世纪末期一个影响并不突出的修会学派，其代表人物主要有托马斯·布拉德瓦丁（Thomas Bradwardine）、黎米尼的格利高里、奥维托的胡戈里诺（Hugolino of Orvieto）和蒙提那的狄奥尼修斯（Dionysius of Montina）。总体来看，奥古斯丁新学与经院新学区别不大，主要的差别在于救恩论，前者继承了奥古斯丁反佩拉纠主义的惟独神恩立场，并将后者的救恩论视为一种新佩拉纠主义。海克·奥伯曼极力强调这一学派的存在及影响，阿利斯特·麦格拉思则比较详尽地探讨了这一充满争议的学派，认为路德作为一名奥古斯丁会修士，受到奥古斯丁新学的影响是不容忽视的。（参见 Alister E. McGrath, *The Intellectual Origins of the European Reformation*, pp.82-88）

④ Martin Luther, *Tischreden*, bd.5, S.653.

⑤ Martin Luther, *Tischreden*, bd. l, S.19.

义观，提出了"义人必因信得生"的命题（《罗马书》1 章 17 节），奠定了基督教"本乎恩，借着信"的因信称义教义。某种意义上来说，路德正是破除了中世纪经院神学称义观对此教义的建构性遮蔽，才回到了《圣经》及保罗的立场，因而也被许多新教徒称为"再世保罗"。教父时代，称义观的讨论在奥古斯丁反佩拉纠主义（Pelagianism）和多纳图斯教派（Donatists）的论战中达到顶峰，结果产生了救赎论上的两大权威——上帝及其教会，这就使奥古斯丁不得不面对上帝恩典、教会善功和个人意志之间的矛盾冲突。奥古斯丁并非时刻坚守着反佩拉纠主义的极端立场，只强调上帝的恩典及预定，他也赞成教会指导下为成义而做出的努力，而且推崇修道主义，其恩典论也为意志自由保留了余地，这主要体现在他对"宽恕的恩典"和"圣灵充满的恩典"之区分上。他认为前者是在为后者做准备，后者内注于人心，作为一种具有医治和改造能力的超自然力量，驱动意志自觉自愿地趋向上帝，是一种与上帝本身有别、独立的"受造的恩典"，[①]在中世纪称义神学语境中转化为"恩造习性"概念。

　　鉴于奥古斯丁对整个中世纪神学的权威性影响，从某种意义上来说，中世纪称义神学的发展都是一种奥古斯丁综合，在新的时代和语境下实现上帝恩典与教会善功间的平衡。中世纪鼎盛期，彼得·隆巴德继承了奥古斯丁反佩拉纠主义的立场，认为人不可能依靠爱上帝和邻人的品性去赚取救恩，奥古斯丁提出的受造恩典概念固然有助于教会宗教实践的开展和人的道德素质之提升，但获救是圣灵在人心直接的工作，上帝救人无须人的帮助和意愿。隆巴德关于上帝直接在罪人中建立自己的救赎论同在的思想，深深地影响到青年路德的神学思考。

　　多明我会神学博士托马斯·阿奎那既继承了奥古斯丁恩典在先的立场，也吸收了阿伯拉尔的自然人性观点，认为人本禀有上帝的形象，应该在自己的称义过程（processus iustificationis）中做出预备。他强烈反对隆巴德的救赎观，主张拯救的慈爱必须是一个自发自愿的属人行动，是一种由恩典的注入而生的习性，即"恩造习性"。作为称义所必需的一种灵魂特质，恩造习性是一切宗教功德的来源，竭力陪护和彰显它就会导致赦罪和蒙恩的后果，因此，恩造习性与拯救就构成了一种存在论意义上的因果关

---

① 关于奥古斯丁称义论上的两次争论，参见汉斯·昆著，包利民译：《基督教大思想家》，北京：社会科学文献出版社，2001 年，第 67-81 页。

系。托马斯的"恩造习性"概念与奥古斯丁的"受造恩典"极为类似，其内涵在于强调人应积极响应上帝的恩典，并践行各种宗教功德。与同时代的神学家一样，托马斯还使用上帝的"绝对力量"（potentia absoluta）和"命定力量"（potentia ordinata）概念来讨论称义问题。与亚里士多德的潜能和现实概念相对应，上帝的绝对力量指的是最初的一种可能性，它向神圣现实化敞开，唯一的约束是其现实化的前提中不能包含矛盾；上帝的命定力量指的是当前的秩序，既然已经选择建立目前的秩序，上帝就处于一种自我强加的义务之下，必须自己遵守。上帝的正义在于他的智慧或理性，虽然他是全能和自由的，可以做任何他所不愿意做出的事情，但他却宁愿选择耶稣基督受难这一救世法门，命定了教会制度，从而自加限制于己身，忠诚于自己选定的某种救赎秩序（Ordo Salutis，即天主教圣礼圣事制度）。可见，托马斯对上帝命定力量的重视和"恩典习性"概念都是在肯定天主教会"教外别无拯救"的主张，其称义神学充分包容了占中世纪统治地位的虔敬思想：恩典和功德，确立了中世纪神人协作共同走向拯救的原则。①

方济各会神学博士邓·司各脱继承了本会的奥古斯丁预定论传统，认为上帝在拯救行动中享有绝对主权，而托马斯·阿奎那的恩造习性概念却使上帝屈服于自身之外的受造秩序，削弱了上帝意志的神圣性和绝对无限性。为此，司各脱先于奥卡姆提出了神学经济原则：一切受造都不应该为上帝所接纳，受造的慈爱习性只是神圣接纳的次要原因。他还认为，上帝的绝对力量意味着上帝在自己的所有决定中都是完全自由的，而命定力量则意味着上帝在自己的所有行动中都是完全可靠的，两种力量同时存在，不相矛盾。司各脱提出了"契约"概念来讨论称义问题，认为上帝的公正体现在对契约的遵奉，称义过程中人所预备的特质或功德之所以起作用，乃是神圣契约使然。圣礼的功效也是如此，在圣礼完成之时，上帝同意以其恩典临在其中，并非托马斯所说的圣礼工具本身内含恩典，上帝的悦纳和恩典才是获救的必要条件。②

自奥卡姆以来，经院神学研究采用了被称为唯名论的新方法，本体论上肯定个别和殊相的实在性，知识论上持怀疑主义，宗教实践上倡导信仰主义和意志主义。一般来说，在称义神学中，经院新学继承了中世纪将称

① Steven Ozment, *The Age of Reform 1250-1550*, pp.31-33.
② Steven Ozment, *The Age of Reform 1250-1550*, pp.33-36.

义视为一个自由意志趋向上帝并抵制罪恶的运动过程的看法，包含恩典注入、恩典与意志的协作、内心痛悔和罪的赦免四个要素，肯定称义所需预备的特质的必要性，同时也采用了经院古学中的一些概念和方法，主要有上帝两重力量、道德和功德的区分和司各脱的契约论。

奥卡姆对发展上帝两重力量关系的理论贡献最为卓著，他使用上帝两重力量之间的张力关系来捍卫神圣自由，以此来凸显上帝命定秩序的偶然性。与司各脱不同的是，奥卡姆把上帝两重力量的辩证关系当作一种神学批判工具，提出了著名的命题："无论上帝以第二层次意义上的理由做了什么事，他都可以直接完成，而无须这些理由。"①他认为，与上帝的绝对力量和神圣意志相比，上帝根据命定力量所选择的救赎工具（如教会、圣礼、教士、恩造习性和功德等）对于拯救来说是第二层次意义上的理由，他甚至大胆地论断上帝完全可以化身成为石头或蠢驴来拯救世人。根据上帝的绝对力量，他认为上帝也许可以不考虑受造习性的有无，把灵魂直接接纳到永生里，灵魂并不是因为拥有受造习性才配得永生，而是上帝的安排使得灵魂配得永生。因此，在上帝命定的接纳方式中，恩造习性乃是一种极端的偶然性方式，并不存在称义和习性之间的自然联系，如果二者之间真有因果联系，那也是因为上帝首先命定了这种联系。可见，奥卡姆的称义因果性概念具有契约论性质，趋向称义的特质的功德性价值实际上是由上帝独自发起的救世命令和盟约赋予的。

一般来说，中世纪的善功理论都把人趋向于称义的特质视为一种在上帝眼里适可（de congruo）而非配享（de condigno）的功德，在讨论道德行为的功德性价值时，中世纪经院神学家区分了两种功德：配享功德（metitum de condigno）和适切功德（meritum de congruo），前者指的是恩典的状态下所做出的道德行为，并因此而配得神圣的接纳；后者指的是在恩典之外的状态下所做出的道德行为，尽管严格说来不算功德，但它对于首要恩典（gratia prima）的注入来说，是一个"适当的"根据。经院古学中的理智主义者认为，一个行为的道德和功德价值间有着直接的相互关联，自然状态的道德和恩典状态下的功德之间有着一种过渡，道德行为的内在价值（valor intrinsecus）与上帝恩典赋予的功德价值基本保持一致；而意志主义者与经院新学则肯定道德和功德领域间的不一致，道德行为的功德价值并

---

① Ockham, *Philosophical Writings*, Edinburgh and New York: Nelson, 1962, p.25.

不取决于其内在价值，只完全依赖于神圣意志自身，是一种由神圣契约赋予的外在的归附价值（valor impositus）。

奥卡姆曾用国王和小铅币的比喻来说明这种区分。[①]中世纪时期，国王似乎一直就被认为有权发行"代用的"硬币，这种硬币经常是用铅铸成的，其内在价值可以忽略不计，但却因为契约内含的国王承诺而拥有比本身的价值大得多的归附价值。罗伯特·霍尔科特也使用了类似的比喻，他指出一个小铅币可以买一条面包，但后者却具有更大的内在价值。比尔认为，人的行动和神圣报应之间的关系就是神圣命定的结果，而不是实在自身的本性（ex natura rei）。因着契约，上帝恩惠地命定，人的趋向于称义的行动是可以被接纳为配得恩典的，因而是功德性的行动。[②]由此可见，经院新学对称义因果性的理解具有契约的性质而非存在论性质，契约因果性认为人灵魂里的恩造习性及人的善功在上帝看来微不足道，拯救完全是由上帝发出的命令，取决于上帝的意愿。当代诸多学者的研究表明，契约因果性原则清楚明白地见诸奥卡姆、罗伯特·霍尔科特、皮埃尔·戴利和迦伯列·比尔等经院新学家的著作中。[③]

经院新学的契约因果性原则奠定了中世纪末期人神协作救恩论的基础：尽其所能，上帝绝对不会拒绝赐予恩典（Facienti quod in se est,deus non denegat gratiam）。经院新学家们也正是在此基础上提出了称义论上的契约神学，视个体灵魂获救为神人之间的神圣约定：一方面，上帝自加赐予救恩的责任，命定人的行为配得永生并忠于自己的承诺，对人的功德行为给予奖赏；另一方面，人需运用自由意志，在上帝恩典的协助下，尽可能多地增进道德和善功，满足神圣接纳对人的适当要求，仿佛人是通过自己的努力配得永生的奖赏。与经院古学称义论相比，经院新学称义论对属人的

---

① 在中世纪的货币制度中，主要的货币是金币和银币，货币的内在价值与面值是等同的。但是当经济发生危机，特别是战争时期，国王要回收这些金银币以铸新币，便发行了许多具有等额面值的小铅币，向人们允诺一旦经济危机过去，他会用金银币赎回这些代用的小铅币。经院新学家们经常援引这种经济活动，用以解释善行和称义之间的关系。详细的分析，参见 William J. Courtenay, "The King and the Leaden Coin: The Economic Background of Sine Qua Non Causality", *Traditio*, Vol.28, 1972, pp.185-209。

② Alister E. McGralh, *lustitia Dei: A History of the Christian Doctrine of Justification*, Cambridge: Cambridge University Press, 1998, pp.88-89.

③ 关于经院新学家对契约因果性的具体分析，参见 Alister E. McGrath, *lustitia Dei: A History of the Christian Doctrine of Justification*, pp.87-90; Heiko A. Oberman, *The Harvest of Medieval Theology*, Grand Rapids: William B. Eerdmans Publishing Company, 1967, pp.166-185。

一切在称义中的作用有了更为清醒的认识，但契约神学没有强调基督的受难和死而复活在称义中的决定性作用，是非基督中心论的称义观。而且，"尽其所能"原则对于行在灵魂救赎路途上的旅者（viator）来说缺乏确定性的保证，信徒到底要做到什么程度才算是尽其所能，这是经院新学契约神学无法做出明确回答的难题，也是其称义神学的含混性所在。此外，由于经院新学家持意志主义的上帝观、信仰主义的宗教观和乐观主义的人性观，在称义理论上高扬上帝恩典权威的同时，实践上又仰赖教会权威，这就使得他们的称义理论很容易产生实践上的佩拉纠主义的后果，这也就是路德后来在宗教改革前夕批评经院新学乃至整个经院神学的原因所在。

三、经院新学称义神学对路德的影响

青年路德的称义神学思考，始于爱尔福特奥古斯丁修院生涯。如何清除与生俱来的罪恶，与上帝和好并获得永生，成了他精神生活中的首要关切。修院中的克己苦修与虔敬侍奉，表明他坚信修道生活是最蒙上帝接纳和最可靠的救赎方式。修道生活在中世纪代表了以人之自义（Self-righteousness）博取救恩的最高形式，是教会推崇的人走向上帝的最佳捷径，很大程度上也反映出经院新学称义神学的基本观点。《桌边谈话》《书信》以及大量介绍路德生平的著作都表明，他誓愿做一名彻底的修士，摒弃一切俗务，专心践行成圣的功夫。为了拯救自己的灵魂，获得神所赐福的平安，他努力抓住一切赚取功德的机会。1506 年 9 月后，为了准备按立为司祭，他研究了经院新学家迦伯列·比尔的《弥撒经注释》，这是当时关于弥撒祭仪的最佳著作。比尔在图宾根大学时曾是奥古斯丁修会会长斯陶皮茨和拿汀的导师，路德对比尔相当敬佩，曾言"整部圣经的权威都无法与比尔的著作相比"[①]，他甚至将阅读此书看作一种"殉道"行为。通过研读此书，路德学会了崇敬教会礼仪，懂得尊敬教会权威和忠诚于教皇的深意。

但是，当路德严肃地对待自己的信仰时，并没有过上神圣和平静的修道生活，内心的不安反而变得愈发强烈。人的罪恶与上帝的崇高和神圣形

---

① Martin Luther, *Tischreden*, bd.3, S.564.

成了强烈的对比，路德意识到人神之间巨大的鸿沟，觉得自己根本无法满足上帝的要求，对神圣超越的至圣者充满了恐惧。1507 年 5 月 2 日，在被按立为司祭数周后，他主持了第一堂弥撒，在祭坛上与饼酒中的上帝相遇。他对于这一中世纪最高的奥秘感到激越和畏怖，①由此激发出了对上帝的深思，"上帝之义"（Iustitia Dei）这个神学难题（theologoumenon）遂成为青年路德神学思考的核心问题。他始终无法理解上帝的公义（Iustitia）和慈爱（Caritas）之间的辩证关系，无法找寻到一种恩惠上帝的慈爱，而只能面对报应性的公义上帝，以致于对上帝的预定和永生感到绝望。路德经历着极端虔敬的失败，开始质疑完美神圣的僧侣生活，由此陷入了精神困苦之中，步入了他一生中最阴郁消沉的时期。

　　路德对自身的精神困惑进行了神学反思，《〈箴言四书〉边注》反映了他当时的神学思想。作为一名《箴言四书》讲师，他广泛阅读了奥卡姆、戴利和比尔等经院新学家的作品，②也熟知司各脱、圣维克多的雨果和圣贝尔纳等中世纪神学家的作品。书中提到许多教父的二手作品，他极力抬高奥古斯丁的权威，不过却是以奥卡姆主义的立场来解释其思想的。③该边注基本上遵循了经院新学的神学方法，作为一名奥卡姆主义者，他强调信仰高于理性、启示高于哲学，严格划分了自然理性与超自然信仰之间的绝对界限，当然，在某种程度上他也吸收了隆巴德和奥古斯丁的思想。他坚持了当时奥卡姆主义者对信仰的看法，区分了作为理智上同意的信仰和作为恩典注入的信仰，认为后者是上帝的超自然恩典礼物，它与望、爱相联合，使罪人得以称义，似乎罪人在上帝眼里配得拯救。但是他沿用了中世纪神学中信由爱塑成（fides Caritate formata）的观点，对《罗马书》1章 17 节的众多解释表明他并没有达到后来宗教改革的福音理解，也即爱由信生（Caritas fide formata）。④他强调恩爱优先于信仰，"事实上，凭借信仰你还不能被称为义，除非有上帝的恩爱，否则信仰将一事无成（fides enim qua iustificatus es:Talis fides non est sine charitate）"⑤。

---

① Martin Luther, *Tischreden*, bd.2, S.133; bd.3, S.410-411; bd.4, S.180; bd.5, S.86.

② Martin Luther, *D. Martin Luthers Werke: Kritische Gesamtausgabe*, Weimar: Verlag Hermann Bohlaus, 1883, bd.9, S.33, 34, 37, 40.

③ Martin Luther, *D. Martin Luthers Werke*, bd.9, S.9, 12, 39, 43, 69.

④ Martin Luther, *D. Martin Luthers Werke*, bd.9, S.72, 90, 91, 92.

⑤ Martin Luther, *D. Martin Luthers Werke*, bd.9, S.72.

　　路德虽然承认恩爱优先信仰,但他并没有继承中世纪的恩造习性概念,而是在称义神学讨论中追随经院新学,批判了这一概念。路德和奥卡姆主义者一样,质疑托马斯主义关于超自然习性注入到灵魂实质中的观点,认为它是借自亚里士多德的形而上学假设,缺乏合理的依据。与奥古斯丁和隆巴德一样,他坚持认为使人称义的恩典与爱同行,是由圣灵激发或灌注而来,并非是一种形而上学的品质。[①]路德撇开了上帝两重力量的辩证法,主张慈爱和圣灵紧密相关,都是同时被给予的,他还援引《哥林多前书》1章 30 节来证实自己的观点。[②]对路德来说,恩造习性这一概念毫无必要,也无益处,如果要使用的话,也只能在奥古斯丁而非亚里士多德的意义上来使用,把习性仅视为人神之纽带,而非人神间介入的受造实体。他似乎认为彼得·隆巴德更接近奥古斯丁的真理,主张称义中所需要的习性不过是圣灵（habitus adhuc est spiritus sanctus）。[③]在此,路德确信称义包括圣灵与人直接遭遇,但他并未达到保罗的福音理解,而是局限于经院新学的立场来思考称义问题。

　　1513 年夏至 1515 年春,路德注解并讲授《诗篇》,此时他只具有初步的希伯来文知识,并未采用希伯来文原本,而是采用了通行的武加大本。不过,他参考了罗伊西林的希伯来语法辞典《希伯来语入门》(*De rudimentis Hebraicis*)和勒费弗尔的《五译本诗篇合参》(*Psalterium Quincuplex*),沿袭了中世纪的三重或四重解经方法。虽然《第一次诗篇讲义》(*Dictta super Psalterium*, 简称 Dictata)既包含着他个人的宗教体验,也有他对保罗福音教导与经院新学间差异的认识,但他的思想很大程度上仍受制于唯名论神学。他追随经院新学的方法,采用了它们的大量观点和术语,比如信仰与理智的对立,罪的免除不是凭借转归,而是借着神的"契约"使罪人称义,[④]配享功德和适切功德的区分,自由意志与恩典协作,人有能力为救恩尽力做好准备,等等。[⑤]在称义论方面,他大量使用了经院新学契约神学的术语。"上帝通过他自己仁慈的允诺,而不是通过人以善功赚取的人性尊严,成了欠我们债的人。他只需要我们准备,目的是让我们接收救恩礼

① Martin Luther, *D. Martin Luthers Werke*, bd.9, S.42-43.

② Martin Luther, *D. Martin Luthers Werke*, bd.9, S.42.

③ Martin Luther, *D. Martin Luthers Werke*, bd.9, S.44.

④ Martin Luther, *D. Martin Luthers Werke*, bd.3, S.289.

⑤ Martin Luther, *D. Martin Luthers Werke*, bd.3, S.44, 93, 259, 289.

物，正如国王或王子向一个抢劫犯或杀人犯施与一百个弗罗林（florins），条件是他们要等候在特定的时间和地点。结果很清楚，由于不考虑功德，上帝的情谊性允诺和仁慈使他成为债务人，国王也不否认他的承诺并非出于人的毫无功德。"①这段注释很好地诠释了经院新学契约论的典型特征，上帝主动与人立约，承诺赐予人类救恩并信守诺言，人必须满足契约所要求的最低称义条件，也即竭力为救恩做好准备，以适切功德博取救恩。正如在《诗篇》114章1节的评注中，路德写道："因此，正直的博士说道，竭尽全力做好的人，上帝肯定会给与他恩典。尽管从严格的意义上，人不能自己做出恩典的预备，因为这只能由上帝做出，但是在适切的意义上，因着上帝的应许和慈爱的约定，做出恩典的预备还是可能的。"②路德在此所提到的"正直的博士"，主要是指以迦伯列·比尔为代表的经院新学家，该评注展示出青年路德与经院新学称义神学的密切关联。

在《第一次诗篇讲义》的前半部分，可以明显地看到契约因果性的救恩论原则同样处于路德称义神学的中心。"因为我们在上帝面前依然是不虔不义和一文不值，所以无论我们做了什么，在他眼里都算不得什么。是的，甚至今天我们得以称义的信仰和恩典，如果没有上帝的契约规范，也不会发生作用。确切地说，我们获救的原因在于：他与我们立了约定和契约，信而受洗的必获拯救。在此约定中，上帝是真实可信的，他保守他的所有允诺。因此，事实上我们在他面前仍是罪人，结果在他与我们立定的约定或契约里，他自己成了称义者（justifier）。"③很显然，路德是在契约神学的框架内思考称义问题的，恩典和信仰使人称义乃是因为契约的效力使然，并非其本身具有此功能，这说明此时的路德尚未达到后来的"惟独信仰"（sola fide）和"惟独恩典"（sola gratia）的宗教改革理解。契约来自于上帝的神圣命令，为罪人的称义提供了可靠的基础。"他不是根据功德，而是根据他以慈爱与人所立之契约，持续不断地将恩典给予那些追求、乞求和呼求之人。"④从这两段注释可以看出，青年路德的称义神学思考是多么依赖于契约因果性原则，如何满足契约所需的最低条件，成为困扰他心魂的

---

① Martin Luther, *D. Martin Luthers Werke*, bd.4, S.261.

② Martin Luther, *D. Martin Luthers Werke*, bd.4, S.262.

③ Martin Luther, *Luther's Works*, Saint Louis and Philadelphia: Concordia Publishing House, 1958-1986, Vol.10, p.237.

④ Martin Luther, *Luther's Works*, Vol.11, p.477.

问题。

路德似乎意识到正义并非人性中的一种特质，停止增进自义并谴责自己（accusatio sui）才是称义的开始，而完全的谦卑、贫乏、愧疚、屈辱、仰赖上帝并呼求其丰盛恩典，是人出现在上帝面前的唯一方式。"所以他应许了灵性的复临：'祈求，就得着；寻找，就找到；叩门，就给你开门。因为人祈求就得着……'故而教会教师们主张人尽其努力，上帝不会忘记给予救恩的说法是对的，即使他不能在义理上（de condigno）为恩典临到做好预备工作，因为恩典是无法做出比较的；然而出于上帝的仁慈契约和诺言，他可以在情谊上（de congruo）做好预备工作。故而他应许了复临。"[①]在此，"呼求""祈求""寻找"和"叩门"成为他表达谦卑的一种方式，贫乏和卑微似乎是对待上帝的合适态度，也是这一时期路德虔敬的标志。他明确赞同经院新学的救恩论原则，把谦卑和自我谴责视为称义的最低条件，能够满足神圣契约的要求，引发救恩的临到，"那人将是谦卑和敬畏的，故此上帝要给他恩典，并且圣灵也要临到他"[②]。罪人的谦卑并非使人远离上帝，反而拉近了人神间的距离，蒙上帝喜悦的人实际上是厌弃自己的人。基督徒要尽力降卑自我，克服自义，努力做到谦卑顺从，认识到自己的罪和一无所有，并转向上帝，呼求自己所需的恩典礼物，这就是路德的谦卑神学（Theologia Humilitatis）的主要内容。

需要指出的是，谦卑本是基督教宣扬的一种美德，是神所要求于人的一种合宜态度，广泛见于《圣经》中，其中尤以《诗篇》论述为多。但在整个基督教神学史上，鲜见一种以谦卑命名的神学，谦卑神学主要是路德研究领域中通用的术语，用以指称他在精神困惑期（约 1509—1515 年）的称义神学思考。尽管他也谈到人不能自救，而要靠基督拯救，罪的赦免并不是获得性的，而是上帝给与的，但他仍然是把谦卑和自我谴责当作属人的极端行为来理解，视为人的一种自然努力，借此上帝可以称罪人为义，特别是此时他尚未谈及作为神圣礼物的上帝正义。路德的谦卑神学是契约因果性原则下思考的产物，他把谦卑和自我认罪当作是满足称义的最低条件，于是"竭尽所能"就等于"人承认自己的不义和在上帝面前的谦卑"。因此，我们可以认为，谦卑神学是经院新学称义神学的一种精致产物。

---

① Martin Luther, *Luther's Works*, Vol.11, pp.397-398.

② Martin Luther, *Luther's Works*, Vol.10, p.274.

四、路德对经院新学称义神学的批判

路德的谦卑神学反映出了他对称义过程中人走向上帝之路的最后希冀。随着第一次《诗篇》注释工作的展开，他愈发觉得自己的道德品质诸如谦卑，并不能达到称义的要求，反而遭致"上帝的忿怒"（the wrath of God），该词频繁出现于《第一次诗篇讲义》文本中。上帝的义对路德来说就是带有烈怒的审判，根据人的行为和功德给与奖赏，"我知道基督是一位严厉法官，在他面前我想转身逃走，然而却不能移动脚步"①。虽然路德的谦卑神学仍旧像经院新学一样，把基督视为公义的审判者，但他却把基督耶稣纳入到称义神学思考的核心。他认为，如果没有基督虚己谦卑的榜样，人就决不会摧毁自己的义，赞美上帝和承认己罪，谦恭地效法基督，做到真正的谦卑去满足称义所需的最低条件。《第一次诗篇讲义》后半部分越来越清楚地表明，他逐渐认识到基督是上帝为我们而作的正义、智慧和拯救，"没有人知道，上帝的忿怒临到众人和众人在上帝面前都成了罪人。但是凭着他从天上启示出的福音，我们知道，通过基督我们怎样从忿怒中脱离出来，什么样的义使我们得到释放"②。路德显然认识到了上帝的审判和赦免都在基督之中发生，基督使人知晓谦卑，也使痛悔的良心畏惧上帝，他显明了上帝的本质和行动，通过十字架上的屈辱和受难，人的称义和救赎得以发生。

将耶稣基督迎回称义神学思考的中心，是路德称义神学思想发展过程中的决定性步骤，标志着路德逐渐脱离了经院新学救赎论的限制，向保罗的立场复归。如上所述，经院新学救赎论中，基督仅作为报应性的上帝和外在模范，引导人们去完成律法，尽其所能地去赚取适切功德，等待上帝接纳和赐予救恩。在《第一次诗篇讲义》中，路德多次谈到义（Iustitia）和信（fide）这两个术语，以信来判定正义与邪恶，断定义不属于人性中的特质，而在基督信仰之中。③在《诗篇》35 章 7 节的注释中，路德提出了信之义（Iustitia fidei）这一概念，他写道："你的信之公义，在你面前是

---

① Martin Luther, *D. Martin Luthers Werke*, bd.38, S.148.

② Martin Lulher, *Luther's Works*, Vol.10, p.145.

③ Martin Luther, *Luther's Works*, Vol.10, p.268.

我们的义（Iustitia fidei tua qua coram te iusti sums）。"①这个注释表明路德认为称义的形式因在于基督之义，只有基督才具备完全的义，信仰把基督和正义带入信徒内心，并把基督持守在内心，作为内驻的正义和一切善行的来源。

信之义虽然意指人通过基督里的信仰而被称义，但是，我们并不能因此就判定，路德此时已经达到了对"因信称义"教义的成熟理解。他只不过是将信之义与在上帝面前（coram deo）联系起来，将信之义视为自身生长（sui generis）的义，在上帝面前有效。它似乎是人努力行出来的义，构成了称义所需的前提条件，对一个想要在上帝面前称义的人来讲，要求他首先信基督。不过，人信仰基督的行为之所以被称为义，终极原因仍然是上帝在拯救秩序中所立的圣约。路德依然是在契约神学框架下思考上帝之义和信之义的，信之义要成为义，只有契约的先在才有可能，信基督代表了信的内在价值，义是上帝归附的价值，上帝之义最终是作为基督之义由信仰而转归予人的。因此，信之义实质上是来自上帝圣约的礼物，但却是上帝给与世人的普遍恩典礼物，即"信而受洗的必获拯救"，而非给某人的特殊恩典礼物，间接而非直接地得自上帝，无须位格上的接纳。显然，尽管契约将上帝之义与信之义联系起来，但二者并不相同。

稍后一些，路德对上帝之义这一概念的理解发生了变化。路德抛弃了中世纪传统的四重解经法，以基督中心论的立场来阐释《圣经》，将圣经文句的四重含义（Quadriga）缩减为两种，即字义与道德含义，字义指基督耶稣，道德含义指基督凭信仰接纳和赦免罪人。在《诗篇》71 章注释结尾，路德对"神啊！你的公义甚高"这一诗句解释道："在此，他大概意指基督，通过伟大又深刻的谦卑，成为了上帝的力量和正义，因此现在借着至高荣耀居于高天。所以，无论谁想要理解使徒书信和别的经文的话，都必须从道德含义来理解一切：他借道理、智慧、力量、拯救和公义，使我们强大、安全、公义和智慧等等。因为有了上帝的工作和道路，一切在文字上都是基督，并且在道德上是基督里的信。"②自此，路德愈来愈强调圣经道德含义的重要性，将上帝之义等同为基督之义。在《诗篇》71 章和 72 章注解中，路德对神义的理解达到一个关键阶段。"同样，上帝之义也有三重含义。

---

① Martin Luther, *D. Martin Lulhers Werke*, bd.3, S.199.

② Martin Luther, *Luther's Works*, Vol.10, pp.401-402.

道德上看来，它指基督里的信仰（fides christi）。《罗马书》1 章 17 节上写着，上帝的义正是在福音上显明出来，因于信以致于信，而且这是圣经最常见的用法。"①路德从道德含义上将上帝之义理解为信仰基督，实际上是在某种程度上肯定了上帝之义与信之义的同一性。于是，称义的问题就转化为信仰基督如何可能的问题，这涉及对信仰本质的理解。

在《诗篇》69 章 1—3 节的注释中，路德认为信仰本身是上帝的实体。②这似乎是说信仰属于上帝而非人，但未明言信仰基督是上帝的恩赐。然而，在《第一次诗篇讲义》后半部分里，路德对信仰这一概念的理解已经发生了新的变化，如《诗篇》84 章 6 节的注释中，路德写道："的确，信仰是上帝赐予不虔之人的恩典，凭借信仰，罪人得称为义，它是一切灵性恩惠、礼物、美德、善功和工作的头生子、实体、基础、喷泉、源头和核心……信仰是一切事物的前提条件。"③路德将信仰等同于上帝的恩典和一切爱行的源头，确立了信仰在神学三主德中的优先地位，这就颠覆了中世纪救恩论中"信由爱塑成"的原则。通过对《第一次诗篇讲义》后半部分的仔细分析，我们发现路德将信之义这一概念理解为上帝为人类的救赎而预备的礼物，并非属于上帝所有。它只在上帝面前而非在人面前有效，除非借着信仰，人无法知晓其真义，其实质是基督里的信仰（fides christi）。

从以上的分析可以看出，路德对称义的早期理解（1508—1514）可以总结如下：人必须认识到他的灵性弱点和不足，转而以谦卑的态度，在自我称义的努力中希求上帝给与自己的恩典。上帝以契约的名义，把这种信心里的谦卑（humilitas fidei）当作称义的必要前提条件，按照契约，通过赐予人恩典的方式来履行职责。显然，路德认为在没有特殊恩典援助的情况下，人能够对上帝的要求做出回应，而这种信仰之义的回应是获得称义恩典的必要前提（尽其所能）。信仰基督就仍被理解为人的行为，可以单独由人的自然能力完成，一旦人完成了悔改并认信基督，上帝就会赐予他救恩。故而，不能认为路德对"上帝之义"（Iustitia Dei）这一术语的理解，在他第一次注释《诗篇》期间经历了重大的变化。路德仅仅在契约神学框架里澄清了其词源学来源，使得称义过程中不同的义之间的正确关系得到了明晰化，特别是区分了人要被称义必须具备的义即信之义，与上帝有义

---

① Martin Luther, *Luther's Works*, Vol.10, p.404.
② Martin Luther, *Luther's Works*, Vol.10, p.384.
③ Martin Luther, *Luther's Works*, Vol.11, p.146.

务把恩典奖赏给这种义的义即神之义。因此，截至 1515 年初，路德仅从道德含义出发，将上帝之义理解为基督里的信仰（fides christi），信仰基督和谦卑满足了称义所需要的最低条件，这并不说明他已突破了契约神学。

1515 年春季到 1516 年夏季，路德集中对《罗马书》作了讲解。他借助勒费弗尔的拉丁文本评注，利用伊拉斯谟的希腊文本《新约圣经》及拉丁文注释，同时参看了奥古斯丁的《罗马书注释》《文字与精义》和反佩拉纠主义著作。《罗马书讲义》中充斥着对经院学者和异教哲学家的攻击，他发现经院新学甚至整个经院哲学对保罗的解释存在很大的问题。通过亚里士多德、西塞罗、律法之义与圣经之义的对比，他愈发厌弃自己以前使用过的义。路德在评注《罗马书》4 章 7 节时写道："圣经使用义和不义，与哲人和法学家完全不同。很明显，因为他们认为义和不义是灵魂的一种品质。但是圣经之义有赖于上帝之转归，而非事物自身的本质……因此，我们生来就是可恶的不义之人，我们死在不义之中，只有通过信上帝之道和慈爱上帝之免罪，我们才能成为义人。"[1]路德在注解《罗马书》5 章 12 节、9 章 6 节、10 章 10 节和 12 章 2 节时批判了经院神学家，他们将亚里士多德的分配正义观和西塞罗正义观用来解释上帝对待罪人的方式，依据报应性原则来阐释义，"义是一种根据人是其所是的一切给予报酬的一种德性（iustitia est virtus reddens Unicuique quod suum est）"。于是，义便是获得性的，是道德行为的直接后果。依此来理解"上帝之义"概念，就是一种完全谨慎和公正不偏的法官之义，基于人是否尽其所能来实施奖惩。[2]

从路德对《罗马书》3 章 22 节、4 章 7 节、7 章 17 节、7 章 25 节和 10 章 6 节的评释中，我们轻易就能发现，路德对称义之信的本质获得了许多新的洞见，《罗马书讲义》清晰地表达出使人称义的信仰是上帝的神圣礼物这一思想。于是，基督的信仰这一概念的含义发生了实质性变化，现在，

---

① Martin Luther, *Luther's Works*, Vol.25, pp.274-275.

② 当今诸多学者认为天主教会之所以存在"因信称义"教义的神学讨论，原因在于西部教会受希腊哲学和拉丁法律文化的影响，以理性的希腊分配正义（δικαιοσυνη）和拉丁文律法正义（iustitia）去解释希伯来文"正义"（sedaqa），这就遮蔽了希伯来文正义的原意，即"带来拯救的正义"（iustitia salutifera）使正义丧失了救赎论的维度，由此，与希伯来文"称义"（hasdiq）相应的希腊文 δικαιοσυνη 和拉丁文 iustificare 就失去了"宣告无罪"的含义，具有希伯来文不可能有的"谴责"和"惩罚"的负面含义。从"义"和"称义"的词源学考察来看，路德的称义神学主要是恢复对这两个概念在《圣经》上的原初理解，消除希腊哲学和罗马法对希伯来文化转译造成的误读。具体请参见 Alister E. McGrath, *Iustitia Dei: A History of the Christian Doctrine of Justification*, pp.4-16。

信仰基督被理解为上帝在人里的工作，而不是人主动以其自然能力回应上帝要求所做出的行为。第一次注释《诗篇》的这段时间，信仰基督被当作是上帝的普遍恩典礼物，在契约神学框架内，要求人首先对上帝的救恩做出必要回应，信仰基督被视为放之四海皆准的普遍法门。如今，信仰基督被理解为上帝赐予个人的特殊恩典礼物，关涉到位格的接纳。在此，我们看到路德在《诗篇》71 章和 72 章注释里将上帝之义理解为信仰的重要意义。上帝向要被称义之人索要的义，不再被理解为靠人的努力去获得的某种东西，而是上帝自己直接赐予个体的恩典。路德不再从理智主义的立场上来理解信仰，将其视为对福音真理的同意，而是理解为信靠（fiducia）。信仰使得基督在场，分享其中的上帝之义和赦罪性慈爱，信仰意味着抓住基督，通过基督领会到上帝的不可见性和奥秘。因此，信仰体现出个体意志上对上帝的倚赖和人神间的位格关系。

在某种意义上来说，路德在《罗马书讲义》中重新发现了保罗的"因信称义"立场。拯救意味着在一切属灵和属世的事物上，完全地把自己交托给上帝，完全地信靠救主基督，人所需要做的就是被动地承受，[①]预定或拣选才是拯救的形式因。《罗马书讲义》中的许多注释表明，路德完全否定了经院新学中人主动寻求救恩的立场，认为人在自己的称义过程中处于被动的地位，[②]这就决定了他对自由意志的否定性理解，人的意志受到了罪恶的束缚，没有神圣恩典的帮助，无法获得公义。[③]由于承认自由意志在称义之事上的无能，路德就否定了人主动寻求救恩的经院新学道路，并把人能在称义过程中"尽其所能"的观点当作佩拉纠主义来谴责。[④]《罗马书》14 章 1 节注释明确地批判了经院新学的救赎论原则，"这些人知道人靠自己什么都做不了。因此使用普遍接受的陈述（尽其所能，上帝必然会注入恩典）就显得非常荒谬，而且是去支持佩拉纠的错误"[⑤]。可见，路德终于明白了经院新学称义论所带来的后果，这在其称义神学思想发展过程中具有决定性的意义。

---

① Martin Luther, *Luther's Works*, Vol.25, pp.364-367.

② Martin Luther, *Luther's Works*, Vol.25, p.368.

③ Martin Luther, *Luther's Works*, Vol.25, p.371.

④ Heiko A. Oberman, "Facientibus Quod in se est Deus non Denegat Gratiam: Robert Holcot O. P. and the Beginnings of Luther's Theology", in Heiko A. Oberman, *The Dawn of The Reformation*, pp.84-104.

⑤ Martin Luther, *Luther's Works*, Vol.25, p.375.

上帝赠与人称义前提的认识，不可避免地导致对建基于经院新学契约神学之上的救赎论框架的抛弃。路德对"上帝之义"的早期解释正是建立在这种前提之上的，即上帝在他的公平（equitas）里以称义的恩典奖励那些尽力做好之人，而无须位格上的接纳（sine acceptione personarum）。神圣的审判只是基于对人所具有的品质的认可，上帝有义务对此进行奖赏。如果上帝亲自把这种品质赠与人，对于经院新学契约神学和青年路德来说，具有本质性的公平和公义框架就可能不再成立。因此，路德神学突破的根本特征，是摧毁他早期救赎论所仰赖的经院新学理论框架，并重新对"上帝之义"概念做出阐释，发现了"上帝之义"的真义。①学术界对路德称义教义所发生的根本性变化的理解，依赖的最重要证据是 1545 年的自传片断（俗称为"大证词"）。"从那里我开始懂得，上帝的义是那种义人凭上帝礼物得生的义，即义人凭信仰得生。而这就是此中真意：上帝的义通过福音启示出来了，是那种仁慈上帝借信称我们为义的被动之义。"②路德洞见到上帝之义是上帝转归给信徒的被动之义，人称义不靠行为努力而是借信仰基督，使我们称义的上帝之义不属于人，既不是人性中的一种美德，也不是上帝的神圣属性，而是上帝为救我们出离罪恶而预备的恩典。于是，路德恢复了称义论上的圣经立场，"你们得救是本乎恩，也因着信，这并不出于自己，乃是神所赐的"（《以弗所书》2 章 8 节）。

---

① 关于路德神学突破或者"上帝之义"发现的准确时间，学界一直都有争议，1505 年到 1519 年间的任何重要时间点，都被后世学者断定为其思想发生决定性变化的关键时刻。大体来看，当代西方学界，特别是德语学界有三种具有代表性的意见。其一是以哈特曼·格里萨尔（Hartman Grisar）为代表，根据路德 1532 年后的《桌边谈话》片段记载，认为其神学突破产生于"塔楼经验"（Turmerlebnls），时间大约是 1513 年春季，此时路德开始着手注解《诗篇》，处于阴郁的"谦卑神学"时期；其二是以弗格尔桑（E. Vogelsang）为代表，认为确切时间应为 1513—1515 年间，依据是《第一次诗篇讲义》和《罗马书讲义》的文本分析；其三是以比策尔（E. Bizer）为代表，以路德的 1545 年自传性片段明确提到的时间 1519 年为依据，认为应发生在 1518—1519 年间。笔者赞同第二种观点，主张应发生在 1515 年底路德注释《罗马书》的过程中。虽然路德在"大证词"中明确提到自己的精神困苦于 1519 年第二次注释《诗篇》（Operationes in Psalmos）时消失，但从内容上来看。他明确提出自己的突破性洞见来自对《罗马书》1 章 17 节的理解，1517 年后的几篇重要文章，如《反经院神学之辩》（1517）、《关于赎罪券效能的辩论》（1517）、《海德堡论纲》（1518）和《莱比锡辩论》（1519），都反映出其称义论上的成熟理解，这也与本文对路德称义神学思想发展过程的分析相吻合。必须指出，路德的早期神学突破是个体性的。与后来的宗教改革运动早期思想发展是有差异的，后者是威腾堡大学神学系共同体的产物，奥伯曼等学者对此进行了详尽的讨论。关于路德神学突破的讨论，参见 Alister E. McGrath, *Luther's Theology of the Cross*, pp.141-148。

② Martin Luther, *Luther's Works*, Vol.34, pp.336-337.

路德所理解的"上帝之义"并不是上帝自身为正义所借的义，而是使不虔敬之人称义的义，作为恩典完全地启示在基督耶稣的十字架上，与人的预知相抵触，只能为信仰所认识和占有。伴随着上帝之义的新发现，路德对上帝对待人类的方式有了新的理解，上帝的工作隐藏在对反形式之下（abscondita sub contraiis），上帝秘密地做着外在的审判工作，实际上为的是要完成拯救世人的本己工作。由此，路德达到了上帝观上的福音理解，彻底解决了寻求恩惠上帝过程中长期困扰着他的精神困苦，消除了面对神圣报应性上帝时产生的恐惧。必须指出的是，路德对称义的理解并非后世新教普泛宣称的法庭式宣告。义之转归说明人在自身仍存罪恶，只因信仰基督而被上帝赦罪和接纳,完全的称义在末世论意义上的盼望中方可实现，因此称义仍是一个渐进的过程，信徒生命时时需要上帝恩典加以更新。在1517 年以后的宗教改革运动中，由于与教皇派和激进派论争的需要，路德愈加强调因信称义教义的重要性，方才提出了"惟独因信称义"的宗教理解，作为宗教改革运动的理论基础。

在获得"因信称义"的宗教发现之后，路德对经院新学乃至整个经院神学的称义论有了更为清晰的认识。1517 年，为了批判经院学者、亚里士多德和理性在称义论上的误用，路德撰写了亚里士多德《物理学》的注释文章。虽然这个评注没有流传下来，但却成为《反经院神学之辩》（*Disputatio contra scholasticam theologiam*）产生的基础。1517 年 9 月 4 日，作为神学系主任，路德主持了学生弗兰茨·君特的圣经学士学位答辩。路德草拟了98 个论题，即后世学者所称的《反经院神学之辩》。在此辩论集之中，路德站在《圣经》的立场上，援引奥古斯丁在自由意志和恩典论上的教导，反对司各脱、奥卡姆、戴利和比尔等经院学者信赖人的自然能力的观点，[1]指出人的意志受缚而非自由，倾向于罪恶，凭借本性无法预备恩典的到来，而对恩典唯一完好的预备是上帝的永恒拣选和预定。[2]路德认为他们错误地受到了亚里士多德哲学的指引，试图吸收希腊哲学的外来观念来阐释基督教真理，实际上是以理性僭越信仰的权威。他认为亚里士多德伦理学在经院神学中的应用必然导致佩拉纠主义，称其为恩典的敌人，主张神学家

---

① Paul Vignaux, "On Luther and Ockam", in Steven E. Ozement, *The Reformation in Medieval Perspective*, pp.107-119.

② Martin Luther, *D. Martin Luthers Werke*, bd. l, S.225.

应该抛弃亚里士多德哲学，[1]这就摧毁了经院神学称义论的理论基础。通过对经院新学称义神学的批判，路德否定了用辩证法和亚里士多德哲学来阐释信仰的做法，肯定了《圣经》在基督教真理上的权威，坚持了经院新学关于启示作为上帝知识唯一源泉的原则，甚至认为基督才是《圣经》的认识论原则，这对他后来思想成熟时期提出的宗教改革运动三大原则，即"惟独圣经"（sola scriptura）、"惟独信仰"（sola fide）和"惟独恩典"（sola gratia）的形成起到了决定性的作用，为宗教改革运动奠定了神学思想上的基础。

五、结语

与宗教改革运动时期相比，宗教改革前的青年路德在神学思想上显得不那么成熟，影响力还不大。但是，当今国际史学界的研究表明，在中世纪末期与宗教改革的研究中，青年路德的称义思想处于枢纽性的地位。对青年路德与经院新学间关系的分析，揭示出路德如何在神学思想上破除了经院新学对《圣经》真理的遮蔽，从而实现了称义神学上的突破，奠定了宗教改革神学的思想基础。

当然，在路德发现"上帝之义"的神学突破过程中，还不能忽视人文主义、奥古斯丁新学、虔敬运动和中世纪末期神秘主义对青年路德所产生的影响。大体而言，人文学术中圣经语言学的研究为路德解经提供了有利条件，人文主义关于人之觉醒、教义革新和返回古典（包括《圣经》）的主张，为路德理解和宣扬上帝之道提供了一种精神氛围和工具；虔敬运动中使徒式的单纯宗教生活理想，甘于清贫却不愿乞讨为生，关注内心的灵性生活，这种氛围确实为路德提供了一种教会体制之外人与上帝间救赎关系的新理解；神秘主义为路德批判经院新学的佩拉纠主义提供了方法，路德从中借鉴了对待宗教的非经院化和个体化特质；奥古斯丁新学或奥古斯丁修会神学家在称义论上对"非受造恩典"的强调，使路德认识到恩造习性的概念所带来的麻烦太多，且确信称义包括圣灵与人的直接相遇。然而，当时学术知识的地理分布和路德所受的教育背景表明，人文主义对他的影

---

① Martin Luther, *D. Martin Luthers Werke*, bd. 1, S.225.

响是次要的、外在的和工具性的，尽管是必然的；路德身处奥古斯丁修会的事实，并不能说明他受制于奥古斯丁新学或奥古斯丁修会神学家的思想模式，它们的影响仍然是次要和间接性的，尽管可能是关键性的；路德的称义神学突破不可能出自塔楼上的刹那顿悟，而是来自 1513—1518 年对诸多圣经篇章的注释实践，路德作为著作等身的博学神学家的事实，只能说明虔敬运动和神秘主义的影响同样也是次要和偶然性的，尽管是至关重要的。

毫无疑问，宗教改革前的路德神学本质上属于经院新学。他对称义契约基础的理解，对"上帝不会拒绝把恩典赐予尽力做好之人"这一原则的解释，对"上帝之义"这个神学难题的理解，对称义中恩造习性概念的批判，以及 1517 年对经院神学的批判，都特别明显地表明了这一点。青年路德与经院新学的关系异常复杂，只有系统研究二者之间的关系，才能理解路德精神苦恼的起源和实质，以及其早期神学思想发展的过程和神学突破的意义，也才能更好地理解宗教改革运动的思想起源。

（原载：《历史研究》，2013 年第 6 期，第 120-135 页；第 192 页）

"巴别塔"寓言的"汉语言"阐释*

朱鲁子

　　源自《圣经》的"巴别塔"是一个寓意无限丰富的哲学"寓言"。几千年来，它一直在锻造并考验着人类的智慧、理解力和想象力。从特殊的"汉语言"的角度把"巴别塔"理解为一个哲学"寓言"，而非仅仅是一个宗教的神话传说；用哲学解释学的方法将其还原为一个由"语言之砖"即词语、概念、范畴和"石漆"（方法）即逻辑、语法构造而成的"理论体系"，而非是一个实在性、实用性的"建筑"，其意义不可估量。"巴别塔"的存废，取决于"语言之砖"的"质量"；而"语言之砖"的"质量"，却是由"交流"（"烧"）决定的。这一独辟蹊径的全新阐释，不仅可以帮助我们从宗教神学和历史考古学实在化的僵化阐释中走出来，而且可以帮助我们从以往西方哲学的主观性抽象阐释中走出来，从而使我们一窥"巴别塔"的堂奥，彻底终结宗教神学与哲学互不兼容的历史恩怨。

一、何谓"巴别塔"

　　"巴别塔"之名来自犹太教和基督教经典《圣经》的《旧约·创世记》第 11 章第 1—9 节。它说的是，大洪水之后的人类为了"传扬自己的名"，要造一座通天塔，而上帝则变乱了他们的口音，使他们彼此语言不通，无法合作施工，通天塔自然坍塌。所谓"巴别"，就是变乱的意思。"巴别塔"是《圣经》中继"伊甸园""挪亚方舟"后，一个有相当影响力的传说，无

---

　　* 本文是在"现代人生哲学序曲"——《"巴别塔"天机揭秘》基础上整理而成的。参见朱鲁子：《人的宣言——人，要认识你自己》，北京：清华大学出版社、北京交通大学出版社，2007 年，第 16—27 页。

基督教信仰的东方人知道得少一些。"巴别塔"的传说，与人类"语言"的起源有着密切的关系，它是人类所有典籍中最早记载人类语言变乱原因的，故后人多是在"语言"方面给予关注和研究。在西方，有很多语言学校或语言研究机构就直接以"巴别塔"来命名。

"巴别塔"的传说西方人妇孺皆知，对它的解读也丰富多彩，他们也大都认同这个传说是一个"隐喻"的说法，并清楚这个传说与"语言"的密切关系。如欧文·沃尔法思说："在本雅明看来，堕落（Fall）首先是一种语言的堕落，是从以上帝为灵感的命名语言上的堕落，同时标志着'人的语言的诞生'。……巴别废墟就是写在墙上的寓言书写。借'历史天使'那凝视的眼光来看，这些废墟被'进步'的旋风卷起，以'一堆废墟'的形式继续'向天空'堆积。这就是一个'向后看的预言家'所看到的现在的'真相'。"①不难看出，本雅明的这种阐释是文学性的、主观随意的。另外，著名后现代思想家雅克·德里达也写过《巴别塔》一文专门讨论"巴别"的意义问题，但其思维与本雅明并无二致。迄今，除了将此传说解读为人类僭越自己的身份即妄想做自己不可能的事情——构建"乌托邦"之外，我们很难看到更积极的解读。②

对于大多数东方人特别是操着"汉语言"的中国人来说，"巴别塔"是比较陌生的，但，这可能恰恰给了我们真正理解它的一个难得的机会或契机：如果我们将"巴别塔"视为一个哲学性的"寓言"，那么，我们就可以将构建"巴别塔"的材料——"砖"和"石漆"，作非实在化的引申的理解，即将实在化的"砖"理解为抽象的"语言之砖"即词语、概念、范畴，把"石漆"理解为构造词语、概念、范畴的"方法"即逻辑、语法。

如此一来，则"巴别塔"的秘密就彻底地对我们敞开：原来，"巴别塔"

---

① 欧文·沃尔法思：《一个马克思主义者的"创世记"》，载郭军、曹雷雨编：《论瓦尔特·本雅明》，长春：吉林人民出版社，2003 年，第 27-42 页。

② 有些人认为当代人类社会经济文化的全球化、网络化是"巴别塔时代"的重现，还有人说世界性的宗教大会的召开是企图"重建巴别塔"，另有人认为"世界语"的创立和传播其根据来自"巴别塔"寓言。有些文学家如卡夫卡把人类建造"巴别塔"的失败归于人类的"骄傲"，故提出"向下"建造"巴别塔"的思路。而那些对"巴别塔"作考古学实证研究的思路，根本不值一谈。

与我们的"汉语言"有着深厚的渊源①，我们的"汉语言"有能力揭秘"巴别塔"天机。下面，我们就根据通用的《圣经》中译本来解析一下"巴别塔"的有关文字：

1．"那时，天下人的口音，言语，都是一样。"

这个故事讲的是：人类始祖违背与上帝的约定，偷吃了"智慧果"，从此后，人类的眼睛"明亮了"——人类犯了"原罪"；被逐出伊甸园的人类始祖，其后代将罪恶发展到极致；上帝后悔造了人类，决定用洪水来灭亡人类；可是，挪亚的操守赢得了上帝的青睐，故，上帝命挪亚造方舟避难。经过了七七四十九天，洪水退后，"那时，天下人的口音，言语，都是一样"。

2．"他们往东边迁移的时候，在示拿地遇见一片平原，就住在那里。"

历经洪水之劫的人类，背井离乡，终于在"示拿地"（据史家考证，"示拿地"在今天战火纷飞、苦难连连的伊拉克——美索不达米亚）找到可以安"家"的地方。

3．"他们彼此商量说，来吧，我们要作砖，把砖烧透了。他们就拿砖当石头，又拿石漆当灰泥。"

巴别塔的秘密，透过上述文字在一句句地诉说和显现。此时，人与人之间，完全是平等的关系："彼此商量"，"来吧"。"砖"，可以当"石头"的"砖"，与后面的可以当"灰泥"的"石漆"一样，都是用的"隐喻"手法。"我们要作砖，把砖烧透了"——细腻而极其到位的描写：把"砖""烧透"。一个"透"字——好一个"透"字，直接指向了"砖"的"质量"。

显然，这里我们不应该将"砖"和"石漆"简单地、直接地理解为实在的"建筑材料"。那么，"砖"和"石漆"意指的究竟是什么呢？——这里的文字，没有明确地透露出来。——很明显，在这里，埋下了考

① 雅克·德里达在《巴别塔》一文中提到，伏尔泰在其著作《哲学词典》中将"巴别"与我们的"汉语言"（中文）有所联系："我不知道为什么在《创世记》中'巴别'意味着变乱。在东方语言中，Ba的意思是'父亲'，Bel的意思是'上帝'；'巴别'指上帝之城，即圣城。古人就是这么称呼他们的首都的。……显然，从那时起，德国人就不再懂中文了；显然，据学者博沙德所说，中文与正宗德文原本是同一种语言。"

验人类智慧、理解力和想象力的伏笔。

4."他们说,来吧,我们要建造一座城和一座塔,塔顶通天,为要传扬我们的名,免得我们分散在全地上。"

"做砖"和"石漆"的目的是建一座"通天塔"来"传扬我们的名",免得"分散在全地上"。于是,大家雄心勃勃,齐心协力,工程进展顺利:一座"城"和一座"塔",已具雏形。

无疑,本节内容所叙述的人们免得"分散在全地上"——上天——的企图是有违上帝欲让洪水之后的人们"遍满了地"("你们要生养众多,遍满了地。"见《创世记》第9章)的意图的。这样,也就为以下耶和华的作为预设了伏笔。

5."耶和华降临,要看看世人所建造的城和塔。"

上帝关心自己的"造物",一切尽在耶和华的掌控之中。

6."耶和华说,看哪,他们成为一样的人民,都是一样的言语,如今既作起这事来,以后他们所要作的事就没有不成就的了。"

不看不知道,一看吓一跳。"人",已经"眼睛明亮了"(《创世记》第3章)的人,他们"一样"了,因为他们具有"一样"的"言语"。——这里点出来"一样的言语"的"威力":具有这"一样的言语"的人类,不仅有可能建成"城"和"塔",而且,"以后他们所要作的事就没有不成就的了"。

注意:"看哪"这个词透露出耶和华上帝不是"唯一"的,而是一个"复数"。

7."我们下去,在那里变乱他们的口音,使他们的言语彼此不通。"

毫无疑问,"城"和"塔"的建成,直接威胁到上帝的存在和权威。因为,通过耶和华之口所说的——"他们所要作的事就没有不成就的了"——不难看出:说着"一样的言语"的人民,似乎具有了上帝那样的"无所不能"的品格和能力。"神"与"人"的不平等的等级关系受到了威胁。

注意：这儿耶和华上帝又用了一个令人难解的复数"我们"。[①]

8. "于是，耶和华使他们从那里分散在全地上。他们就停工，不造那城了。"

上帝说到做到——人们的"言语"被"巴别"即"变乱"了。于是，"城"和"塔"，成了一个"烂尾工程"。于是，造"城"和"塔"的目的——"免得我们分散在全地上"即"上天"——落空了："耶和华使他们从那里分散在全地上。"

9. "因为耶和华在那里变乱天下人的言语，使众人分散在全地上，所以那城名叫巴别（就是变乱的意思）。"

最后一节是结论：人类"为要传扬我们的名"即欲与最高者——"神"或"上帝"——对话的初衷彻底失败了。因为，对话的平台——"巴别塔"由于上帝的干预——"耶和华在那里变乱天下人的言语"，而半途而废、功亏一篑。

二、"巴别塔"寓言的"汉语言"阐释

不言而喻，"巴别塔"事件，对于人类的自尊和自信来说，是个致命的打击——他们"为要传扬我们的名"实即欲与最高者"神"或"上帝"——对话的资格丧失了。它表明一个人类美好的"乌托邦"就这样破产了，一个人类"欲与上帝试比高"的努力流产了。

且慢！事情并不如此简单。很可能，"此中有真意"，留待后人诠。

一个含义无限丰富的哲学"寓言"的破解，有时可能需要上千年的时间。《圣经·创世记》之"巴别塔"，也许就是这样的一个哲学"寓言"。千百年来，这个寓言一直锻造并考验着人类的智慧、理解力和想象力。

---

① 有人考证说希伯来文《圣经》里的上帝是"单数"，"复数"的上帝是中文本的误译；还有人认为此处"复数"的上帝隐含着基督教"三位一体"的思想。笔者认为，中译本的翻译有其合理性。为什么6、7两节中耶和华用"复数"自我指谓？笔者认为，这并非画蛇添足，可能是暗示：神并非唯一的，各个民族，都有自己的"神"。神与神之间的关系是平等的，他们都相互"认识"——"语言相通"，但人与神之间的关系却是不平等的——人"听不懂"神的"话"。

　　千百年来人们对"巴别塔"的解读可能是不准确的，或可能是误读了这个伟大"寓言"或"隐喻"。这个误读对于人类命运来说是致命的。由于这个误读，致使人们普遍地误解、曲解犹太教和基督教的"上帝"，致使凡是有"信仰"的人类长期以来只能自感卑微，自觉地匍匐在"上帝"的脚下，而让那些没有并排斥"信仰"的人成为"上帝"的弃儿。信仰者和非信仰者都在"误读"着"上帝"。

　　笔者认为，人们之所以对这个故事产生误读，主要原因是对于"巴别塔"文字中所出现的"砖"和"石漆""坐实"理解了而对其真实含义并没有理解"透"。因为，长期以来，信仰者对上帝的无条件崇拜使他们总是执着于不能和不敢怀疑《圣经》的真理性的就事论事的实在化的理解，而非信仰者往往视宗教信仰为迷信而消极地、虚妄地排斥它。自然，他们都无能参透"巴别塔"的秘密。现代哲学解释学告诉我们，事物的意义并非自在的、不变的，相反，它有赖于我们对它的阐释、诠释。"巴别塔"的一切秘密都在其建筑材料"砖"即"语言"之中，关键在于我们对它的阐释或诠释。

　　一旦把"巴别塔"理解为一个哲学"寓言"，那么，我们就知道其中的"砖"和"石漆"是另有所指的，但在文中，我们并不能读出这个所指究竟是什么。如果不囿于、拘泥于宗教神学信仰的实在性而展开大胆的想象，那么，我们就不难联想和想象到：这里的"砖"，实际上指的就是"语言"或"言语"本身即词语、概念、范畴；①具有"灰泥"功能的"石漆"，指的是逻辑、语法；而文中所出现的"烧透"二字，就是指通过"交流"将主观性的容易产生歧义的私人性的语言或言语打磨、雕琢、锻造成具有普遍性、客观性、公共性的词语、概念、范畴。

　　因此，建造"巴别塔"的材料，实际上指的是扬弃了歧义丛生的私人性、主观性的"语言""言语"之后的具有客观性、普遍性、公共性品质的词语、概念、范畴，其粘合剂是中性的逻辑、语法。故，"巴别塔"，喻指的应该是一座"语言概念之塔"，一座"理论之塔"，一个"理论体系"。这里，"巴别塔"文字中所出现的"烧"字和"透"字——"把砖烧透了"，寓意深邃，它饱含着人类先知的千言万语、谆谆教诲，值得我们细细揣

---

　　① 在我们"汉语言"中，由于汉字本身有类似"砖"一样的"方块字"特征，故人们有时会把写字称为"码砖"，把在网络论坛上的语言论战称为"拍砖"。

摩、咀嚼，需要我们将它吃"透"。遗憾的是，我们看到很多《圣经》研究专家却把这个"透"字理解成早期人类已经拥有了制造合格建筑材料的"知识"。

不难看出，如果我们能够将容易产生歧义的私人性的词语、概念、范畴"烧透"，即我们的语言不"巴别"[①]，如果我们的"石漆"——逻辑、语法不混乱，那么，我们人类建成通天的"巴别塔"就是完全可能的。当然，这是一座"理论巴别塔"，一个"理论体系"。反之，如果人类不能将"砖"（语言）"烧"（交流）"透"（无歧义），那么，即便是人类建起了"巴别塔"——"理论体系"，也必是一座豆腐渣工程，最终难免坍塌的命运。人类历史上无数思想体系的坍塌就是最好的证明。

因此，"巴别塔"寓言之最后释义应该是：作为"理论体系"的"巴别塔"之所以半途而废，根源在于，匍匐在大地上的人们之间由于"交流"不够而"语言不通"。"同"不等于"通"，"一样的言语"并不等于"语言相通"，否则，就不会有"对牛弹琴"之说。因此，"耶和华说，看哪，他们成为一样的人民，都是一样的言语，如今既作起这事来，以后他们所要作的事就没有不成就的了"这句话，具有欲擒故纵、掩人耳目的意味，它和"我们下去，在那里变乱他们的口音，使他们的言语彼此不通"这句话，都是一个"障眼法"，是一个合理的"故事性"叙述，是对人类智慧、理解力和想象力的一个检验和考验。事实上，由于早期人类尚不拥有"烧透"的"砖"，故，根本用不着上帝干预，"巴别塔"的坍塌是必然的。

三、"巴别塔"寓言的意义

"巴别塔"寓言，照理说本来应该先由西方人揭秘，可是，西方人普遍的犹太教和基督教信仰，他们所普遍认可而并没有真懂其意的犹太格言"人

[①] 人们对"一样的言语"这句话的理解也大多是错误的。人们往往把"一样的言语"理解为"同一种语言"即排他的语言，这是机械的字面理解。实际上，不同的语言之间，根本不存在"巴别"。"巴别"，只能在同一种语言之内发生。即，我只和与我说同种语言的人"不通"，而与和我说不同种语言的人根本不存在这个问题。甚至，人与动物之间都不存在语言不通的问题。严格说来，柴门霍夫所创立的"世界语"与"巴别塔"寓言无关。

类一思考，上帝就发笑"，使他们一直"不识庐山真面目"。①这样，就为没有西方式宗教信仰的东方人留下了一个读懂西方民族寓言的千载难逢的机会。由此，我们也可以理解，为什么《中国科学技术史》会由英国人李约瑟来写，为什么德国人马克斯·韦伯会写出《儒教与道教》《印度教与佛教》《古代犹太教》等著作了。"汉语言"对于西方民族来说，也是"他山之石"；中国人看西方人，同样有"第三只眼"的问题。

通过以上对"巴别塔"的"汉语言"阐释，我们知道，正是由于人们互相之间的"语言不通"，才使得"巴别塔"成了一个烂尾工程，从而使得人们与最高者——"神"或"上帝"——对话的可能性丧失了。这里，如果我们对"神"或"上帝"不再做宗教信仰化的理解，而是把他们理解、想象成轴心时代的先知圣人，那么，"巴别塔"寓言无非是在告诉我们：早期人类中的普通大众、芸芸众生，由于心智不成熟而与先知圣人之间精神上有着不可逾越的天壤之别。可见，"巴别塔"寓言分明是在告诉我们：如果没有对话的平台，普通大众只有匍匐在大地上受制于先知先觉者的份，即如孟子在《孟子·滕文公上》里所言，"劳心者治人，劳力者治于人"。或如老子在《道德经》中所言："天地不仁，以万物为刍狗；圣人不仁，以百姓为刍狗。"而这，就是迄今全部人类历史的事实。可见，打造人与"神"或"上帝"对话的平台即建造一座通天的"巴别塔"是多么必要！

我们对"巴别塔"的"汉语言"阐释表明，只有在广泛（"巴别塔"中说的"全地上"，用今天的话叫做"全球化"）的交流和交往活动中，才能够让"巴别塔"下乌合之众的鼎沸喧嚣冷却和平静下来，才能够将"语言之砖"彻底地"烧透"。换言之，人与人之间首先应该通过广泛的交流、交往活动做到"言语相通"，然后才有资格谋求与"上帝"的"对话"即"言语相通"。其实，如果人与人之间"言语相通"了，那么，人与"上帝"之间也就不存在什么语言障碍了。很明显，"一样的言语"并不意味着"语言相通"，人类的"语言相通"不是一个既定的历史前提，它需要一个社会性的广泛交往、交流的创造性的历史"过程"。"巴别塔"寓言，不过是对人类社会现实结构关系的理论抽象；为"巴别塔"的坍塌辩护（基督教等），无非是为"信仰"留地盘，为现实的等级社会结构关系提供合法性辩护。

---

① 世人皆知，犹太人自认为是上帝的唯一"选民"，犹太教的真谛是"不外传"的。从当今世界犹太人在各个领域里的杰出成就来推测，犹太教徒可能像佛教徒那样，是些真正意义上的"无神论"者，他们早已参透"上帝"的本来面目，只是其他民族并不理解而已。

可以说，历史上几乎所有的思想理论体系都是不完备的，但它们都无不对自身理论的"巴别塔"状态予以合理化辩护即宣称自己理论的真理性。实际上，它们的这种自我辩护本身，客观上起到了为现实的不合理的等级社会秩序提供合理化论证的作用。——洞悉了"巴别塔"的以上秘密，宗教神学与哲学的历史恩怨不就"一笑泯恩仇"了吗？宗教神学与哲学的互不兼容不正是人们缺乏"交流"的一个结果？

四、"巴别塔"寓言的启示

"巴别塔"寓言给我们的启示是丰富的，多方面的。

第一，"巴别塔"寓言昭示我们，建构"理论巴别塔"，应该是一个无比艰辛的集体合作的宏大工程，它应该是所有理论工作者的共同使命；而欲让这座"理论巴别塔"避免坍塌的命运，就必须努力"烧透""语言之砖"即让自己所使用的"建筑材料"即词语、概念、范畴具有客观性、普遍性、公共性，而不能随意地移花接木、闭门造车。[①]

第二，"巴别塔"寓言昭示我们，宗教信仰与哲学的鸿沟是可以跨越的；信仰之外，"神"与"人"也是可以对话和沟通的，但前提是，我们必须建起科学的"理论巴别塔"即自洽的"理论体系"。在科学的"理论巴别塔"之上，"神"与"人"的等级关系便不复存在了，更遑论东西方的思想理论差异和有神论与无神论的争论了。

第三，"巴别塔"寓言昭示我们，交流，具有不可或缺的无限的价值。只要人类拥有了"充分交流"的条件，那么，"巴别塔"的建成就是指日可待的事情——"他们所要作的事就没有不成就的了"。而众所周知，今天，人类已经步入一个由互联网织成的平等（信息共享）的全球化时代。在这个全球化的互联网时代里，"交流"，已经变得异常简单和经济。因此，我们可以说，当今时代，人类已经具备了建成永不坍塌的"理论巴别塔"的客观条件。

······

---

① 那些充斥当下学术界的或东拼西凑，或闭门造车，概念范畴混乱不堪歧义丛生的所谓理论体系，真真应该从"巴别塔"寓言中获得自省。

参考文献

[1]雅克·德里达. 巴别塔[M]//郭军、曹雷雨编. 论瓦尔特·本雅明. 长春：吉林人民出版社，2003.

[2]朱鲁子. 试论交往方式变迁与思维方式转型[J]. 哲学动态，2002（4）：31-34.

[3]朱鲁子. 试论交往方式变迁与人的现代生成[J]. 理论与现代化，2002（4）：57-58.

（原载：《山西大学学报（哲学社会科学版）》，2014 年第 37 卷第 2 期，第 41-45 页）

论施米特的政治神学*

陈建洪

一、引言

近年来，施米特的影响正在逐步扩大，关于其政治理论的讨论也在迅速增加。在诸多讨论中，德国学者迈尔（Heinrich Meier）教授的研究思路在施米特研究领域中尤其引人注目，他认为，施米特政治思想的核心在于政治神学。换句话说，施米特政治理论的根本立足点在于启示、在于其基督信仰。[①]这个观点引发了施米特研究中所谓的神学转向问题。

迈尔的读法如果成立，它就彻底颠覆了前人对施米特的读法。洛维特（Karl Löwith）在 20 世纪 30 年代写有一篇评论，将施米特定性为一个政治机缘主义者；洛维特认为，施米特意义上的政治决断其实在根本上没有什么基础。如果一定说有一个基础的话，那就在于其随机性，在于它的无所本。所以，洛维特认为其本质就在于虚无主义。[②]说白了，施米特就是一个政治机会主义者，是一个政治投机分子。此外，卢卡奇（Georg Lukács）在《理性的毁灭》里面，将施米特看作一个政治存在主义者。也就是说，

---

* 本文主体论证部分采用了本人英文论文 What Is Carl Schmitt's Political Theology? 的部分内容，该文发表于 2006 年春季号的 Interpretation: A Journal of Political Philosophy（Vol.33 No.2），第 153-175 页。

① 迈尔著，朱雁冰、汪庆华等译：《隐匿的对话：施米特与施特劳斯》，北京：华夏出版社，2002 年；林国基等译：《古今之争中的核心问题：施米特的学说和施特劳斯的论题》，北京：华夏出版社，2004 年。

② 洛维特：《施米特的政治决断论》，载刘小枫编：《施米特与政治法学》，上海：上海三联书店，2002 年，第 27-76 页。

施米特政治概念的理论根基在于存在主义。[①]根据迈尔的新读法，施米特思想的隐秘根基则在于信仰，在于启示。这就完全颠覆了对施米特的种种传统读法。

由于其颠覆性，迈尔的神学读法在施米特学者中间的反响毁誉参半。认可迈尔路线的学者认为，这种读法确实揭示出了施米特政治思想的真正基础。[②]反对迈尔路线的学者则认为，这种读法实际上将神学因素强加到施米特头上，是对施米特政治和法学思想的神学歪曲。因此，它是一种误导性读法。[③]具体到政治神学这个概念，迈尔试图挖掘出施米特政治神学的所谓深层意义。他认为，施米特的政治概念背后隐藏着它的神学根基。反对者则坚持，施米特所说的政治神学其实并没有将神学视为政治的根基。所以，双方的一个重要争议点，就在于究竟施米特本人如何定义政治神学，到底该如何理解施米特的政治神学。本文主旨就在于全面梳理和分析这一关键概念，为进一步理解和讨论施米特的政治理论奠定基础。

二、政治神学的概念使用

1922 年，施米特出版了《政治神学》一书，1934 年重版。此书副标题为"主权学说四论"，全书分四章讨论主权问题。其中，第三章的标题和书名一样，同为"政治神学"。要理解施米特的政治神学，首先要清楚施米特如何使用政治神学这个词。

施米特的这本著作虽以《政治神学》为题，但是直接使用"政治神学"这个短语的次数其实并不多。如果略去书名和章节标题不计，这个短语在正文里边总共出现过三次。这三次都出现在第三章，也就是以"政治神学"为标题的那一章。其中两次使用，都和一定的历史时期直接相关，也就是法国复辟时期。这两次，施米特所提到的都是"复辟时期的政治神学"。从上下文来看，施米特的意思是指当时精神心智领域的变化和社会政治领域

---

① Georg Lukács, *The Destruction of Reason*, trans. Peter Palmer, London: Merlin Press, 1980, p.658, p.839.

② Ernst-Wolfgang Bökenförde, "Carl Schmitt Revisited", *Telos* 109 (1996): p.86.

③ Gary L. Ulmen & Paul Gottfried, "Ostracizing Carl Schmitt: Letter to *The New York Review of Books*", *Telos* 109 (1996): p.93.

的变更两者之间的紧密关系。①除这两次之外，施米特的文本中还出现过一次"政治神学"。这一次，政治神学这个短语是和"形而上学"这个词共同出现。也就是说，这次施米特所使用的是"政治神学和形而上学"这个短语，而且主要指 19 世纪的政治神学和形而上学。这个短语的上下文主要类比上帝概念在传统政治社会中的地位和人民在现代民主制中的地位（Schmitt, *PT*, 53/49）。考察美国人民民主原则之时，托克维尔曾指出："人民之对美国政界的统治，犹如上帝之统治宇宙。人民是一切事物的原因和结果，凡事皆出自人民，并用于人民。"②施米特指出，这种观念与"政治神学和形而上学在 19 世纪的发展是一致的"。同时，他还指出了，20 世纪初的法哲学家和政治哲学家（如凯尔森）则有不同，他们把民主看作是相对化和非人格化的科学主义的表现（Schmitt, *PT*, 53/49）。

如何理解施米特所说的"政治神学和形而上学"？仅从句断来看，有两种可能性。一可断为"政治神学 和 形而上学"，二可断为"政治神学和形而上学"。根据第一种句断，"和"字把"政治神学"和"形而上学"连接在一起，同时也把它们从意思上分离开来。从上下文来看，这是错误的断法。第二种断句是正确的读法。也就是说，"政治神学和形而上学"应该读作"政治的神学和形而上学"。根据这种读法，连词"和"就没有太强的语意作用。施米特没有明确区分神学和形而上学，而是笼统地把它们看作是同质的，是精神心智领域最为重要的表现。如乌尔曼（Gary L. Ulmen）所言，施米特所说政治神学，其意在于指出，在每一个法律体系和每一个存在秩序的背后，总有一种理念或曰形而上学的确定性，不管它是基督教的上帝或者其他。③

施米特并无区别使用神学和形而上学，这一点在《政治神学》的文本中也可以得到印证。施米特经常将"神学"与"形而上学"一起使用，如果将它们的形容词形式一起计算在内，文本中七次共同使用两个短语（43/36, 45/39, 50/46, 53/49）。其中一次，施米特所使用的短语为"神学或

---

① Schmitt, *Politische Theologie: Vier Kapitel zur Lehre von der Souveränität*, 2d ed. Berlin: Duncker & Humblot, 1934, pp.47-48, p.53; *Political Theology: Four Chapters on the Concept of Sovereignty*, trans. George Schwab, Cambridge [Mass.]: The MIT Press, 1985, pp.42-43, p.50. 下文凡引此书，皆随文注，以缩写形式 PT 代表书名，同时给出德文本和英译本页码，间以斜杠。

② 托克维尔著，董果良译：《论美国的民主》（上卷），北京：商务印书馆，1988 年，第 64 页。

③ Gary L. Ulmen, "Anthropological Theology / Theological Anthropology: Reply to Palaver", *Telos* 93 (1992): p.79.

形而上学"（45/39）。当然，这个短语中的"或"字并不表示区分之意，而是表达"或曰"之意。所以，在施米特那里，"政治神学"和"政治形而上学"基本上同指。从这一点也可以看出，施米特并不像施特劳斯那样刻意强调政治神学与政治形而上学（或哲学）之间的紧张和对立。[①]迈尔的新读法则恰恰强调两者之间的对立和紧张。可以说，迈尔的读法基本上是以施特劳斯的思想套路解释施米特本人的思路。

三、政治神学和世俗化

讨论"政治神学和形而上学"的时候，施米特主要说明了：当人民在现代政治法律系统中成为主权象征之时，在时代的核心概念领域发生了哪些相应的变化。所以，施米特的"政治神学"主要意指政治/法学概念和神学/形而上学概念的契合一致性。他通常通过具体的历史时代来说明这种一致性。施米特认为，这种政治和神学的一致性结构是一个特定时代的神学和形而上学特征。既然一个时代有一个时代的政治神学，有其特定的形而上学确定性，又如何从历史变迁的角度来理解政治神学？在这个方面，施米特从欧洲近五百年的智性发展历史中抽绎出五次变迁。他认为，近五百年来，欧洲社会和精神的核心概念发生了几次重大转移。具体而言之，16世纪欧洲社会和精神的核心是神学，这个神学核心领域在17世纪被形而上学所取代，到了18世纪再被人文主义道德所代替，然后到19世纪的时候经济成为了核心领域。20世纪，占领这片核心领域的则是技术，成为该世纪的形而上学特征。对于施米特来说，在五个世纪核心领域的转换过程中，从神学到形而上学的转移最为关键、影响最为深远。原因在于这一个转移"决定了所有后续发展的方向"[②]。这个转移开启并决定了现代世界的世俗化进程。

在《政治神学》第三章的开头，施米特表达了关于世俗化的一个重要观点："现代国家理论的所有重要概念都是世俗化了的神学概念。"施米

---

① 参见施特劳斯著，何子建译：《耶路撒冷与雅典：一些初步的反思》，载刘小枫等编：《经典与解释的张力》，上海：上海三联书店，2003年，第259-297页。

② Carl Schmitt, "Neutralization and the Age of Depoliticization" , trans. Matthias Konzett and John P. McCormick, *Telos* 96 (1993): p.137.

特举例说，政治领域的全权立法者是世俗化了的神学全能上帝；法理学里面的非常状态或者说例外状态（state of exception）等于神学里面奇迹概念的世俗化形式（Schmitt, *PT*, 43/36）。那么，如何将这个世俗化论题和施米特的政治神学概念联结起来思考？前面已经说明，施米特的政治神学主要意指一个特定时代的政治结构和神学概念结构两者之间的一致性。世俗化的命题则关系到时代精神结构的变迁和转换问题。通过结构转换，神学概念世俗化为现代政治概念。换言之，现代政治概念取代了神学概念原先所占据的位置。如此，一方面可以说，现代政治概念源于传统的神学概念。另一方面也可以说，政治概念代替了神学概念。这也暗示了，在世俗化过程中，神学概念本身必然会逐渐遭受冷落。从形而上学时代开始的世俗化进程必然地试图清除神学的残余。超验上帝对于神学的重要性和政治主权者对于政治的重要性，都逐渐地在现代政治理论中淡化了。

　　神学时代和形而上学时代之间显然存在着分别。然而，前面已经得出一个结论说，施米特在讨论政治神学的时候并没有对"神学"和"形而上学"做出实质区分。这显然是一个矛盾。不过，可以分别从两个角度来解决这个矛盾。首先，可以区分广义和狭义的神学和形而上学。当施米特将神学和形而上学相提并论的时候，他是在广义的角度来使用这两个词，合指一个时代的核心理念和精神。当他区分神学时代和形而上学时代的时候，他是在狭义的角度来使用这两个词，分指基督教神学和17世纪特定意义上的形而上学。其次，可以区分形而上学的积极和消极意义。从积极意义方面来看，17世纪的政治形而上学始终没有忽视形而上学和政治之间的一致性。从消极方面来看，从形而上学时代开始的世俗化进程，其逻辑将最终导致对神学遗留的彻底摒弃。一个完全世俗化的世界是一台可以自我运转的机器。在其中，创造者和统治者的观念将变得多余而且没有意义。因此，超验上帝的观念随着神学变得多余而丧失了原有的重要性，主权者概念也将随着去政治化（depoliticalization）的现代趋势逐渐被边缘化。因此，当代政治和法学理论也渐渐不再像以往的理论家那样重视主权问题。因此，施米特的政治神学概念也是对当代政治和法学理论逐渐冷落主权问题的一个挑战。

四、主权决断和非常状态

《政治神学》的副标题"主权学说四论"明确地表明了，此书主题就是主权理论。在开篇处，施米特就简单明了对主权者下了一个定义："主权者就是在非常状态做出决定者。"（Schmitt, *PT*, 13/5）主权问题因此也就是关于非常状态的决断问题。这是一个双重问题，既关乎决断，也关乎非常状态。这些都涉及施米特如何理解政治和法律秩序的关键。在他看来，法律秩序的基础在于决断而不是在于法规（16/10）。施米特所关心的首要问题不是如何做出决断，不是法律程序问题，他主要关心决断本身，关心政治和法律秩序中谁有资格在非常状态做出决断的问题（13/7, 17/10, 40/34）。施米特之所以认为法律秩序的基础在于决断而不是法规，是因为他断定：法规所规范的只是如何做出决断的程序问题，但是法规本身并不能在非常状态做出决断，而且法规本身的制定也是决断问题。既然主权者的决断是非常状态的决断，这个主权理论也就包含了非常状态的问题。将主权问题和非常状态问题联系在一起考虑，这是施米特政治理论的一大特色和贡献。如意大利著名学者阿甘姆本（Giorgio Agamben）指出，施米特的《政治神学》确立了"例外状态和主权之间的本质关联"，并且为建构一种例外状态理论做出了最为严格的尝试。①

所谓非常状态，是就其与正常状态相对而言。非常状态，也就是非正常状态，就是紧急状态、例外状态、极端状态。所谓正常状态（normal state），其根源在于法规（norm）。所以，正常状态就是法律占统治地位的状态，也就是法治状态。因此，非常状态就是非正常状态（abnormal state），是无法状态（anomic state），也就是法律无力主宰政治秩序的状态。施米特十分强调非常状态的重要性。但这并不意味着，他把一切都归为非常状态的主权者决断，从而无视正常状态。施米特主要着眼于论证，正常状态的渊源和根基都在于非常状态的决断。

施米特断言，主权者决定"极端紧急状态是否存在和应该做些什么来

---

① Giorgio Agamben, *State of Exception*, trans. Kevin Attell, Chicago: The University of Chicago Press, 2005, p.1, p.32.

消除非常状态"。主权者一方面以超越的姿态立于正常法律秩序之外，另一方面他又属于法律秩序的整体（Schmitt, *PT*, 14/7）。主权者决定整个正常秩序是不是需要暂时中止，也决定非常状态何时可恢复为正常状态。主权者既超越又属于法律秩序，这是施米特主权理论的辩证结构。在非常状态下，正常状态显然中止了。但对施米特来说，非常状态完全不同于混乱的无政府状态。非常状态虽非正常状态，但它仍然是一种秩序（18/12）。正常的法律秩序虽然暂时中止，但是这种暂时中止的根本目的并不在于摧毁正常的政治和法律秩序，而在于为正常秩序的重新恢复准备有效条件。在这个意义上，施米特认为，非常状态比正常状态"更为重要"也"更引人兴趣"（21/15）。对施米特来说，例外状态或者说非常状态是法规和正常状态的原动力和最终根据。所以，对非常状态的理论思考也比对法治状态的理论探讨具有更为根本的意义。

近年来，意大利批评家阿甘姆本声名鹊起。一个重要原因就是他延续了施米特将主权和非常状态密切挂钩的思路，并且对施米特的思路进行了批判性的深入思考。一方面，阿甘姆本从非常状态理论着手反思当代世界的政治现实，尤其是9·11之后的美国政治现实。另一方面，他将非常状态理论回溯到罗马法，思考其中非常状态处于何种地位，以此批评和反思现代政治理论将非常状态归于主权决断的思路。[①]

五、政治神学和政治

通过前面的分析，我们可以从如下几个方面来概括施米特政治神学的意思。首先，从观念史的角度来看，施米特所说的政治神学主要指神学/形而上学和法律/政治概念的结构一致性。其次，这种结构一致性可以分两方面来看。一方面，它可以意指某一特定时代的神学概念和政治概念的结构一致性；另一方面，它又意指传统神学概念和现代政治概念之间的角色和结构转换。最后，从主题内容来看，施米特政治神学是对主权理论及其重要性的一个强调，也是对非常状态理论及其重要性的一个强调。这个概括基本涵盖了施米特政治神学的概念意义。

① Agamben, *State of Exception*, esp. pp.32-51.

　　为了更为深入地理解非常状态理论，有必要引入施米特的政治概念。政治概念一直都是施米特政治理论的根本，《政治的概念》一直以来也是他最为著名的著作。施米特之所以流名后世，最为重要的仍然是他对政治概念的定义。施米特认为，政治就是敌我划分。有政治意识，就是要有敌我分明的意识，也就是对谁是敌人谁是朋友要有清楚的认识。因此，政治的衡量标准就是敌友划分意识。[①]不过，敌人和朋友虽然是构成政治的共同要素，实际上朋友概念相对不重要。敌人概念是首要的，朋友概念基本上处于附属地位。因此，要划分敌友，首要任务是需要确定和认清谁是敌人。

　　关于施米特的敌人概念，有两个区分需要特别说明。首先，需要区分敌人和仇人。[②]这个区分的重点在于公私之别。战场上的敌人和你可能没有什么私人仇怨。反过来讲，你个人感到不共戴天的人不一定就是你的敌人。比如，情敌和家族仇人不一定是你的敌人。这是仇人和敌人概念之间的区别。其次，需要区分政治敌人和绝对敌人的概念。[③]比如说，阶级敌人就不是施米特意义上的敌人概念。阶级在根本上是一个超越国家界限的概念。国内的和国际上的资产阶级都是全世界无产阶级的敌人。在这个意义上，阶级敌人是一个普世概念，是道义上的绝对敌人，是人类的最后敌人。施米特敌人概念的主体则既不是单个的个人，也不是普世的阶级，而是具体可见的政治实体，或者说是主权国家、现代意义上的国家。因此，施米特的政治概念主要涉及国家与国家之间的敌友划分意识；他所说的敌人概念，也主要指国家与国家之间的敌对意识。

　　施米特是关心天下秩序的政治理论家，尤其关心由现代国家与国家之间的敌我转换关系所构成的世界秩序问题。在现实政治中，国家和国家之间的关系仍然由敌友划分意识来决定。也就是说，国与国之间仍处于政治状态，仍处于非常状态。虽然有些理念超乎国家概念，但实际上还没有什么法律凌驾于国家主权之上。从这个角度来看，施米特的政治概念是霍布斯自然状态学说的一种复活形式。阿甘姆本就准确地观察到了施米特的非常状态理论和霍布斯的自然状态学说之间的本质一致性。[④]这个观察可以

---

①　施米特著，刘宗坤等译：《政治的概念》，上海：上海人民出版社，2003 年，第 138-139 页。

②　施米特：《政治的概念》，第 143 页。

③　施米特：《政治的概念》，第 140 页，第 432-436 页。

④　Agamben, *Homo Sacer: Sovereign Power and Bare Life*, trans. Daniel Heller-Roazen, Stanford: Stanford University Press, 1995, p.35, p.105.

帮助我们理解施米特和霍布斯之间一个非常重要的共同点：他们都把非常状态或者自然状态看作是正常状态的基础。

正如施特劳斯（Leo Strauss）所言，施米特的政治概念"荣耀地恢复了霍布斯的自然状态概念"[①]。施特劳斯的这个评论包含着两层意思：一是描述性的含义，说明施米特的政治概念是霍布斯自然状态学说的复活；一是批评性的意思，指出施米特肯定了霍布斯想要否定的东西。"恢复"只是一个描述语，"荣耀地恢复"则包含了批评态度。也就是说，施米特的政治概念既是对霍布斯自然状态概念的一个复活，也是对霍布斯文明状态理论的一个否定。在霍布斯那里，自然状态是要不得的状态，是所有人对所有人的战争状态，所以这种状态需要被否定，需要被文明状态所取代。在霍布斯那里，自然状态是一个负面概念。施米特则运用这个负面概念来分析国与国之间的关系，并从生存论的角度将其转换为一个正面概念。施米特认为，政治状态是人类生存中无可否定的现实。只有直面这一无可逃避的政治现实，人类才能认清自身的生存状态和命运。从这个角度来看，也就不难理解施米特为何如此强调非常状态对于法治状态的逻辑优先性。[②]

六、批评和接受

施米特对政治神学的讨论曾经引起诸多理论反响，还因此被人称为"20 世纪政治神学教父"[③]。施米特一再重申，他只不过在强调神学/形而上学概念和政治/法学概念的平行性，并且强调世俗化概念是理解最近几百年历史的关键。[④]迈尔认为，这些都是施米特的障眼法，实际上其理论立

---

① 施特劳斯：《〈政治的概念〉评注》，载刘小枫编：《施米特与政治法学》，上海：上海三联书店，2002 年，第 8 页。译文稍有改动。

② 关于霍布斯和施米特思想关系的探讨，参见陈建洪：《论霍布斯的自然状态学说及其当代复活形式》，《学术月刊》，2008 年第 6 期。

③ Michael Hollerich, "Carl Schmitt", in *The Blackwell Companion to Political Theology*, eds. Peter Scott and William T. Cavanaugh, Oxford: Blackwell Publishing, 2004, p.107.

④ Carl Schmitt, "Ethic of State and Pluralistic State", trans. David Dyzenhaus, in *The Challenge of Carl Schmitt*, ed. Chantal Mouffe, London: Verso, 1999, p.197; *Politische Theologie*, p.7/2; *Politische Theologie II: Die Legende von der Erledigung jeder Politischen Theologie*, Berlin: Duncker & Humblot, 1970, pp.18-19.

足点在于启示信仰。迈尔的解释是一种极端的解释。另一种极端的解释认为，施米特的政治神学在根本上是为了从神学上为政治现实做辩护。1935年，神学家彼特森（Erik Peterson）出版了《作为政治问题的一神论：论罗马帝国政治神学史》，批评了施米特的政治神学。彼特森的论文乃是对罗马帝国政治神学的神学研究，然而其矛头却是针对施米特的政治神学。这篇论文的主旨在于，从基督教三一论的角度论证政治神学在（基督教）神学上的不可能，认为政治神学只有在异教和犹太教的土壤上才有可能。①

在基督教神学内部，彼特森的观点遭到后起政治神学家的批评。彼特森要在神学上结束政治神学，后起神学家如莫尔特曼（J. Moltmann）则认为，彼特森以为终结的地方，正是政治神学的开始。不过，后起政治神学和施米特所提倡的、彼特森所反对的政治神学在旨趣和方向上殊为不同。它不像原有政治神学那样强调主权问题，而是更为注重政治神学的批判功能。出于这个原因，莫尔特曼批评施米特的政治神学是"权力、权威和主权的政治神学"，他自己则承续崇奉批判和自由精神的新政治神学。②

左派学者陶伯斯（Jacob Taubes）则在一定程度上采纳了施米特的好友兼论敌彼特森的观点。陶伯斯认为犹太教的根本乃是政治神学，他在给施米特的学生莫勒（Armin Mohler）的信中说，犹太教就是政治神学；政治神学是犹太教的"十字架"，是所有神学的十字架。③施米特在政治上曾经与纳粹有染，也在其著作中明确攻击犹太教。迈尔的研究试图撇清施米特的政治神学与纳粹意识形态之间的关系，但也清楚地描述了施米特攻击犹太教的宗教根据。作为一个犹太人，陶伯斯不但没有基于道德义愤谴责施米特，而且还认同施米特的分析，并把这种分析的思路回溯到保罗。似乎在他看来，施米特对犹太人的攻击在一定程度上道出了犹太人生存的本质。

施米特认为，"首位自由派犹太人"斯宾诺莎看到了霍布斯政治理论中那几乎不可见的空隙（内在信仰和外在认信、公共理性和私人理性的区分），并将此关系颠倒过来，从而开始了犹太思想家瘫痪和阉割利维坦的进

① Erk Peterson, *Ausgewälter Schriften Band 1: Theologische Traktate*, Hrsg. von Barbara Nichtweiß, Würzburg: Echter, 23-81.

② Jürgen Moltmann, "Covenant or Leviathan? Political Theology at the Beginning of Modern Times", in *God for a Secular Society: The Public Relevance of Theology*, trans. Margaret Kohl, Minneapolis: Fortress Press, 1999, pp.38-39, pp.43-44.

③ Jacob Taubes, *The Political Theology of Paul*, trans. Dana Hollander, Stanford: Stanford University Press, 2004, pp.109-110.

程。①陶伯斯把施米特论犹太思想家的命题一直推回到保罗，并且分别为公私领域的犹太传统辩护。这个辩护既是对施米特分析的认可，同时也是对施米特立场的批评。根据陶伯斯的解读，保罗的《罗马书》是"政治神学"，是对凯撒的政治宣战。②从这一点来看，陶伯斯所提倡的保罗"政治神学"与莫尔特曼所推崇的新政治神学，可谓异曲同工。陶伯斯从犹太教的角度来理解政治神学，将政治神学理解作犹太教的本质。这既是对施米特政治神学概念的接受，也是对施米特政治神学旨趣的一个批评。

（原载：《吉林大学社会科学学报》，2009 年第 3 期，第 85-91 页）

---

① Carl Schmitt, *The Leviathan in the State Theory of Thomas Hobbes*, trans. George Schwab and Erna Hilfstein, Westport [Conn.]: Greenwood Press, 1996, pp.57-58. 参见陈建洪：《耶路撒冷抑或雅典：施特劳斯四论》，北京：华夏出版社，2005 年，第 131-138 页。

② Taubes, *The Political Theology of Paul*, p.16.

政教分离中的理性与信仰

——黑格尔论国家与宗教之关系

于　涛

宗教与国家关系问题是中世纪以来西方政治文化中的一个重要议题。在中世纪，欧洲各国普遍实行的是教权高于土权或者教权与王权相互融合的政教合一的国家体制，宗教被理解为国家的内在形式，国家被理解为宗教的外在工具。教会自认为是"神的王国，或至少限度是天国的进阶和前院，而把国家看做尘世王国，即空幻的有限的王国"[①]，从而主张国家应当以教会为目的。特别是欧洲教权的总代表——罗马天主教廷始终力图在整个欧洲建立起教权的绝对统治，一方面在精神领域用残酷的手段打击异端和异教徒，扼杀精神自由；另一方面在政治领域运用各种手段干预各国的主权和内政，试图将各个民族国家控制在自己的羽翼之下。随着文艺复兴、宗教改革和启蒙运动的相继兴起，在政治上彻底摆脱教权的控制就成为理性主义政治文化的主导倾向，从而使信仰自由和政教分离成为启蒙运动最为重要的政治主张。

黑格尔是近代欧洲理性主义、自由主义政治哲学的主要代表人物之一，他的政治哲学同样是欧洲启蒙运动的产物，是这一运动的辉煌成果。他旗帜鲜明地支持政教分离的政治主张，并在他的法哲学理论中对宗教与国家的关系进行了深刻的分析，并对政教分离的主张进行了透彻的论证。

---

① 黑格尔著，范扬、张企泰译：《法哲学原理》，北京：商务印书馆，1961 年，第 275 页。

一、国家与宗教

　　黑格尔哲学是以确认先验的"绝对精神"为世界之本质的客观唯心主义哲学。在黑格尔看来，"绝对精神"本身是一个包含着内在矛盾的精神实体，在其内在矛盾的推动下，绝对精神通过自我的辩证运动不断发展，不断走向定在或现实化，从而显现出无限丰富的形态，万事万物，无论是自然的还是社会的，都不过是"绝对精神"在其发展的各个阶段上所表现出来的各种独特的形式。从这种思辨逻辑出发，黑格尔认为，宗教和国家本质上都是绝对精神的产物和体现，但它们各有自己的独特的存在形式，它们之间的关系也唯有通过思辨哲学的方法才能予以透彻的阐明。

　　依照黑格尔的理解，宗教就是绝对精神在表象形式中的自我认识，这种认识在宗教发展的最高形态——天启宗教（即基督教）中最终实现[①]。因而他说："宗教以绝对真理为其内容，所以最高尚的情绪就是宗教情绪。作为直观、感情、表象式的认识，宗教集中其事务于上帝，上帝是不受限制的原理和原因，是万物之所系，所以宗教要求万物都被放在这一关系上来理解，并在这一关系中获得它们的确认、论证和证实。国家和法律以及义务，对意识来说，就在这种关系中获得了最高的证明和最高的约束力。"[②] 宗教的作用就在于，它使人们在变幻不测、转瞬即逝的现实目的、利益和财产中，意识到某种不变的、永恒的真理，从而在精神上获得最高的自由和满足。

　　国家同样是绝对精神的自我体现，确切地说，它是绝对精神发展为客观精神即伦理精神在现实世界中的自我实现，亦即"国家是伦理理念的现实——是作为显示出来的、自知的实体性意志的伦理精神，这种伦理精神思考自身和知道自身，并完成一切它所知道的，而且只是完成它所知道的"[③]。国家作为伦理理念的现实，有着不同于宗教的存在形式，它是"当

---

　　① 赵林：《神秘主义与理性的双重扬弃——黑格尔宗教哲学的演化与实质》，《天津社会科学》，2003年第 5 期，第 36-37 页。
　　② 黑格尔著，范扬、张企泰译：《法哲学原理》，第 270 页。
　　③ 黑格尔著，范扬、张企泰译：《法哲学原理》，第 253 页。

前的、开展成为世界的现实形态和组织的地上的精神"①。也就是说，国家是现实中的伦理实体，它的这种实体性就体现在国家的各种内部制度中，特别是体现在国家法律的建构中，所以"神自身在地上的行进，这就是国家。国家的根据就是作为意志而实现自己的理性的力量"②。

宗教和国家虽则都是绝对精神的自我体现，但二者的存在形态和功能却是不同的，不可将二者混同起来，更不能抓住宗教形式来对抗国家。宗教是对绝对物，即对绝对精神或神的关系，但这种关系采取了感情、表象、信仰等形式，因而是主观的东西。从宗教情绪来看，除了对神的信仰之外，世间的一切都是偶然的、转瞬即逝的东西。"如果在对国家的关系上也坚持这种形式，以为对国家说来这种形式是本质上规定者和有效的东西，那么国家，作为已经发展成为具有巩固地存在着的各种权力和规章制度的机体，将陷入动荡不安和分崩离析。"③因为，这种宗教形式会把国家中客观的、普遍的东西，即法律，视为无足轻重的或无效的东西，认为法律不是为公正的人制定的，只要你保持对宗教或上帝的虔诚，你就可以做你愿意做的一切事情，而把法律置之度外。

基于上述观点，黑格尔严厉批判了中世纪以来，经院哲学家把国家完全建立在宗教基础之上的国家学说。他指出，就宗教中含有一般伦理性的东西而言，也可以说宗教是国家的基础，但也仅仅是基础而已。这个所谓的"基础"与其说是宗教，不如说是内含在宗教形式中的普遍的伦理精神，即"作为神的意志的国家本性"④。恰恰是在这个意义上，宗教与国家开始分道扬镳，宗教不过是普遍伦理精神的主观形式，国家则是普遍伦理精神的现实形态。把国家完全建立在宗教的基础上，就意味着把国家建立在人们的主观形式中，因此，"再没有一种主张比这一种更适宜于制造这么多的混乱，甚至把混乱提高到国家制度，提高到认识所应具有的形式了"⑤。在这种主观形式中，国家将被看作是非永恒性的偶然事物，丧失其本身所固有的客观性和普遍性。国家的各种权力和规章制度也会因此丧失其存在的权威性。如果停留在宗教的主观形式中，就会产生用虔诚的信仰来取代

---

① 黑格尔著，范扬、张企泰译：《法哲学原理》，第271页。
② 黑格尔著，范扬、张企泰译：《法哲学原理》，第259页。
③ 黑格尔著，范扬、张企泰译：《法哲学原理》，第271页。
④ 黑格尔著，范扬、张企泰译：《法哲学原理》，第271页。
⑤ 黑格尔著，范扬、张企泰译：《法哲学原理》，第269页。

普遍有效的客观法律或使政令和法律失去效力的宗教情绪。这种宗教情绪使人们完全听凭自己的任性和激情，当别人因而受到冤屈，就指示他们向宗教求得慰藉和希望，或者唾弃他们并把他们谴责为无信仰的人。进而，这种宗教情绪也不会仅仅限于一种内心的情绪和观点，而是有可能转向现实，力求在现实中肯定自己，这就产生了宗教狂热。这种宗教狂热和政治狂热一样，把一切国家设施和法律秩序视为一些界限加以排斥，认为它们拘束了内心生活，不适合心情的无限性。这种宗教狂热也会排斥私有制、婚姻、市民社会中的关系、劳动以及其他一切现实的存在物，认为这些东西对于爱和情感的自由来说毫无价值。总之，由于宗教反对尘世利益，漠视现实世界中的事态过程和当前事务，因而"依赖宗教看来不适宜于把国家的利益和事务提高到本质的重大目的"①。

黑格尔认为，之所以会产生上述错误观念，主要是因为，人们通常会把宗教理解为人们在灾难、动乱以及压迫盛行的时代所追求的东西，人们指望从宗教中得到慰藉，以解除自身所遭受的冤屈和痛苦，或得到希望，以补偿其所受的损失。对此，黑格尔指出："如果说被压迫者在宗教中找到了安慰之后就会捐弃对暴政的一切反感，这会被看做一种讥诮；同时，也不应忘记宗教可能采取一种形式，使人们受到迷信桎梏的最残酷的束缚，使人类堕落到低于动物。"②现实中，那些没有受到教育而盲目信仰宗教的人们，根本无法认识客观真理以及自己的权利和义务，由此产生的宗教情绪在消极状态下会表现为对现实的顺从、忍耐和静待，而当它一旦获得了积极的动力，就会以惊人的狂热力量毁灭一切现实社会。因此，黑格尔强调："不应笼统地谈论宗教，相反地，倒是需要一种挽救的力量来反对某种形态的宗教，而这种力量是维护理性的和自我意识的权利的。"③

二、对政教分离的论证

通过对伦理精神的两种存在形态即宗教和国家的分析，以及对把国家完全建立在宗教基础上的观点的批判，黑格尔十分明确地支持启蒙运动所

---

① 黑格尔著，范扬、张企泰译：《法哲学原理》，第 269 页。
② 黑格尔著，范扬、张企泰译：《法哲学原理》，第 270 页。
③ 黑格尔著，范扬、张企泰译：《法哲学原理》，第 270 页。

倡导的政教分离的政治原则，并对之作出了理论上的论证。

在黑格尔看来，要理解政教分离的必要性，首先就必须看到国家并不仅仅是一种处理世间有限事物的世俗组织，它同时也是普遍的、理性的、必然的伦理精神的现实形态。如果说，宗教信仰仅仅是停留在主观形式中的伦理精神，那么国家则使这种伦理精神达到了特殊实存。因此，国家的现实性就在于，它使整体的利益在特殊目的中成为现实，也就是说，它使普遍的伦理精神通过对现实世界中种种特殊事务的处理得到现实的体现，从而达到普遍性与特殊性的统一。因此，就国家必须处理现实世界中的特殊事务而言，国家显示自己为尘世的有限的领域，而宗教则表现为精神的无限领域，看上去似乎国家是次要的，而必须以宗教为基础，即有限物必须以无限物为根据。但这种看法是极端片面的。"诚然，国家本质上是尘世的和有限的，它具有特殊目的和特殊权力。但是国家是尘世的这一事实，仅仅是一个方面，也只有对迟钝的知觉说来才是纯粹有限的。其实，国家具有一个生动活泼的灵魂，使一切振奋的这个灵魂就是主观性，它制造差别，但另一方面又把它们结合在统一中。"①

依据这个观点，黑格尔批评了那种把国家和法律仅仅以保护个人生命和财产权利为目的的自由主义政治观念。他说："依照这种观念，国家的使命在于保护与保全每个人的生命、财产和任性，但以不损害别人的生命、财产与任性为限，所以国家只被视为消除急难而成立的组织。这样来，更高的精神要素，自在自为的真理的要素，就这样地作为主观宗教心或理论科学而被安置在国家的彼岸，而国家则作为自在自为的俗物，唯有尊敬这个要素，于是乎它的真正伦理性的东西就完全丧失了。历史上有过野蛮的时代和状态，一切更高的精神东西都集中于教堂，而国家只是依据暴力、任性和激情的尘世统治，又那时，国家和宗教的那种抽象对立才是现实界的主要原则。"②也就是说，如果把国家仅仅看作是尘世中的一个有限的组织，那就必然会造成国家和宗教的抽象对立，从而把更高的、普遍的、无限的伦理精神拱手推向宗教或教会，使国家不能在自身的存在形态中证明自己的合理性和必然性，而必须从宗教中找寻自己的存在根据，这就不可能真正实现政教分离。

---

① 黑格尔著，范扬、张企泰译：《法哲学原理》，第 281 页。
② 黑格尔著，范扬、张企泰译：《法哲学原理》，第 276 页。

因此，真正的、现实的国家必然是普遍性与特殊性、无限性与有限性的统一。达不到这种统一，就不是真正现实的国家，而只能是一种坏的国家。这种国家仅仅是实存的，而不是现实的。"真实的现实性就是必然性，凡是现实的东西，在其自身中是必然的。"①"一个坏的国家仅仅是尘世的和有限的，但是一个合乎理性的国家自身是无限的。"②正因为如此，一个真正的、现实的、合乎理性和必然性的国家根本不需要从宗教中获得自身合理性的根据，它的存在根据就在它自身之中。国家作为普遍的伦理精神的现实形态，它的存在形式必然与权威和信仰的形式有着根本的区别，这就意味着，国家不但不能依靠教会，而且必须超出特殊的教会才能达到思想的普遍性。据此，黑格尔指出："如果以为教会的分立对国家说来是或曾经是一种不幸，那是大错特错了；其实只有通过教会的分立，国家才能成为其所规定的东西，即自我意识着的合理性和伦理。"③

如果说，在宗教中，理念是内心深处的精神，同样包含着伦理理念的思想原则，那么，国家可能需要宗教和信仰。但是国家本质上仍然是与宗教有区别的，因为国家所要求的东西，都是采取法律义务的形态，而并不在乎出于怎样的心情来履行这些法律义务。相反地，宗教则属于人的内心生活的领域，有着信仰的自由权利。如果国家要按宗教式样提出要求，即对人的内心生活采取法律义务的形态，它就会危害人们内心生活的权利。同样，如果教会要像国家那样行动，即对人的内心生活进行法律约束并施加刑罚，它就会蜕变为一种暴虐的宗教。

更进一步说，宗教的地位是建立在心情、感觉和表象的基础上的，因而宗教中的一切都具有主观性的形式。国家则不同，国家要使自己现实化，就必须把自己的规定建立在国家的组织和制度中，使之获得固定的定在。如果宗教心力图把自己的主观形式强加给国家，它就会颠覆国家组织。因为，国家组织的各种机关都有自己的特殊职能，并在自身的职能范围内履行自己的功能。而在宗教中，一切宗教情绪都关联到抽象的精神整体，"现在如果这一整体要求掌握国家的一切关系，那它就会成为狂热。要求在每一特殊物中有整体，这只有破坏特殊物才能做到，因为狂热是不让特殊差

---

① 黑格尔著，范扬、张企泰译：《法哲学原理》，第 280 页。
② 黑格尔著，范扬、张企泰译：《法哲学原理》，第 281 页。
③ 黑格尔著，范扬、张企泰译：《法哲学原理》，第 279-280 页。

别自行发展的"①。

黑格尔对政教分离的上述论证是相当深刻的。在这里，他并不一般地反对"国家和教会的统一"这种说法，但他把这种统一理解为，国家和教会在本质上，即在原则和情绪的真理上的统一，即都是以绝对精神的自我发展为共同的本质。然而，在这种统一中，宗教和国家在其存在形式上的差别也同样是本质的。国家表现为世俗世界中的有限物，但真正的、现实的国家必然体现着普遍的必然的伦理精神，并以这种精神为存在的根据；宗教表现为人们在内心世界中对无限物的崇敬和信仰，但它在现实中也采取了教会这种有限物的存在形式。因此，国家和教会各有自己的领地，在现实中并不具有相互融合的必然性和必要性。国家的原则不能用于宗教，同样，宗教的原则也不能用于国家。有人认为，国家的政治统治也应当基于宗教的虔诚心，黑格尔对此表示坚决的反对。他指出，宗教的虔敬心只是一种内在良知，而不可能成为国家的根据，"如果虔敬心被算做国家的现实，那么一切法律都将被推翻，而主观感情就成为立法者"②，这可能是对国家的最大的侵害，因为它违反了或动摇了国家的理性原则。尽管在宗教中，神所代表的是普遍的理念，但这种理念在宗教情感中是不确定的东西，它不像国家那样把自己的一切规定性发展为固定的存在形态。"恰恰是在国家中一切都是固定的安全的这一事实，构成了反对任性和独断意见的堡垒。因此，宗教本身不应成为统治者。"③

三、在现代社会中宗教与国家的关系

由于黑格尔把宗教和国家都理解为绝对精神在发展中的自我实现或体现，因而他认为，"教会和国家都以真理和合理性为内容，它们在内容上并不对立，而只是在形式上各有不同"④。基于这个观点，黑格尔既反对国家和教会的直接汇合即政教合一，也反对国家和教会背道而驰即政教对立。在他看来，宗教的教义"在良心中具有它的领域，它属于自我意识的主观

---

① 黑格尔著，范扬、张企泰译：《法哲学原理》，第 282 页。
② 黑格尔著，范扬、张企泰译：《法哲学原理》，第 282 页。
③ 黑格尔著，范扬、张企泰译：《法哲学原理》，第 282-283 页。
④ 黑格尔著，范扬、张企泰译：《法哲学原理》，第 277 页。

自由的权利范围，即内心生活的范围"①，这个范围本身虽然并不构成国家的领域，但也同样有自身的、国家不能予以侵犯的独立存在价值。宗教是以感情、表象和信仰的形式表现出与绝对物即上帝或绝对精神的关系，它使人们在变幻的世界中意识到不变的东西，其中包含一般伦理性的东西。这种一般伦理性的东西"引起情绪的内在渗透和提高，这种情绪的内在渗透和提高通过宗教而获得最深刻的证实"②。因此，宗教的园地是人的内心生活，是精神自由的领地，它的本质性的内容与国家并不矛盾。从这个角度看，在现代社会中，国家和宗教是可以和谐相处的。如果宗教是真实的宗教，就不会对国家采取否定和论战的态度，而会承认国家并予以支持；同样，国家也有义务全力支持和保护教会使其达成宗教的目的。"又因为宗教是在人的内心深处保证国家完整统一的因素，所以国家更应要求它的所有公民都加入教会，并且不论哪一个教会，因为其内容既然是与观念的深处相关，所以不是国家所能干预的。"③也就是说，国家可以要求公民加入教会，但不能干预公民信仰自由的权利。

　　然而，在现实生活中，宗教也采取了教会这种有限物的形式，它拥有财产，奉行礼拜的仪式，并因而有供职人员。这就使宗教从人的内心生活进入到尘世，从而进入到国家的领域。就此而论，教会就必须受治于国家的法律，而绝不能把自己凌驾于国家之上，即"具有共同宗教信仰的人一旦合成一个教会或同业公会，它就受到国家最高警察权的一般监督"④。在政教分离的前提下，一个组织完善的强大国家应该把教会和信徒交给市民社会，使之受市民社会的规律的约束。在这个方面，国家对宗教也应当更为宽容一些，对于宗教在一些细枝末节的问题上与国家发生抵触，可以不闻不问，甚至可以在一定程度上容忍那些根据宗教理由而不承认对国家负有直接义务的教会，允许这些教会成员用消极的方式来完成对国家的直接义务。

　　黑格尔强调，国家只能基于它自身的合理性力量才能忽视和容忍这种来自宗教的反常状态。这种合理性的力量就在于确认人在人格上的平等。例如，某些国家的法律拒不赋予犹太人民事方面的平等权利，理由是犹太

---

①　黑格尔著，范扬、张企泰译：《法哲学原理》，第 275 页。
②　黑格尔著，范扬、张企泰译：《法哲学原理》，第 274 页。
③　黑格尔著，范扬、张企泰译：《法哲学原理》，第 273 页。
④　黑格尔著，范扬、张企泰译：《法哲学原理》，第 274 页。

人不仅是一种特殊教派，而且属于一个异国民族。对此，黑格尔予以严厉的谴责。他指出，犹太人首先是人，赋予他们民事权利，使他们产生了一种在市民社会中以法律上人格出现的自尊感。如果国家以法排斥他们，那么国家就误解了自己的原则、客观制度及其权力。因此，"这种排斥犹太人的主张，虽自以为非常正确，但经验已经证明其为极端愚蠢，相反地，现在各国政府的处理方法却证实为既明智又大方"①。

　　当然，国家对宗教的宽容并不是毫无限度的。与宗教所采取的感情、表象和信仰的主观形式不同，国家作为形式上的普遍物，它的原则本质上是思想或理性，因而把握国家的本质，需要思辨的理性，需要能思考的认识。但是，能思考的认识也有可能从科学的水平下降到意见和演绎推论，即把缺乏真理性的意见作为理性和主观自我意识的权利，从而同国家的基本原则对立起来。例如，某些教会就主张它在作出意见和建立信念时是自由的而不受拘束。对此，黑格尔指出，意见作为意见只是主观内容，不管它如何自恃自负，它本身是没有真实的力量和权力的。因此，对于这种意见，国家完全可以置之不理。如果某些教会力图把自己提出的有关坏的原则的意见变成现实的时候，"国家必须反对它，以保护客观真理和伦理生活的基本原则。……国家面对着这种教会，大体说来，必须主张自我意识对自己的洞察、信念和一般思维——即什么应作为客观真理而有效的这种思维——的形式上权利"②。

　　从以上三个方面可以看出，黑格尔在秉承启蒙运动的政教分离原则上，态度是坚决的，思想是明确的，论证是深刻的。当然，黑格尔关于国家和宗教的关系的全部理论都是建立在客观唯心主义的思维出发点上的，即把国家和宗教理解为绝对理念的体现，认为绝对的客观的伦理精神通过国家和宗教达到自我认识和自我实现。这无疑是一种"逻辑的神秘主义"。在这种神秘主义的逻辑思维中，黑格尔把国家和宗教看成是在本质上相同的东西，只是在存在形式上各有不同，这显然使他对宗教信仰的维护也比那些浅薄的、狂热的宗教情绪要深刻得多，坚实得多。然而，祛除这层唯心主义的神秘外壳，黑格尔的上述理论对于我们分析和研究现代社会中国家与宗教的关系问题，依然具有非常重要的启发意义。

---

　　① 黑格尔著，范扬、张企泰译：《法哲学原理》，第 274 页脚注。
　　② 黑格尔著，范扬、张企泰译：《法哲学原理》，第 279 页。

在现代社会中，虽然宗教在很大程度上实现了与国家和政治的分离，更多地成为个人内心精神世界的信仰与慰藉。但是在某些特殊地区或境遇中，一些宗教原教旨主义分子利用宗教的旗号来干涉国家正常行政事务，煽动民族与教派冲突，扰乱社会的正常秩序，妄图实现其颠覆现有国家政权、恢复宗教主宰权的险恶目的，这是我们作为现代人所必须要坚决反对的。黑格尔站在理性与信仰相统一的立场上所坚持的宗教与国家和谐共处思想，恰恰从学理上为我们反对和抵制那些利用宗教来干预国家事务的卑劣行为提供了有力的理论武器，引导宗教与国家在各自适当的处境中实现自我的伦理精神，同时，也对现今中国社会中宗教的健康发展、国家的稳定昌盛以及人民的幸福安康具有重要的理论价值和实践意义。总之，在任何时候及任何条件下，宗教绝不能成为干涉国家主权与内政的"护身符"和"回避牌"，任何打着宗教旗号从事反国家、反社会的行为都是违背人类共同理性与良知的，必将遭到全世界一致反对与唾弃。

（原载：《南开学报（哲学社会科学版）》，2013 年第 6 期，第 18-24 页）

庐山慧远的法性思想探微

张敬川

庐山慧远为东晋时最为重要的义学僧人之一，然对其佛学思想究竟属于大乘还是小乘，学界始终未有定论。究其原因，一方面是因为其并无完整的论述其佛学思想的著作存世，故对其思想之归趣很难判定。另一方面，从其佛教义学的思想渊源来看，他先后接触到了小乘说一切有部的毗昙学和大乘中观学的著作，并都有深入之研习。从现存的文献来看，其对毗昙学多是赞扬之词，而对罗什所传之中观学则颇多"质疑"。因此，其思想多被判为小乘。即使其用来阐释"涅槃"意义之"法性"，也被理解为毗昙学意义上的诸法自性，乃至实体性。[①]但从佛学之教理而言，无论是大乘还是小乘，涅槃作为无为法，本身必然是不具有任何规定性的，亦即不是存在论意义上的实体。"涅槃"之"有"只能从果德的角度来理解[②]，而不能理解为有一不变之属性。慧远本人对此是有深刻认识的。故不能仅凭其对毗昙学之赞叹、研习，就判定其思想完全属于小乘，未明法空。事实上，慧远的佛学思想前后是有所变化的，在未接触大乘中观学之前，其主要是从毗昙学诸法自性的角度来解读法性的，也即五蕴、十二入、十八界等法相均有相对固定的属性。此时的法性是指诸法"各自住己性"，并非是涅槃意义上的"法性"。在《鸠摩罗什法师大义·次问造色法》中，慧远即以此为据，而质疑云：

---

① 如赖鹏举《东晋慧远法师〈法性论〉义学的还原》、夏金华《论说一切有部"实有"观念对慧远思想的影响》、吴丹《毗昙学对慧远佛学思想的影响》、刘剑锋《论早期中土毗昙学的兴起——以思想史为中心的考察》、陈建华《庐山慧远"实有"思想研究》等文章均持此观点。

② 张志强《慧远与罗什关于法身诸问题的讨论》一文，即认为慧远借用了犊子部识神（神我）的概念，从果德妙有的意义上建立佛身，对涅槃学的发展非常有意义。《中国佛教学术论典》23，台北：佛光山文教基金会，2001年，第62页。

色必有象，象必有色。若像而非色，则是经表之奇言。如此，则阿毗昙覆而无用矣。[①]

慧远此问正是毗昙学与大乘中观学的主要分歧之处，前者因唯破我执而不问法有，故主张色必有像，而中观学则既破我执，亦破法执，故主张"我空"，即是构成"我"法的五蕴亦空，这样，色法所住之己性就只是在一定的时空范围内（三界）才成立，若超出了这一范围，则色与像之间的对应关系就失效了。也就是说，在三界轮回的范围内，色蕴必有像，而有像者则必定属于有质碍之色蕴。但若从超越轮回之佛身而言，则不受这一规律的限制，因此，虽佛身有无数的像类，却并非是由四大和合而成之色法。慧远正是以毗昙学的教义来质疑超三界之佛身，才会有"像而非色，则是经表之奇言"的疑问。这说明此时慧远把毗昙学的理论视为佛教之基础，并试图以此来解释全部的佛学义理问题。因此，即使是超越三界轮回之法身，也必然应符合毗昙学的理论。在与鸠摩罗什的问答中，慧远即以毗昙学的理论为依据，认为既然法身有像可见，必属色法，而色法则必是由四大、五根所成。若言法身无四大五根，那么"四大既绝，将何所摄，而有斯形？"[②]因此，慧远坚持认为即使是超脱轮回之法身菩萨，亦要由四大所成：

寻源求本，要由四大。四大既形，开以五根。五根在用，广以神通。神通既广，随感而应。法身菩萨无四大五根。无[③]四大五根，则神通之妙，无所因假。[④]

菩萨法身虽有神通妙用，但其身形必是由四大所构，以四大之集聚为基础，方有五根。而天眼、天耳等神通则是通过五根才得以发挥作用的。若法身菩萨有色像而无四大五根，那么神通即无所凭借。如此，则大乘佛经中菩萨神通之教义又如何解释呢？因此，慧远始终坚持认为无论是三界内之生死身，还是超三界之法身，均是由四大构成的。[⑤]之所以会得出这

---

① 《大正藏》，第 45 册，第 141 页中。
② 《鸠摩罗什法师大义》卷一，《大正藏》第 45 册，第 123 页中、下。
③ 此"无"字据《大正藏》注 12 补。
④ 《鸠摩罗什法师大义》卷二，《大正藏》第 45 册，第 129 页下。
⑤ 慧远云："阴阳之表，岂可感而成化乎？"《鸠摩罗什法师大义》卷一，《大正藏》第 45 册，第 123 页下。

样的结论，是因为以毗昙学的理论，可见之色像和四大极微，均是色法的属性，即凡可见者均属色法，而凡色法均由四大所成，由此而推出法身也应由四大而成。但需要注意的是，毗昙学的这种理论，其立意在于破除对人我的执着，故四大之"实有"仅仅是相对于由五蕴和合之"我"而言的，若就四大而言，其本身亦不违因缘和合之理。而龙树之中观学却抓住了毗昙学的这一弱点，批评其未明法空，堕于常见：

> 如《鞞婆沙》中说：微尘至细，不可破，不可烧。是则常有！复有三世中法，未来中出至现在，从现在入过去，无所失。是则为常！……如是等种种异说，违背佛语，不可以此为证。[①]

极微的安立，是为了显明"我"之空性，而将众生执为"我"的诸法分析之不可再分而安立的名相。修行者由此可以摆脱对自我生命的贪爱与执着，而证得涅槃。这种教法是与声闻之根性相应的。因声闻者唯求自我解脱，在智慧上唯求一切智，而不求道种智及一切种智，故小乘佛法虽明人无我，却不及论证诸法之空性。因此所演之教并非究竟圆满，尚有未言之妙意。故慧远在未得中观学之要旨之前，仍无法圆满解释空、有之间的"矛盾"。故在与罗什之书信问答中，慧远云：

> 夫因缘之生，生于实法。又问：实法为从何生？经谓色香味触为造之色，色则以四大为本。本由四大，非因缘如何？若是因缘，复如何为实法？寻实法以求四大，亦同此疑。[②]

慧远承认诸法的缘起性，但毗昙学以有情生命为缘起论中心，通过破分空的方式论证人无我之教义，虽可明五蕴非实体，但却无法解释构成五蕴之四大的空性。这说明慧远已经看到了毗昙学理论之不足，即只言我空，未明法空。而法空之教理是至大乘中观学才有深入详细的阐释。而在未闻中观学之教理之前，慧远只能以因缘观来纠正破分空之不足，以解释诸法的空性。慧远坚持诸法自性不变，是要用因缘观证明有为法的空性。而有为法之空、无常，恰恰是为了凸显无为法之"常"。故诸法与涅槃之关系，仍然未脱常与无常、世间与出世间二元对待的框架模

---

① 《大智度论》卷六，《大正藏》第 25 册，第 104 页中。
② 《鸠摩罗什法师大义》卷三，《大正藏》第 45 册，第 136 页中。

式。①因为在小乘佛学看来，通过智慧之抉择所证之无为法，远离无常故寂灭为乐。此即佛教的至极之境——涅槃。

涅槃本应是所有佛学体系的核心，是修证实践的终极趣向。但从思想史的发展来看，涅槃似乎被魏晋之际的中国佛学"遗忘"了。此时的教义中心为般若学，围绕如何理解般若空义而有"六家七宗"之学说。但各家对空义的阐释多偏与理境，而忽视了行与果。殊不知佛教之空恰恰是修行之所证，而证得空性即是成就佛果。只有把空与行、果放在同一体系中来理解，才能真正把握空之真义。慧远的贡献即在于他看到了空与行、果之联系，纠正了魏晋以来玄学化的解空方式，不单单在理境上谈空，而是通过毗昙学之教理结构，重新回归了佛教境、行、果之系统。故慧远云：

> 又其（阿毗昙）为经，标偈以立本，述本以广义。先弘内以明外，譬由根而寻条。可谓美发于中，畅于四枝者也。发中之道要有三焉：一谓显法相以明本，二谓定己性于自然……己性定于自然，则达至当之有极。法相显于真境，则知迷情之可反。②

"法相"即是诸有为法，而"本"则是指无为法——涅槃。前者为相，可"戏论分别"，后者为体，"言语道断"，相依体而有，故可"显法相以明本"。"己性"即有为法之自性，"自然"即涅槃之寂灭性，诸法的"己性"无非是众生因烦恼之遮蔽，而于寂灭无为之法界中取相执着，分别诸法及其属性。若能消除对有为诸法的执着，不对境而取相，便可显现涅槃之寂灭性，此即空性。于此真境中反观有为之法相，便可由迷而返本，舍染归真。慧远在《沙门不敬王者论　求宗不顺化》中云：

> 夫生以形为桎梏，而生由化有，化以情感，则神滞其本而智昏其照。介然有封，则所存唯已，所涉唯动。于是灵辔失御，生涂日开。方随贪爱于长流，岂一受而已哉？是故反本求宗者，不以生累其神。超落尘封者，不以情累其生。不以情累其生，则生可灭。不以生累其

---

① 张志强《慧远与罗什关于法身诸问题的讨论》一文认为：法性与因缘的关系在慧远那里不是中观的缘起与性空的关系，而是作为涅槃的独觉无始之境与因缘化生的万有诸法之间的关系，即常与无常、出世间与世间之间的对立关系。《中国佛教学术论典》23，台北：佛光山文教基金会，2001年，第62页。

② 《大正藏》第55册，第72页下。

神，则神可冥。冥神绝境，故谓之泥洹。泥洹之名，岂虚构也哉。[①]

意谓人之生命外受身形，内禀自然之化育。而自然之化育又源于情识的感应，因此心识迷滞，而智慧不明。这样就会使物我相对，因贪爱自我，而轮回不息。若有意追求解脱，便不应让识神滞累于生死，只有超越物我之界限，才不会为凡情所转。这样，就可以了生脱死，不让轮回的业力控制识神，那么识神就可以解脱。清净无染之识神因断一切烦恼，寂灭无为，故称其为涅槃。由此可见，慧远的涅槃思想与其解脱论一致，突显了涅槃区别于万法的清净性。而这正是毗昙学之涅槃论的特征。《阿毗昙心论经》卷四云：

> 若智性能了，观察一切有。有无有涅槃，彼相我当说。[②]

其中，第一个"有"是指三界诸有为法，第二个"有"指以世俗智执取诸法之"实有性"。"无有"则是指以圣智体悟三界诸法的"非有性"、不实在性、空性。若从四谛的角度而言，诸法之"有"性可摄入苦谛和集谛，诸法之"无性"可摄入灭谛，而由有趣无之过程即是道谛。其中，作为灭谛的"有无有"，即是涅槃。[③]但"无有"并非意指涅槃本身是空无。优婆扇多释此偈云：

> 此说有对治谓是灭，是故灭非无也，非无物有对治。如灭尽正受，心、心数法不行故，对治说灭，是有物。如是涅槃一切有，对治是故有事。如除病得无病，彼相谓寂灭寂灭相等。彼攀缘智，智者观察于彼，非无境界而有智转，是故若智观察，此即是道。[④]

意谓灭是就其所对之事而言的，是"事"灭而非体灭。如灭尽定时可对治心心数法之生起，故称为灭，实则心识之体还在，因此是有而非无。涅槃的道理也是一样，虽称为"灭"，但体仍是有，"灭"是就其所对治之事而言的。《杂阿毗昙心论》进一步阐明此"事"即烦恼，《杂阿毗昙心论》卷六云："涅槃者，诸烦恼灭。"[⑤]因此，"无"是就涅槃所对治之烦恼而言

---

① 《弘明集》卷五，《大正藏》第 52 册，第 30 页下。
② 《大正藏》第 28 册，第 852 页上。
③ 《阿毗昙心论经》卷四云："有无有者，所谓涅槃。"《大正藏》第 28 册，第 852 页上。
④ 《阿毗昙心论经》卷四，《大正藏》第 28 册，第 852 页中。
⑤ 《杂阿毗昙心论》，《大正藏》第 28 册，第 916 页下。

的。毗昙学之所以要从"有"的角度来阐释涅槃，是因为其理论是以修道断惑为核心，故必要有所断、有所证，若以"无所得"来诠释涅槃，则声闻根性的众生必会丧失修道之动力。这也符合佛法应病与药的精神。慧远正是继承了毗昙学的这一理论，故其总是以"至极""法真性"等肯定性的概念来表述涅槃。

但毗昙学这样严守凡、圣之别，二元对待的印度佛学，与中国传统哲学所追求的万物一体、自我与道的冥契之一元化的生命哲学模式存在着结构上的根本差异，故始终无法在中国得以展开。相反，强调空有不二的大乘中观学却因暗合了中国的生命哲学形式而在晋宋之际得到了最充分的发展。慧远正是看到了中观学的这一特征，所以经与罗什及僧肇的书信往来后，也开始尝试打通涅槃与万法之隔碍，而把涅槃描述为万法之空性。在《大智论抄序》中，慧远云：

> 无性之性，谓之法性，法性无性，因缘以之生。①

诸法之体性为"无性"，亦即空性。而所谓的空，并非是一无所有之空无，而是指不于法界中起念分别，取相执着。证入此境，即入涅槃。故涅槃不离万法，又不住万法。但慧远对"无性"之法性所论甚少，因此，只能说他看到了中观学相对于毗昙学之殊胜之处，但又未完全放弃毗昙学凡圣对待的解脱论模式，故其法性思想虽未局限于毗昙学之实有论，但也没有完全在中道不二的立场上完成对"法性"之解读。从教理的层面而言，僧肇对空性的理解恰恰可以补慧远所未尽之意。僧肇在《涅槃无名论》②中云：

> 是以至人居方而方，止圆而圆，在天而天，处人而人。原夫能天能人者，岂天人之所能哉。果以非天非人，故能天能人耳。③

"至人"即证悟涅槃之圣人，从体性而言，即是涅槃本身。僧肇认为，涅槃之所以能遍入一切法，就在于它没有任何规定性，是"非天非人"。因

---

① 《出三藏记集》卷十，《大正藏》第 55 册，第 76 页上。

② 关于《涅槃无名论》是否为僧肇所作，学界看法不一，详细之考辨，可参见徐文明《涅槃无名论真伪辨》一文，徐文明：《中国佛教哲学》，北京：宗教文化出版社，2008 年，第 141-168 页。徐先生从史料及教理两个方面论证了该文确为僧肇所作。

③ 《肇论》卷一，《大正藏》第 45 册，第 158 页下。

此，涅槃与诸法的相即关系，是以空性为基础的。与慧远不同的是，僧肇不仅仅在果位上论涅槃，还在因位上说明了涅槃与诸法的缘起性关系。《肇论》云：

> 夫至人虚心冥照，理无不统。怀六合于胸中，而灵鉴有余；镜万有于方寸，而其神常虚。至能拔玄根于未始，即群动以静心。恬淡渊默，妙契自然。所以处有不有，居无不无。①

在这里，僧肇借用了道家"虚"的概念，成立了涅槃与万有之间的缘起关系。亦即涅槃并非离万有而独存，但众生之所以不能于万有中见涅槃之清净相，就是不能虚其心而冥其照。若能"虚心冥照"，则涅槃自然显现，此时涅槃与诸法间就成了镜与相关系。涅槃为镜，其性清净，诸法为镜中之幻相，本来无染。故所"虚"者唯是对幻相之执取。诸法就相而言是"有"，就自性而言是"无"，而有与无又都不离涅槃之"镜"。这样，僧肇通过将有、无这一对受摄万有的范畴统一在涅槃之体性上，从而建立了涅槃与万有的相即关系。故僧肇的涅槃乃是不二之涅槃。《肇论》云：

> 总六合以镜心，一去来以成体。古今通，始终同，穷本极末，莫之与二，浩然大均，乃曰涅槃。②

在僧肇看来，涅槃在空间上总六合之极，在时间上泯古今之别，不受时空之局限，反收时空于其中。诸法为末，涅槃是本，末以本为体，故无二无别。这样，僧肇便论证了诸法与涅槃间的"不二"关系。但涅槃无染，故必不可完全等同于诸法。二者之缘起关系，则在于众生不能"虚"其心，不能体悟之法的空性，故取相执着，起惑造业，流转生死。反之，若能"虚心冥照"，以空性来观照诸法，便可即诸法而得涅槃。

表面看来，僧肇的"虚心"与道家的"心斋"有异曲同工之妙。《庄子·人间世》云："若一志，无听之以耳而听之以心，无听之以心而听之以气！听止于耳，心止于符。气也者，虚而待物者也。唯道集虚，虚者，心斋也。"耳的作用是感觉外境，而心的作用则是对外境进行分别。庄子认为，世人无法与大道冥契，正是因为心的主观分别作用，这种分别不

---

① 《大正藏》第45册，第159页下。
② 《大正藏》第45册，第161页上。

但造成万物的优劣好坏，更重要的是，它隔离了主体与自然。在心的作用下，不但不能齐万物，亦无法齐物我。而后者正是道家，乃至整个中国生命哲学都孜孜以求的圣人境界。因此，庄子主张以"气"而听，因为物、我均是气之所化，故"听之以气"实质就是物、我冥合于道的过程。而这个过程正是通过"虚"，亦即"心斋"来完成的。现实生命对道的遗忘，也正是由于不能虚其心，由此而产生物、我的二元对立，乃至对万法善恶、美丑的主观评价。可见，佛教与道家这两种东方的智慧都看到了分别心对于生命的束缚，也都力图通过心与涅槃、道的冥合，而使生命获得大自在。所不同的是，佛教把这种冥合建立在空的基础上，而道家则把物、我统一于"气"，而"气"就是先天地而混成的"道"的形而下表述。与此理境相应，佛道两家分别开出了不同的修证之路。佛学认为心的分别性在于烦恼对它的遮蔽，故修证即是断烦恼的过程。小乘佛学通过禅定的次第而渐次断惑证真，大乘中观学则主张观照诸法当体的空性。故前者的涅槃虽寂静无为，却与万法隔绝，这样的涅槃并不能保证生命的自在。而大乘佛学之涅槃与万法相即，是对万法空性的体认，这种一元的涅槃学结构保证了生命的大自在。而道家甚少言及分别心与烦恼之间的关系，而是直接揭示了众生与道之间的统一性，因此，"虚心"在道家的思想中主要是指打消分别心对于众生与道之间所进行的二元化的分离。而在佛教的语境下，则是指对烦恼空性的体认。故僧肇虽借用了道家之概念，但就其所要表达的具体含义而言，他还是在空的意义上使用"虚"的。[①]因此，很难仅凭概念的相似便认定僧肇在用道家的思想来解读佛学。[②]但不可否认的是，中国这种天人合一的生命哲学思考方式，无疑影响了佛教义学在中国的展开。慧远法性思想前后之变化，也正是他对于佛教义学中国化的一种反思，即什么样的一种佛学体系更契合中国人之根性？他看到了中观学在这方面的殊胜之处，并尝试着通

---

① 龚隽先生注意到了僧肇的这一思想，并认为僧肇实际上分判了两类"虚心"，中观之虚心功夫是当体自空，即物自虚。而道家之虚心是通过损之又损，荡涤既有之知，回复心体的清明。后者在存在论上预设了一个根源性的实体。故与佛教之空义有根本不同。参见龚隽：《禅史钩沉——以问题为中心的思想史论述》，北京：生活·读书·新知三联书店，2006 年，第 121 页。

② 唐秀连在其博士论文《僧肇的佛学理解与格义佛教》中，专门分析了僧肇与玄学之间的关系，并认为，"假如传统哲学真个对僧肇的佛学思想赋予轨约的功能，那么这些制约也应该是属于思想结构方面的，而非语意上照本宣科的承装"。唐秀连：《僧肇的佛学理解与格义佛教》，台北：文史哲出版社，2008 年，第 329 页。

过与鸠摩罗什、僧肇等人的交流，来完成其中国化佛学体系之建立。虽然他自己未能完成这一任务，但他所留下来的中国化佛教义学的新课题，却成为晋宋之际佛教义学转向的一个重要动因。

（原载：《佛学研究》，2012 年第 00 期，第 117-124 页）

从自然接受到批判扬弃：

论克尔凯郭尔生存辩证法与黑格尔辩证法的关系

刘子桢

作为克尔凯郭尔生存论的主要内容和方法，生存辩证法[①]（丹麦语：Existents-Dialektik）与黑格尔辩证法的思想关系历来为人们所关注。然而鉴于二位思想家思想的复杂性以及克氏独特的写作方式，要在这一问题上取得共识并非易事，甚至学界就此问题存在着两种几乎截然相反的看法。一种观点认为，生存辩证法是对黑格尔辩证法的完全否定，其代表人物是丹麦学者 N. 图尔斯特普（Niels Thulstrup），他认为生存辩证法是克尔凯郭尔对黑格尔辩证法激烈批判的产物，具有独创性，与黑格尔辩证法毫无联系[②]；另一种观点则认为，生存辩证法几乎沿袭了黑格尔辩证法的问题、内容以及思维形式，因而可被视为对黑格尔辩证法的继承，例如美国学者 J. 斯蒂沃特（Jon Stewart）就主张，克尔凯郭尔的批判矛头指向的实际上只是丹麦黑格尔主义者，而非黑格尔本人的思想，并且对前者的批判并不影响"黑格尔辩证法在克尔凯郭尔各个时期的哲学著作中占据着中心地

---

① 克尔凯郭尔在写作中强调"辩证法"的生存论语境，从而将这一辩证法与黑格尔思维辩证法相区别。为了在研究中便于区分，克尔凯郭尔学界将该方法概括为"生存辩证法"，即 Existents-Dialektik（丹麦语）。学界的概括具体可参见：Per Lcnning, "Existence", in *Bibliotheca Kierkegaardian*a, Vol.3 "Concepts and Ahematives in Kierkegaard", Reitzels Boghandel. C. A. Copenhagen, 1980, p.160。克氏对"生存辩证法"的讨论多见于《对〈哲学片断〉所做的最后的、非科学性的附言》中，例如：AE in SKS 7, S.518/ CUP 1, p.570。本文引用克氏著作时将依照克尔凯郭尔国际年刊的习惯，引文出处将同时给出克尔凯郭尔丹麦语文集（SKS: Scren Kierkegaards Skrifter）和 Hong 译英文版的名称缩写及页数。

② "克尔凯郭尔与黑格尔思想无论在思考对象、针对问题还是主要方法论方面均不存在任何相同之处。"Niels Thulstrup, *Kierkegaard's Relation to Hegel*, George. Stengren tr., Princeton: Princeton University Press, 1980, p.12.

位"①。在笔者看来，图尔斯特普和斯蒂沃特仅就某一时期两个辩证法关系的表现就得出总体结论，因此虽然各自都有一定的根据，但终究有所偏颇。尽管他们均已使用分时期的考察方法，但分期更多是为了从克氏思想发展不同阶段的文本中为各自或"否定"或"继承"的观点寻求佐证，而不是力图呈现生存辩证法的形成过程本身。而如果客观地考察克尔凯郭尔思想的发展历程，就不难发现，他既没有完全否定也没有简单地继承黑格尔辩证法，而是在思想不同时期依次表现出直接接受、反思批判以及批判地继承等不同的态度；生存辩证法思想也在这一过程中发展完善并最终形成。因此，笔者认为必须充分考虑到克尔凯郭尔生存辩证法与黑格尔辩证法关系的复杂性，通过对前者形成过程的梳理将二者关系中的否定性和继承性方面都揭示出来。

一、自然接受期（1834—1843）：
《非此即彼Ⅰ》（1843）中的辩证法思想

克尔凯郭尔在这一时期完成学业并开始思考自己的哲学问题。图尔斯特普尽管承认黑格尔及黑格尔主义对学生时代克尔凯郭尔的影响，但认为克尔凯郭尔此时已经与黑格尔分道扬镳②。斯蒂沃特认为，克尔凯郭尔在《非此即彼Ⅰ》（以下简称《非Ⅰ》）中主要沿着黑格尔的思路继续探讨美学问题，而未涉及黑格尔辩证法③。就该时期来说，斯蒂沃特的观点更符合史实以及克氏文本反映的情况：黑格尔哲学构成克尔凯郭尔开始哲学思考的主要语境④；同时，克尔凯郭尔不可避免地受丹麦黑格尔主义者影响而继续阐发黑格尔美学思想。然而笔者也认为，对黑格尔美学的关注与黑格

① Jon Stewart, *Kierkegaard's Relations to Hegel Reconsidered*, Cambridge: Cambridge University Press, 2003, p.24. 克尔凯郭尔在写作中用"黑格尔"指代黑格尔本人及其思想或丹麦黑格尔主义者及其观点。丹麦黑格尔主义者是当时深受黑格尔影响的丹麦神学家和哲学家。他们致力于在神学、美学、伦理学等领域继续阐释和发展黑格尔思想，代表人物有 J.L.海贝格（J.L.Heiberg）、H.L.马腾森（H.L. Martensen）等。这两人也曾是克尔凯郭尔大学时代的偶像和老师。斯蒂沃特认为，图尔斯特普的错误就在于并未结合思想语境和历史背景仔细鉴别"黑格尔"所指代的是黑格尔本人还是丹麦黑格尔主义者而将二者混淆。

② Niels Thulstrup, *Kierkegaard's Relation to Hegel*, p.260.

③ Jon Stewart, *Kierkegaard's Relations to Hegel Reconsidered*, p.184.

④ William Anz, *Kierkegaard und der deutsche Idealismns*, J.C.B Mohr, 1956, p.10.

尔辩证法不可分割；况且克氏在这个时期还专门地讨论了典型的辩证法问题，这些探讨虽然不是明确地以黑格尔哲学为对象，但是其论题却可以视为对黑格尔辩证法的自然承接。而且不可忽视的是，这些探讨对克氏此时美学思想的构成是不可或缺的。因此，克尔凯郭尔此时不仅关注黑格尔美学思想，而且探讨黑格尔辩证法相关问题。这些关注和探讨集中体现为《非Ⅰ》中对"直接性"和"反思"关系的辨析。

　　"直接性"与"反思"是黑格尔辩证法中的一对范畴，被用于探讨认识论层面的概念来源问题。自在的意识或在意识中自在的存在（An-Sich-Sein）是意识对客观对象的"直接"反映，是自发和直观的；自为的意识反思并否定自身，形成自为的意识或在意识中自为的存在（Für-Sich-Sein），自为的意识因而是对（自在）意识的意识；自为的意识贯彻否定性原则，通过否定自身而扬弃自在和自为，最终形成意识中自在自为的存在（An-Sich-Für-Sich-Sein），即自在自为的意识，亦即概念（Begriff）。概念作为辩证运动的结果是意识经过反思后对客观对象"直接"却抽象的反映或经过反思的直接性（reflektierte Unmittelbarkeit）。黑格尔认为，概念是人类知识的起点和进行思考的基本单位。人类认识过程中意识对事物的直接反映以及对自身的反思交替进行，每一次辩证运动均以一个经过反思的直接性为结束。[1]通过辩证运动，主观意识与客观对象，思维与行动在人类认识中达到统一。因此黑格尔认为，辩证法能够调和（英语：Mediate；德语：Vermitteln）哲学上主客二分的矛盾。

　　在《非Ⅰ》中，克尔凯郭尔以音乐与文学的关系类比直接性和反思两种意识活动的关系。音乐与文学分别处于两个相互依存却不可混淆的领域。音乐作为人类情感的表达，亦直接影响情感。因此，人类理性无法理解音乐的表达方式和内容。[2]文学因其语言表达方式以及历史而具体的内容可以为人类理性所理解。基于理解人们也可以体会到文学作品中蕴含的感情。[3]借助音乐和文学，人类感受情感，理解内容，在直观感受的基础上才会有所理解和思考，通过理解和思考才能有更深切的感受。直接性与反思也分属感性和理性这两个相互依存而又不可混淆的领域。直接性是感性领域的直观反映，而反思是理性的活动。在辩证运动过程中，反思以客观

---

① Hegel, *Wissenschafi der Logik*, Erstes Buch, Suhrkamp, 1969, pp.93-94.

② SKS 2, p.64/EO1, p.56.

③ SKS 2, p.64/EO1, p.57.

对象在意识中的直观反映为基础，经过反思形成对于认识对象的抽象直观反映。综上，克尔凯郭尔这一时期对直接性和反思关系的理解仍然是黑格尔式的。

二、反思期：克尔凯郭尔
在《非此即彼Ⅱ》（1843）中反思黑格尔辩证法

如果《非Ⅰ》描述的审美人生境界是一种直接性，一个人选择了这一人生境界就会对生活的直接感受和体验更为推崇，那么《非Ⅱ》中伦理的人生境界则可以说是一种反思性，人选择了这种人生境界就更倾向于对自我、生活及直接体验进行反思。斯蒂沃特认为，克尔凯郭尔在《非Ⅱ》中不仅关注的问题与黑格尔依然相同，即思维与存在、思维与行动的关系，而且"立场及方法（辩证法）亦与黑格尔在某种程度上达成一致"；克尔凯郭尔仅批判丹麦黑格尔主义而继续继承黑格尔思想及辩证法①。笔者认为，克尔凯郭尔虽然在《非Ⅱ》中也同样关注思与行的关系问题，但是运用"非此即彼"和"扬弃"对审美与伦理人生境界关系进行的探讨却显示出他与黑格尔不同的进路。这说明，《非Ⅱ》与《非Ⅰ》之间不仅主题不同，而且展现出克尔凯郭尔对黑格尔辩证法的不同态度。因此可以说，《非Ⅱ》乃是克尔凯郭尔开始有意识地反思黑格尔辩证法的表现。

"非此即彼"表达了逻辑学上二元划分和矛盾，A 或者 Not-A，不可能有第三种可能。二元划分和矛盾是黑格尔辩证法的逻辑前提。自在的意识 A 与作为对其否定的自为意识 Not-A 通过相互扬弃在自在自为之中达到对立统一，"非此即彼"的矛盾可以被调和。克尔凯郭尔则以"非此即彼"指称个体生存具体情境中矛盾的情况。克尔凯郭尔借"非此即彼"探讨与黑格尔相似却不完全相同的问题，即生存论语境下个人生存具体情境中"非此即彼的矛盾情况是否可以被兼顾或调和（德语：Vermittlung；英语：Mediation）"？他认为，观念和逻辑上的二元划分和矛盾可以用黑格尔辩证法进行调和，调和的结果却是自在与自为意识在意识中的统一，而非事实中思维与存在、思维与行动的真正统一。克尔凯郭尔指出，人在自身生

---

① Jon Stewart, *Kierkegaard's Relations to Hegel Reconsidered*, p.195.

存具体情境中经常会遇到"非此即彼"的困境：选择了 A 情况就不能再选择 Not-A；人无法在行为上兼顾审美境界与伦理境界，用黑格尔辩证法也无法将二者调和统一。①人之所以无法用黑格尔思维辩证法来调和事实中"非此即彼"的矛盾，是因为该矛盾根源于人存在的时间性。"现在我认为哲学是正确的，在哲学中相悖的两者被取消或者哲学在这一刻将二者扬弃达到了在思维中的统一。但是（行动中的矛盾）不可以（用哲学的扬弃调和），因为行动中的矛盾和困境是指向未来的，以至于我在当下无法对其进行调和和扬弃。"②因此，思维辩证法的扬弃原则在事实领域不再有效，行为上的抉择才是最重要的。一个人选择伦理人生境界就意味着必须放弃审美人生境界，反之亦然。

克尔凯郭尔在《非 II》中虽然指明事实中对立事物的分歧无法消除，但并未对黑格尔辩证法持完全批判和否定的态度，而是开始质疑调和方法的适用范围：辩证法能否调和人类思维和行动中的所有矛盾？如果人类的意识、行动乃至历史发展在"正—反—合"原则的调和下，必然会走向思维中的更高统一，那么黑格尔辩证法就成为关于必然性的阐释，而未顾及人类生存现实和行动中的可能性与自由。由此，克尔凯郭尔在《非 II》中明确划定思想领域和自由领域的界限。他一方面肯定黑格尔的思维辩证法在思想领域的有效性，另一方面将其限定在该领域中：思想的领域充满必然性，对立的意识可以通过思维辩证法达到统一；自由的领域充满可能性，当事实中对立的矛盾情况无法通过思维辩证法调和而兼得时，人必须做出行为上的选择。③因此，思想的领域是哲学的领域，而自由的领域则是伦理领域，也是克尔凯郭尔在中后期所指的宗教领域。

三、批判期（1843—1846）：激烈批判

在这一时期克尔凯郭尔对黑格尔哲学进行更为深入的批判，其思想自身特色亦逐渐形成。克尔凯郭尔在《对〈哲学片断〉所做的最后的、非科学性的附言》（以下简称《附言》）中对于"黑格尔"及辩证法的激烈批评

---

① SKS 3, pp.156-157/EO2, pp.158-159.

② SKS 3, p.167/EO2, pp.170-171.

③ SKS 3, pp.169-173/EO2, pp.170-176.

甚至"嘲笑"成为图尔斯特普得出相关结论的重要根据之一。斯蒂沃特认为，虽然《附言》中对黑格尔主义的批判最为激烈，但克尔凯郭尔此时依然关注黑格尔辩证法中的"调和"问题并沿用黑格尔辩证法的解决方式。[①]仅就该时期，笔者认同图尔斯特普而不同意斯蒂沃特的观点。笔者认为，克尔凯郭尔对黑格尔主义及黑格尔思想全面而深刻的批判集中表现为在探讨人与上帝关系时对黑格尔辩证法调和方法的直接批判，而与黑格尔主义者的论战应被视作批判的方式之一。克尔凯郭尔以"调和"方法适用范围为切入点批判了黑格尔用辩证法调和人与上帝差异的做法。该批判通过其对于"内在性"（Immanenz）与"超越性"（Transzendenz）关系的解析和反思得以实现[②]。

"内在性"指某事物或思维活动在某个体系内部或某个层面之中；"超越性"则指某事物或思维活动超出某个体系或者超越某个层面。黑格尔认为，意识通过概念形成的辩证过程将（客观）存在纳入到（主观）思维层面，因此，意识的辩证法运动使超越意识层面的存在进入到意识层面之内。这意味着，人类理性用辩证法不仅能够思考存在，思考行动乃至上帝，而且能够思考思维与存在、思维与行动以及思维（人）与上帝的关系。意识通过扬弃使得自身与上帝、与存在、与行动在更高的程度上达到统一。由此可见，辩证法一方面是思维中意识活动的规律，是内在的；另一方面，辩证法又指涉思维之外的存在，将存在作为概念形成运动的一个他者，因而超出了思维的层面，具有超越性。

基于此，黑格尔在《精神现象学》中认为信仰本质上"是一种静态的纯粹意识"[③]，甚至"从思维下降到表象的层面"[④]，而信仰的对象——上帝则是"信仰意识之内的自在自为的存在"[⑤]。人与上帝的关系本质上是辩证法中自我意识与作为他者的绝对意识的关系，是两个分裂意识之间的关系。在《忧惧（这一）概念》的导言中，克尔凯郭尔不同意这一将信仰看作是人对上帝的直接反映的观点[⑥]。他指出，倘若辩证法第一阶段的信

---

① Jon Stewart, *Kierkegaard's Relations to Hegel Reconsidered*, 2003, chapters 7, 8, 9, 10, 11.

② 主要见于《忧惧（这一）概念》（CA）（1844）、《哲学片断》（PF）（1844）和《附言》（CUP）（1846）。后两者也属于署名克利马库斯的著作。

③ 黑格尔著，先刚译：《精神现象学》，北京：人民出版社，2013年，第331页，以下均为此译本。

④ 黑格尔著：《精神现象学》，第329页，括号为笔者所加。

⑤ 黑格尔著：《精神现象学》，第329页。

⑥ BA in SKS 4, p.318/CA, p.10.

仰是内在于思维的活动，且第二阶段的反思和否定同样是内在性的，那么第三阶段扬弃而来的作为"信仰意识之内的自在自为的存在"的上帝也仍然停留于人类思维之中，这个上帝仅是对上帝的意识而非上帝本身。也就是说，黑格尔辩证法由始至终并未指涉思维层面之外的任何对象。思维与上帝的统一实质上是自我意识与对上帝的意识在思维中的统一，而非事实中人与上帝的统一。黑格尔辩证法无法调和超出思维层面的、事实中的人与上帝的矛盾关系，也就无法解决信仰的问题。[1]在克尔凯郭尔看来，黑格尔通过辩证法将人与上帝这一超越性关系转变为人类思维之中两个意识之间的内在性关系来处理，将哲学思维中的上帝与宗教信仰中的上帝混为一谈。

那么人与上帝的超越性关系是怎样的？克尔凯郭尔在《哲学片断》中强调人与上帝无限的质的差异[2]，作为信仰对象的上帝绝非认识对象或理性辩证运动的产物，而是人类理性无法认识、理解或企及的悖谬（丹麦语：Paradox；德语：Paradox）。就基督教信仰而言，克尔凯郭尔将同时作为完全的人和完全的神的基督称为"绝对的悖谬"。悖谬因之成为哲学领域和宗教领域的界标：作为人类理性产物之一的黑格尔辩证法到此必须止步；人只能以克尔凯郭尔意义上的信仰处理二者关系。

对作为信仰对象的上帝，人无法用理性理解，也不能证明其存在，而只能以最高激情（信仰）向他无限趋近。[3]信仰是人的精神和行动上的跳跃（Sprung），是个体存在者从世界观到行为和生活方式的质的转变。在信仰的一跃中，理性断裂，只能被悬置，所以这样的跳跃是理性无法预计、算计和完成的。人只有借助信仰才能跃出人类思维的层面并达到宗教领域。信仰并非内在于理性，而是对理性的超越（Transzendent）。信仰属于宗教（伦理）领域，但在思维（哲学）领域和宗教（伦理）领域之间起到沟通作用。

如果说信仰是人在自身与上帝和谐关系中的生存状态，那么罪就是人仅凭内在于思维层面的理性试图接近超越性的上帝而导致的偏离状态。在克尔凯郭尔看来，罪与信仰均与人的自由以及生存的可能性密切相关，因此，罪的相关问题必须也在人与上帝的超越性关系中，通过对人本性的考

---

① BA in SKS 4, pp.320-322/CA, pp.12-13.

② PS in SKS 4, S.249/PF, p.44.

③ PS in SKS 4, S.261/PF, p.59.

察才能被触及到①。上帝是单纯永恒性的存在。人是一个时间性和永恒性的综合，并且生存在二者张力之中②。永恒性的属性使人追求永福和未来的确定性；时间性却使人只能生存在当下。二者的张力表现为，人只能生存在当下却必须为充满不确定性的未来做出选择。选择体现人的自由意志，选择本身并不是罪。然而人试图通过理性的算计在当下完全预测和掌控未来，从而做出最正确的选择，这就导致对自身作为时间性存在的偏离而走向罪，因为预测和完全掌控未来的企图意味着时间性存在的人用理性对永恒存在的神的僭越。因此，罪根源于人与生俱来的张力性综合结构，亦是人对自身本性的否定。罪使得人成为不和谐关系中的存在，这样的生存状态在人的精神中表现为忧惧③。忧惧是罪的标志，但也表明人对未来及自身生存有着强烈而持续的关注和责任感，并向人凸显了信仰的必要性和紧迫性，因为只有信仰才能超越理性使人在立足当下的同时朝向未来。

克尔凯郭尔在《忧惧（这一）概念》中强调忧惧的重要性，对罪却未予置评。在《附言》中对该书进行总结时，他明确地肯定了罪的积极作用，认为罪已经是宗教生存境界的表达方式和通向信仰的入口。④罪是人滥用自由和理性导致对于自身本性的否定；罪再次贯彻否定原则否定自身从而走向信仰。这样的转变在个人生存中意义重大⑤。克尔凯郭尔对罪的积极作用的肯定表明他在生存辩证法中有意识地运用了黑格尔辩证法"否定之否定"的思维方式。

这一时期，克尔凯郭尔有意识地批判黑格尔宗教哲学中的辩证法，强烈地反对黑格尔及其追随者运用思维辩证法调和人与上帝矛盾的做法。经过批判，克尔凯郭尔不仅将黑格尔辩证法限定在思维范围内，而且将其主要思维形式如"否定之否定"等抽离出来用以阐释宗教领域罪与信仰的关系。

通过抽离克尔凯郭尔将黑格尔思维辩证法的内容从宗教领域彻底清除

---

① BA in SKS 4, pp.321-323/CA, pp.14-16. 罪、信仰与自由和可能性的密切关联是基督教背景的神学家和宗教哲学家在探讨罪时普遍接受的前提。在《忧惧（这一）概念》一书中，克尔凯郭尔在生存论视野下重新诠释了基督教的罪论。

② BA in SKS 4, p.349/CA, p.43.

③ "忧惧"（丹麦语：Angest）是克尔凯郭尔生存论重要范畴之一，中文译为"不安""恐惧""焦虑"或"畏"。笔者译为"忧惧"，《忧惧（这一）概念》的书名亦从此译。

④ AE in SKS 7, S.243/CUP 1, p.268.

⑤ AE in SKS 7, S.530/CUP1, p.583.

出去，却保留了辩证法的结构和形式。笔者必须指出，在这一时期克尔凯郭尔对黑格尔辩证法的激烈批判占主流地位；对其形式和结构的保留一方面集中反映出生存辩证法与黑格尔辩证法既继承又否定的两面性关系，另一方面也预示着克氏态度向扬弃时期的转变。

四、扬弃期（1849 之后）：
在生存论语境对黑格尔辩证法的改写

《致死的疾病》是克尔凯郭尔思想后期唯——部哲学著作①。笔者发现，无论是图尔斯特普还是斯蒂沃特对于该时期生存辩证法与黑格尔辩证法的关系均未予以足够的重视②。实际上，克尔凯郭尔在该书中以独特的方式继续探讨黑格尔辩证法，这体现为借主奴意识对人与上帝关系的阐发。

尽管主奴意识在思想史上经多角度诠释，黑格尔在《精神现象学》自我意识部分采用此隐喻是为了描述自为的意识通过扬弃自在的意识，成为自在自为意识的过程。③由于自在的意识与自为的意识本质上是一个意识或者说是一个意识的二元分裂，因此，无论自在还是自为都仅停留在意识层面并且体现意识同自身的关系。换句话说，意识同自身的关系仅仅是在辩证法运动中表现为两个意识之间的关系，而实质只有一个意识。"一个自我意识为着另一个自我意识存在着，它已经来到自身之外。这个现象具有双重的意义：首先，自我意识已经迷失了自己，因为它发现自己是另一个本质；其次，由于自我意识并没有把他者看作本质，而是在他者那里看到它自己，于是就扬弃了他者。"④为了避免语言局限造成误解并清楚地说明意识同自身的关系，黑格尔以主人与奴隶的关系类比两个意识的关系。主人意识支配奴隶意识，发现奴隶意识作为自身的对立面却实际是自身的本质。奴隶意识成为主人意识的投射，主人意识却需要以奴隶意识为对象确

---

① 克尔凯郭尔思想后期为宗教思想时期，因此主要以训导书等宗教著作为主。
② 前者对该书未做考察，而后者则仅仅关注其与黑格尔《小逻辑》和《精神现象学》结构上的相似性，参见：Jon Stewart, *Kierkegaard's Relations to Hegel Reconsidered*, chapter 13。
③ 黑格尔：《精神现象学》，第 118-126 页。
④ 黑格尔：《精神现象学》，第 118 页。

认自身，主人意识因而丧失了独立性①。因此，主人意识必须保存自身并扬弃奴隶意识才能成为自在自为的意识。

如果主人与奴隶意识仅仅是同一个意识分裂为二元意识之后的各自指称，那么主人意识如何才能够扬弃奴隶意识？"一个城堡主住在自己直接面对的城堡时，是一个虚弱的自我。同样，一个直接面对奴隶的主人也没有自我。因为在上述情况中，标准是缺失的。一个孩子将父母作为标准来成为自我，正如一个成年人将国家（的标准）作为自身的标准以成为自我，但是，（成长为自我）为什么不以神为标准！"②克尔凯郭尔在人与上帝关系的生存论视野下指出黑格尔辩证法主奴意识的问题所在并提出解决问题的新进路：主人意识以在同一层面的奴隶意识为对象确认自身，这一确认活动依然停留在人类理性领域及思维活动之中；与主人意识本质相同、地位平等、实质同一的奴隶意识不足以作为主人扬弃自身的标准。因为同一性导致二者在互相确认的辩证运动中可以轻易地、无限次地相互转换角色和作用而陷入无尽循环。人是具有自我意识③的个体存在者。自我意识必须确认自身和扬弃自身，才能成为真正的自我。要完成这一过程，自我意识必须以上帝为绝对他者和绝对标准，因为只有上帝和人之间才有"无限的质的差异"。这一差异意味着，只有在人与上帝关系中，自我意识和上帝的地位和作用才无法相互转换和替代；人不可僭越上帝的地位。人只有通过与上帝的绝对关系才能从一切相对关系中解放出来，成为真正的自由的自我。

克尔凯郭尔以人与上帝的绝对差异解决了黑格尔主奴意识中标准缺失的问题。然而，主人意识确证自身的过程不仅需要绝对标准，而且需要奴隶意识与主人意识具有相似性，这样后者向前者投射自身并由此与其建立联系才成为可能。如果人与上帝之间仅具有绝对的异质性，那么二者如何建立联系，生存的自我意识如何将自身投射到上帝那里从而确证自身、认识自己乃至反观自身个体生存？简言之，相互绝对异质的两个存在之间如何建立联系？克尔凯郭尔采用宗教领域的绝对悖谬（耶稣基督）来解决这一逻辑上的悖谬。他对基督教传统的基督论进行重新诠释：基督是上帝最

---

① 黑格尔：《精神现象学》，第 122—123 页。"在这种情况下，独立的意识的真理是奴隶意识。"

② SD in SKS 11, p.193/SUD, p.79.

③ 克尔凯郭尔的"自我意识"指的是生存的自我意识，个人对自我、对自身生存境况持有强烈的关注。这就有别于黑格尔思维的自我意识。

大的恩典和启示，是完全的神和完全的人。基督作为人信仰和确证自身的对象①，既保证人有绝对标准又使得人得以与神联系。因此，基督是上帝为人提供的"调和"人与上帝之间矛盾的中介。克尔凯郭尔强调，黑格尔辩证法可以调和人类思维领域的矛盾；生存辩证法描述宗教领域的人与上帝的关系，并指出，只有上帝自身才能"调和"人与上帝的"矛盾"，人类理性无法胜任。

由此可见，克尔凯郭尔在《致死的疾病》中有意识地运用以主奴关系为隐喻的辩证法在主客二分之外另寻进路，在人与上帝关系的语境中将其改写，转而以此思维方式探讨人与上帝、人与自我的关系问题以及人在此双重关系中的个体生存问题。因此，这一时期克尔凯郭尔通过为"主奴意识""调和""正—反—合"等黑格尔辩证法式的思维形式注入新的内容而实现了对它的扬弃。

至此，克尔凯郭尔通过扬弃黑格尔辩证法而形成生存辩证法。当一个人对生存境况毫无意识时，他处于对生存仅有直观感受和直接性反映的审美生存境界中；当对自身和生存开始反思时，他就上升到伦理生存境界，反思的标志是忧惧的情绪以及随之而来的罪；在伦理生存境界中，"个体的人"意识到生存的责任以及拯救自身罪的重要性，借由上帝的启示和恩典，通过信仰的一跃达到宗教的生存境界，从而成为与上帝直接建立联系的自由自我。

五、结语

通过文本分析我们可以看出，克尔凯郭尔对黑格尔辩证法的态度经历一个类似辩证法三段论的过程，由直接接受，到反思和批判，最后理性地扬弃。克尔凯郭尔将黑格尔辩证法的适用范围限定在人类思维领域，从而为自由和信仰所在的宗教和伦理领域赢得地盘。宗教和伦理领域的生存辩证法具有全新内核和意义，仅仅在结构上与黑格尔思维辩证法相似。克尔凯郭尔反对任何将黑格尔辩证法作为解释思维运动、伦理事实乃至世界运

---

① 在《哲学片断》中，克尔凯郭尔指出，上帝通过耶稣基督向人显现了一个个体的人生存的"榜样"——反思、受难、在行动中践行对上帝的信仰、朝向可能性去存在。人通过信仰耶稣基督反思自己、认识自己从而完成确证自身的过程。

动唯一方法的独断态度和行为。由此可见，生存辩证法逐渐脱离了黑格尔辩证法在思维层面调和所有矛盾的理路而成为关于个体生存者行动和信仰的辩证法思想。

（原载：《世界哲学》，2014 年第 5 期，第 127–134 页；第 161 页）

华严学"理法界"与"事法界"思想溯源

赵 文

唐代法藏（643—712 年）详加阐述的"法界"思想，是中国佛教华严学的核心理论。其后学澄观（738—839 年）将法藏的相关论述进一步概括为四法界说，即"理法界""事法界""理事无碍法界"（理事圆融）和"事事无碍法界"（事相之间的相即相入）。众所周知，法藏曾援引《华严经》中因陀罗网的譬喻，来展现一切诸法的相即相入——因陀罗网为庄严忉利天王宫殿之网，网之一一结上皆有宝珠，宝珠交相辉映、重重无尽。[①]显然，华严学所讲一一事相中可见一切事相，即"事事无碍法界"，是源自《华严经》的。

法藏在公元 679 年至 710 年间，曾多次参与《华严经》《楞伽经》等佛经的翻译，熟悉梵语佛典。其间，法藏于 679 年与日照三藏对照梵本校勘六十华严，后又于 695 至 699 年与实叉难陀重译出八十华严，这为他阐发《华严经》中的"法界"思想积累了宝贵的经验，从而成立了"理法界"与"事法界"之说。《华严经》之重要品目《入法界品》频繁提及"法界"，且其梵本尚存[②]，可以作为我们了解《华严经》中"法界"概念涵义的基础材料。

然而，法藏的"理法界""事法界"并不见于《华严经》，显然带有魏晋玄学以来理事关系讨论之印记。那么，法藏的"法界"思想如何借助印度佛教思想材料来回应中国传统哲学论题呢？这是本文要着力探讨的问题。

---

① 见《华严经探玄记》卷一、《华严五教章》卷一等。

② Vaidya P. L. (ed.), *Gaṇḍavyūha-sūtra* (Buddhist Sanskrit Texts 5), Darbhanga: The Mithila Institute, 1960.

一、"法界"的多重含义与华严学
"理法界""事法界"之建构

"法界"对应的梵语复合词为 dharma-dhātu。这一复合词不仅有多重的字面涵义，还在佛教经典中的不同语境下有指代义之差别。在《华严经探玄记》中，法藏分别给出了"法"（dharma）和"界"（dhātu）的三种涵义：

> "法"有三义，（a1）一是"持自性"义，（a2）二是"轨则"义，（a3）三是"对意"义。"界"亦有三义，（b1）一是"因"义，依生圣道故……（b2）二是"性"义，谓是诸法所依性故……（b3）三是"分齐"义，谓诸缘起相不杂故。[①]

首先，dharma 来自梵语词根√dhṛ-（持），由此引申出字面义（a1）"持自性"，特指有自性的诸法（包括色法、心法、心所法、心不相应行法四种"有为法"，以及"无为法"）之体系。[②]另外，"法"的（a2）"轨则"（law）义可理解为佛陀所证知的宇宙法则，因而也可引申为"真理"（truth），在某些文献中特指"缘起"。最后，"法"所谓的（a3）"对意"义则是指与"意"（manas）相对而成立的"思维的对象"（mental object），属于"十二处"或"十八界"的名相之一。[③]

另外，dhātu 一词的涵义也经历了复杂的历史演变，且并不全与汉译的"界"等同。上文中法藏亦列出三义，此处分别作解释：

（b1）"因"义：dhātu 最初、最基础的涵义为"元素"，而元素可以被理解为构成现象世界的原因（类似"质料因"），因而 dhātu 在佛教文献中还被认为是"因"（hetu）。

（b2）"性"义：dhātu 在佛教文献中还出现了"性"（nature）的意义，

---

① 《华严经探玄记》卷十八，《大正藏》第 35 册，第 440 页中。

② 在印度部派佛教阿毗达摩看来，我们的经验世界可以被分析为诸法，因而花草树木、山河大地皆是不实的聚合物，唯有作为构成世界的要素的"法"才有自性。但般若中观学则以为即使是这些"法"也是没有自性的，唯有假名而已。

③ 参见：《巴利圣典协会巴英词典》dhamma 词条（T. W. Rhys Davids and William Stede, *The Pali Text Society's Pali-English Dictionary*, p.333）。

这或许与其"因"的涵义有关，发展为事物的内在本质。"佛性"（buddhadhātu）的"性"正是此意。

（b3）"分齐"义：这一涵义与"界"最为贴近。在早期佛教经典的一些复合词中，dhātu 又指某种"状态"［如巴利语三藏中的 lokadhātu（世界）、nibbānadhātu（涅槃界）等①］。然而，在后来的大乘文献中，dhātu 却发展为具体的"界别"（sphere）、"领域"（realm）。

以上是法藏所述"法"（dharma）和"界"（dhātu）分别的字面义。当这些字面义相互组合，又在佛典中不同语境下，衍生出种种指代义。首先，考察印度部派佛教经典，我们可以看到两种指代不同的"法界"。首先是"十八界"之一的"法界"（a3 与 b3 组合），此意与华严学之"法界"无关，仅代表思维的对象。再者，（a1）"持自性"的"法"与 dhātu 的（b1）"因"义结合，于是"法界"意为"法之因"，也就是"因缘"。例如，在《杂阿含经》的《舍利弗狮子吼经》（Śāriputrasiṃhanādasūtra）中，佛陀赞扬弟子舍利弗"善通达法之因"（dharmadhātuḥ supratividdhaḥ），也是说舍利弗善解因缘；②另外，在梵语《杂阿含经·因缘集》的《缘经》（Pratītya Sūtra）中提到了"法住之因"（dharmasthitaye dhātuḥ）：

> ［翻译］所谓"诸行以无名为缘"等，诸如来或出世、或未出世，法性（dharmatā）、法住之因（dharmasthitaye dhātuḥ）常在。③

这里的组合"法住之因"与复合词形式的"法之因"同义，皆指"因缘"或"缘起"。④然而，在初期大乘佛典中出现的"法界"，与《阿含经》中的指代义有了很大的区别。首先，（a1）"持自性"之"法"与（b2）"性"义结合，便构成"法性"，这代表诸法的"空性"；当（a2）之"轨则""真

---

① 参见：《巴利圣典协会巴英词典》dhamma 词条（T. W. Rhys Davids and William Stede, *The Pali Text Society's Pali-English Dictionary*, p.333）。

② Lamotte, Etienne (tr.), *Le Traité de la Grande Vertu de Sagesse de Nāgārjuna* (*Mahāprajñāpāramitāśāstra*), Tome V. Universite de Louvain Institut Orientaliste, Louvain-la-Neuve, Belgique, 1980, p.2192, fn.2.

③《杂阿含经·缘经》（Pratītya Sūtra）：…yadutāvidyāpratyayāḥ saṃskārā yāvat samudayo bhavati | avidyāpratyayāḥ saṃskārā ity utpādād vā tathāgatānām anutpādād vā sthitā eveyaṃ dharmatā dharmasthitaye dhātuḥ | [Tripāṭhī, C. (ed.), *Fünfundzwanzig Sūtras des Nidānasaṃyukta*, Sanskrittexte aus den Turfanfunden Vol. VIII, Berlin: Akademie-Verlag, 1962, pp.147-148.]

④ 赵文：《印度部派佛教"无为法"之争与〈般若经〉中"实相"相关概念的成立》，《世界哲学》，2020 年第 2 期，第 132 页。

理"义与（b3）的"界"义结合，则构成"法界"（"真理界"），字面义虽有差别，但同样也指代"空性"。这两种理解在不同版本的汉译大乘佛典《般若经》中很好地展现了出来。例如，前引《杂阿含经》的段落也出现在不同版本的《大品般若经》中：

> ［鸠摩罗什译］何等名他法他法空？若佛出、若佛未出，法住（dharmasthititā）、法相（dharmatā）、法位（dharmaniyamatā）、法性（dharmadhātu）、如（tathatā）、实际（bhūtakoṭi），过此诸法空，是名他法他法空。①
>
> ［玄奘译］云何他性由他性空。谓若佛出世、若不出世，一切法法住（dharmasthititā）、法定、法性（dharmatā）、法界（dharmadhātu）、法平等性、法离生性（dharmaniyāmatā）、真如（tathatā）、不虚妄性（avitathatā）、不变异性（ananyatathatā）、实际（bhūtakoṭi），皆由他性故空，是为他性由他性空。②

比较以上两段落可知，鸠摩罗什将 dharmadhātu 一词翻译为"法性"，将与之意义相近的 dharmatā 翻译为"法相""实相"等；然而，在玄奘翻译的《大般若经》中，却将 dharmadhātu 翻译为"法界"，将 dharmatā 翻译为"法性"。也就是说，鸠摩罗什和玄奘在翻译时，分别选取了 dharmadhātu 的两种不同的字面义，但二义均可指代"空性"。

由此可见，从部派佛教文献到大乘佛典，dharmadhātu 不仅有从"缘起"到"空性"的指代内容上的变化，也有从"法之因"到"法性"（鸠摩罗什）

---

① 《摩诃般若波罗蜜经》卷五，《大正藏》第 8 册，第 251 页上。此处梵语概念的还原，参考与罗什译经时代较为接近的中亚般若经写本段落：tatra katamā parabhāvaśūnyatā yotpādāya vā tathāgatānām anutpādāya vā dharmāṇāṃ dharmasthititā dharmatā dharmadhātuḥ dharmaniyamatā tathatā ananyatathatāvitathatā bhūtakoṭir iti yā cemeṣāṃ dharmāṇāṃ pareṇa śūnyasthititā | iyam ucyate parabhāvaśūnyatā | [Bidyabinod, B. B. (ed.), 'Fragment of a Prajñāpāramitā Manuscript from Central Asia', *Memoirs of the Archaeological Survey of India* 32, 1927, pp.1-11.]

② 《大般若波罗蜜多经》卷五十一，《大正藏》第 5 册，第 291 页下。此处梵语概念还原参考与玄奘译经时代较为接近的吉尔吉特般若经写本中段落：(84R13)... tatra katamā parabhāvaśūnyatāḥ? yā utpādād vā tathāgatānām anutpādād vā tathāgatānām* sthitaivaiṣā dharmasthititā · dharmatā dharmadhātu dharmaniyāmatā · tathatā · avitathatā (84R14) ananyatathatā · bhūtakoṭiḥ iti hi yaiṣāṃ dharmāṇāṃ pareṇa śunyatā // iyam ucyate parabhāvaśunyatā // [笔者转写自：Folio 84, Karashima, Seishi, *Mahāyāna texts: Prajñāpāramitā texts* (1), Gilgit manuscripts in the National Archives of India, The National Archives of India, New Delhi, Tokyo: IRIAB, 2016, p.81.]

和"法界"（玄奘）的字面义的发展。然而，在大乘佛典中，除以上两义（法性＝一切法之本质；法界＝真理界）外，（a1）"持自性"还可与（b3）"分齐"义（界别）联系，构成另一种"法界"，也就是指代"一切法之界别"（或说"现象界"）。

综上，基于法藏给出的语义，在大乘佛典中我们可以看到：（一）指代"一切法"的现象界之"法界"（a1 与 b3），以及（二）指代"空性"的"真理界"之"法界"（a2 与 b3）或"法性"（a1 与 b2）几种不同的理解。值得注意的是，这些理解与澄观《大华严经略策》中的解释大致相当：

> 问：何名法界？法界何义？答：法者，（a1+a2）轨、持为义，界者有二义：（b3）一约事说，界即分义，随事分别故；（b2）二者性义，约理法界，为诸法性不变异故。此二交络，成理事无碍法界，事揽理成，理由事显，二互相夺，即事理两亡，若互相成，则常事常理。四，事事无碍法界，谓由以理融彼事故。①

显然，澄观的这段文字对法藏的释义作了简化：法藏为 dharma 和 dhātu 各给出三义，而澄观则仅列出将法藏的 dharma 之前二义"持自性"和"规则"合并为"轨、持"②，并将之与 dhātu 的二义结合，来配合"理法界"和"事法界"。

不过，澄观的"界即分义，随事分别故"的说法，还是值得商榷的，这会带来"界是事相上的差别"这样的理解。法藏为"界"给出的相关定义是："三是分齐义，谓诸缘起相不杂故"，实际上是说"界"代表着"界别、类别"，而非突出"差别"。但澄观受到"理事"说中"事"（"个别"或"殊相"）以差别为特色的影响，为突出"事法界"的差别相而曲解了法藏的解释。也因此，澄观解释"理法界"更侧重"法性"义，而我们上文中谈到的"真理界"的意义就被淡化了。

那么，在《华严经》中是否也出现了我们上文分析以及华严学者澄观提到的两种含义的"法界"呢？在《华严经》的《入法界品》中，"法界"概念正是其核心内容，且该品有梵本留存，可以作为我们考察华严类经典中"法界"概念的重要资料。《入法界品》讲述了商人之子善财向善知识参

---

① 《大华严经略策》，《大正藏》第 36 册，第 707 页下。

② 澄观的"法者轨持为义"与《成唯识论》中对"法"的定义是一致的："我谓主宰，法谓轨持。"（《成唯识论》卷一，《大正藏》第 31 册，第 1 页上）

学菩萨行的故事。该品中"法界"（dharmadhātu）一词频繁出现，并展现了上文提到的双重含义。尽管两种含义的"法界"在文本中并不作特别区分，有时我们却可以通过"法界"出现的语境，以及与之结合使用的动词，来判别该词的两种含义：

（一）作为现象界的"法界"

在《入法界品》中，作为现象界的"法界"可以理解为经验的现象世界。一个重要的例子是下面段落中的"照法界"（[sarva]dharmadhātu+√sphur-）：

[翻译]因得不可思议菩萨法光明，放具欢喜云大神变光明已，照一切法界（dharmadhātu）。又念念中放一切众生欢喜大光明网云，遍照（spharanti）十方。①

该段中的动词 spharanti（√sphur-）既可以表示"照"，亦可表示"充满"，"法界"是"照"这一动作的对象。因而，这段经文是喻指菩萨智慧的光芒普照或充满作为现象界的"法界"。

（二）"法性"或作为真理界的"法界"

在《入法界品》中，也包含了作为真理界的"法界"，或者"法性"（诸法的本质）：

[翻译]如那些有障碍一切智、无明、坏、执着之心眼者，他们的无执着之菩萨智眼不得净化，他们不得次第深入、觉证法界（dharmadhātuparaṃparāpraveś o'nubuddhaḥ）。唯以此[菩萨智眼]方得见不可思议如来三昧之威神、神变、神通。②

该段落中的"次第深入、觉证法界"显示，此处的 dharmadhātu 意指真理界——动词"觉证"的对象不会是现象界，应当与"法性"搭配；动词"深入"则可以连结"真理界"或"法性"。

尽管以上例子中我们可以辨识出《华严经》"法界"的多重含义，大多数情况下文本却并不作区分。《入法界品》正有意将这一多重含义的概念，

---

① acintyabodhisattvadharmāvabhāsapratilābhena prītivegasaṃbhavamahāvikurvitavyūhān niścaritvā sarvadharmadhātu spharanti sma / yaduta cittakṣaṇe cittakṣaṇe vipularaśmijālameghāḥ sarvajagatsaṃtoṣaṇā niścaritvā daśa diśaḥ spharanti sma / ［Vaidya P. L. (ed.), *Gaṇḍavyūha-sūtra*, Buddhist Sanskrit Texts 5, Darbhanga: The Mithila Institute, 1960, pp.31-32.］

② tathā hi teṣāṃ sarvajñātāvipakṣāvidyādūṣyāvabaddhajñānacakṣuṣāṃ tad asaṅgabodhisattvajñānacakṣur na pariśuddham, na ca tair dharmadhātuparaṃparāpraveśo 'nubuddhaḥ, yena tad acintyatathāgatasamādhivṛṣabhitāvikurvitaprātihāryaṃ paśyeyuḥ// ［Vaidya P. L. (ed.), 1960, *Gaṇḍavyūha-sūtra*, p.16.］

演绎为一种特别的世界观：现象世界与其空性本质（或真理界）是不相离的。这正是对《般若经》"缘起即是空性"理念的发展。值得注意的是，熟悉梵语华严经典的法藏，显然是理解"法界"之多重含义的。在《华严经探玄记》中，我们可以看到如下文句："……普照法界者，显业用成益。证（*anubuddha）理法界故，照（*sphurita）事法界故。"①

在这段文字中，我们见到之前所引梵文段落中出现的动词"证"配合作为"真理界"的"理法界"，"照"则配合作为"现象界"的"事法界"。由此看来，法藏不仅清楚地认识到《华严经》中"法界"的多重含义，而且为了令中国读者理解这一区别，还在"法界"概念前补充了"理"（真理、本质）和"事"（现象）。

可是，我们接下来要面对的问题是：尽管"法界"是《华严经》思想中重要的概念，但由法藏提出的"理法界"与"事法界"这组概念，在《华严经》中并未出现。事实上，理、事这对范畴并不出自梵文典籍，它们肇始于魏晋玄学中的讨论。那么，这对范畴为由《华严经》而来的法界概念带来了哪些新的元素？从另一角度来说，"理法界"与"事法界"又如何回应了魏晋以来对理事关系的讨论？这需要我们追溯这对范畴被引入佛教并得到重新诠释的轨迹。

二、魏晋时期玄学与佛学中的"理"

"理"范畴最早可追溯至先秦思想文献之中，有法则、理则之意。随着魏晋时期哲学思维抽象程度的提高，"理"具有了更丰富的哲学意蕴。诚如陈鼓应先生所言，华严"理""事"对称也可上溯至王弼：

> 王弼言"理"，着重阐发其"至理"及"所以然之理"的意义，其"情理"连言（见《丰》卦象传注），"事""理"对举，则未及深论。王弼"事""理"对称，见于《睽》卦注："同于通理，异与职事。"（钱穆曾说："此条最当注意。厥以后理事对立，唐代华严宗最畅其旨，而语实本此。"）又王弼注《论语·里仁·吾道一以贯之章》云："夫事有归，理有会。"纵观古代哲学史上"理事"一对范畴的出现，始于王弼，

① 《华严经探玄记》卷十五，《大正藏》第35册，第398页上。

经韩康伯注《系辞注》提出"事显而理微"说,至程颐谓:"至显者莫如事,至微者莫如理。而事理一致,微显一源。"(《遗书》卷二十五)这其间思想脉络历历可寻。①

可是,魏晋玄学中的与"事"相对的"理"究竟指什么呢?这是十分复杂的问题。首先,冯友兰先生在《中国哲学史新编》的《通论玄学》篇中提到:

> 一类事物的规定性,对于那一类事物的"名"说,它是那个名的内涵。对于人的认识说,它是一个概念。对于客观事件说,它是一个"理"。把一个"理"用言语说出来,这就是一个"义"。②

西方思想中的"共相",主要是说对一类事物的规定性,在逻辑上讲,它是概念(名)的内涵。"共相"是通过事物所属的"类"来把握的。如柏拉图的"理念"间的相互关系,实际上就是概念的种属关系。③王弼有对"名"可以举"事"的思考("事虽殷大,可以一名举"),不过他的"理"并不止步于逻辑上的"共相",而同时也重视通过个体事物在整体处境中的运动变化情况来归类、把握事物——《周易》中的六十四卦,可以看作是逻辑学(名辩学)的"类"以外的另一种分类方式。④由此,《周易》各个卦名是某类事物之"名",卦辞、爻辞则表达了卦象所代表的种种"理"。不过,我们在此权且将《周易》中事物按运动变化划分之"类"的规定性也称为"共相"。另外,王弼除了作为"无"的"至理"之外,还提到了种种"殊理",而"至理"则是"殊理"的"最高共相"。⑤

在王弼那里,作为最高共相之"至理",也就是"道"或者"无"。王弼"以无为本",以万有为"末",并且有差异、有形有名的、运化万变的

---

① 陈鼓应:《"理"范畴理论模式的道家诠释》,《台大文史哲学报》,2004年第60期,第57页,脚注10。

② 冯友兰:《冯友兰文集(修订版)第11卷·中国哲学史新编(第4册)》,长春:长春出版社,2017年,第27页。

③ S. E. 斯通普夫、J. 菲泽著,匡宏、邓晓芒等译:《西方哲学史》,北京:世界图书出版公司,2009年,第49页。

④ 六十四卦并不是这种思维方式下唯一的分类方法。另如杨雄的《太玄》,则别出心裁地立八十一家。

⑤ 陈鼓应:《"理"范畴理论模式的道家诠释》,第58页。

"有"之原初状态，正是没有任何规定性的、虚静的"无"。冯达文先生又指出，在王弼的哲学中：

> 在经验知识的范围内，凡可以命名、可以以概念指称的，都是确定对象，且都以这一确定对象与其他对象、或这一确定对象的某一特征与其他特征的区分为前提的。然而……借经验知识与概念词谓，不可能给出事物的全体与本真。而"本体"所揭示的却正是事物的无限绝对性，事物的全体与本真。①

也就是说，王弼作为"至理"的"无"除了"最高共相"之外，还有作为"事物的全体与本真"的"本体"之意。

玄学的"本无末有"说对大乘佛教思想在中国的早期传播造成了深远的影响。王弼的"无"是"事物的全体与本真"之"本体"。可是，早期般若中观学的"空"则指向"无自性"，是对"缘起"规则的重新诠释，并非有意构建一种"本体"。②于是，中国早期般若学的"本无宗"以王弼的"崇本息末"思想为参照来处理空有关系，因而被僧肇批评"触言以宾无"；僧肇虽反对"本无宗"对"空"的理解，却仍尝试着在体用论的框架下来论述"无"，同时又着意强调"缘起即空性"，于是发展出"即有即无"的体用相即之说。

不过，当涅槃佛性论传入中国后，由于比般若空性之学说更好地回应了玄学体用论的诉求，南北朝佛教很快从般若空转向了涅槃佛性论："空"尽管还在名义上发挥着影响力，但"法性"等具有积极意义的概念则与"佛性"一道，受到了更广泛的关注。③涅槃佛性论的推动者竺道生常常使用"理"这一范畴。菅野博史先生基于对道生注《涅槃经》和《法华经》的研究指出，道生所说之"理"可分为四种类型：一、与事（具体事实）相对的理（"事"所表现出的道理）；二、与言相对的理；三、作为某类事物的指称；四、作为本体论性质的概念的真理，是万物存在

---

① 冯达文：《王弼哲学的本体论特征》，《中山大学学报（社会科学版）》，1999 年第 6 期，第 79-80 页。
② 赵文：《印度部派佛教"无为法"之争与〈般若经〉中"实相"相关概念的成立》，第 137-138 页。
③ 张风雷：《从慧远鸠摩罗什之争看晋宋之际中国佛学思潮的转向》，《中国人民大学学报》，2010 年第 3 期，第 70-75 页。

之根据，也就是佛性。①

基于我们上文的讨论可见，菅野博史先生所说的前三项基本上可以从玄学的"共相"之"理"的角度来理解；对于第四项作为佛性之"理"，史经鹏先生还补充道，《注维摩诘经》中道生所说的本体之"理"大多指"空"。②当然，对于道生而言，这二者并不矛盾。正如他对《涅槃经·狮子吼品》"善男子，佛性者名第一义空"一句的注释中提到："佛性，体也。要当先见不空，然后见空，乃第一义。第一义空，已有不空矣。"③由此可见，道生的"理"同时延续了玄学中的"理"之"共相"以及"本体"两种意义。

另外，佛性论之所以流行，是由于它还契合了玄学之"理"的另外一种特性：魏晋玄学脱胎于魏初的名理之学，特重视识鉴人物、论人物之性。④因而，"理"不仅在某些玄学家那里被认为是"本体"，还常常规定了道德上的应然。或者说，尽管玄学的"理"常常在形上学的讨论中被使用，但同时也被赋予了道德的意义。与之相应，中国佛学较之印度佛学，总体而言并不甚注重认识论，却在心性论上有深入的讨论，最突出的便是南北朝佛性、如来藏学说的流行。

魏晋玄学与佛学中"理"的复杂设定，进而影响到南北朝至隋代佛教的地论学派，以及唐代华严学中的"理事关系"。如潘桂明先生指出："在华严宗的'理事'关系思想中，'理'是事物的'总相'，'事'则是事物的'别相'；总相与别相在大多数情况下，被当作一般（共性）与个别（个性）来处理，有时也会当作全体与部分看待。"⑤这里涉及了华严学的"六相"说。后文也将进一步提出，"六相"中与"理"相对应的首先是"总相"（事物的全体与本真），然后是"同相"（共相），它们都可以追溯到前述玄学中对"理"的理解。

---

① 菅野博史：《〈大般涅槃経集解〉における道生注》，《日本文化研究論集》3（1985），第78-79页；菅野博史：《道生撰〈妙法蓮花経疏〉における"理"の概念について》，《創価大学人文論集》3（1991），第119-143页。参见：史经鹏：《从法身至佛性——庐山慧远与道生思想研究》，北京：人民出版社，2016年，第286页。

② 史经鹏：《从法身至佛性——庐山慧远与道生思想研究》，第287页。

③《大般涅槃経集解》卷五十四，《大正藏》第37册，第544页上。关于这一段落在南北朝佛性论中的重要地位，参见：赵文著，弓塲苗生子译：《『涅槃経』の仏性論と漢伝仏教における般若中観思想》，《東アジア仏教研究》第18号，第39-56页。

④ 汤用彤：《魏晋玄学论稿（增订版）》，上海：上海人民出版社，2015年，第154-156页。

⑤ 潘桂明：《中国佛教思想史稿·第二卷（上）》，南京：江苏人民出版社，2009年，第366页。

三、南北朝至隋代地论师与唐代华严学"六相"说中的理事关系

对理事关系的深入讨论，在作为唐代华严学之前身的地论师那里就已出现了。北朝与隋高僧净影慧远（523—592 年）主要是在"共相"和"殊相"的意义上来使用"理"和"事"的：

> 事理相对。事为世谛，理为真谛。阴界入等，彼此隔碍，是其事也。苦、无常等十六圣谛，通相之法，是其理也。[①]

这里讨论的是慧远定义的"立性宗"（以有部等部派佛教阿毗达摩为主）之说法，具体而言，"事"指的是蕴、处、界等一一分离的"殊相"的诸法，"理"则代表一切诸法的"共相"：十六圣谛。但是，将十六圣谛看作"理"，并不代表地论师本宗的立场。或者说，这里的"理"更多是开放性的概念，它的用法等同于一切法的"共相"（文中谓"通相"）——这也是延续了上文所说魏晋玄学与佛学中的用法。

在一段对止观的讨论中，慧远又以"事"对应蕴、处、界等诸法，"法"对应十六圣谛，而"理"则对应"第一义空"（即佛性，如《涅槃经·狮子吼品》谓"佛性者，名第一义空"），应当代表了地论师本宗的立场：

> 第一约就事、法及理，以分三行。事者，所谓阴、界、入等，依之修止，如世八禅。法者，所谓苦、无常等，依之修观。理者，所谓第一义空，依之修舍，舍离众相。[②]

这个"第一义（空）"亦是"实相"，即诸法的真实本体之相状："言实相者，是前观照所知境界。诸法体实，名之为实。实之体状，目之为相……唯第一义名实相耳。此之实相，体非般若，能生般若故名般若。"[③]也就是说，在净影慧远那里，"理"也有诸法真实本体的意义，它就是实相、佛性、第一义空。因而，像道生那样，净影慧远所说的"理"也继承了魏晋玄学

---

① 《大乘义章》卷一，《大正藏》第 44 册，第 483 页下。
② 《大乘义章》卷十，《大正藏》第 44 册，第 667 页下。
③ 《大乘义章》卷十，《大正藏》第 44 册，第 669 页下-670 页上。

以来"理"的两种意义:(一)"本体"义,(二)"共相"义。从这个角度我们来审视慧远的"六相"说就会发现,慧远的"六相"说之中心实为理事关系。

我们知道,"六相"也被华严宗人视作自宗的独特教义。[①]它最初是南北朝时期地论师从汉译《十地经论》中经文解释之凡例受启发而作,包括总相、别相、同相、异相、成相、坏相。正如孙海科先生指出,此"六相"在地论南道派初祖慧光的弟子法上所作《十地论义疏》中,对应"本、末、同、异、成、坏"之"六种正见"(英藏敦煌遗书 S.2741)。该文献将"总"等同于"本","别"等同于"末",显然受到魏晋玄学之影响。[②]此处还需补充的是,正如上文所述,王弼的"本"是"无"之本体,是世界本初的、无规定性的"全体与本真",又是"最高共相"。也就是说,"既是全体,又是共相"这样特别的思想,是萌芽于魏晋玄学中的。倡导涅槃佛性论的道生之"理"延续了王弼那里作为"共相"的意义,同时继承其"本体"义(即佛性),却未发明"全体"的意义。然而,地论宗法上以"总"为"本",特别发挥了玄学的"本"之内涵的"全体"义。

另外,孙海科先生还考察了英藏敦煌遗书 S.613 的"六种正见"之问答,并将其与法上的《十地论义疏》并列为早期地论师的诠释。该文献中提到"本末据体,同异彰相,成坏据用",受《大乘起信论》"体""相""用"之影响,并为华严学所继承。[③]显然,"本末"发挥了本体论之体用关系,"同异"则发挥了共相、殊相关系,也与上文所述玄学到涅槃学中"理"的双重特质有关。至于"成坏",则特别从"用"的角度来阐述,在《十地论义疏》中也有"理不自彰,为教所显,教成诠用"的说法。可以说,地论师的"六相"说的成立是受到魏晋玄学和涅槃学之影响,又融入《起信论》"体""相""用"的结构而建构起来的。

不过,前述地论师的六相说,主要是围绕教(经文解释)、行(菩萨行)来谈的,而净影慧远的六相说,则将"六相"的适用范围从教、行拓展到诸法法体之上:"所谓总别同异成坏,此六乃是诸法法体意。"[④]随举"色"

---

① 方立天:《法藏与〈金师子章〉》,北京:中国人民大学出版社,2012 年,第 95 页。

② 孙海科:《"六相"义二重源流探》,载王颂主编:《宗门教下:东亚佛教宗派研究》,北京:宗教文化出版社,2019 年,第 155-157 页。

③ 孙海科:《"六相"义二重源流探》,第 157-159 页。

④ 孙海科:《"六相"义二重源流探》,第 160 页。

法为例，"色"的"总相"是"摄彼同体一切佛法，以成一色"，也就是说，"色"的"总相"是一切色法的"全体"，即其"本"；"别相"则是"无量差别之色"——显然这得自于玄学中差别的"末"。然而，若从认识的"共相""殊相"来看，"同相"是种种差别色法皆同色义，即同属色之"共相"；"异相"则是说种种色义各个不同，即"殊相"。最后，"成相"指体不差别，故义不相离而成一色，"坏相"指义相差别，与色体构成无量的差别之色。[①]慧远的又一创见在于，将六相发展为"真如缘起"的理事无碍。慧远的"理"（指诸法的共相或本体）与"事"（指蕴、处、界等诸法）不仅仅是对举的概念而已，还强调"阴界入等一一之中，皆具无量六相门也"[②]，也就是说，一切"事"（或说有自体之"诸法"）都符合看似矛盾对立、实则圆融无碍的理事关系（六相）。

法藏师事智俨（602—668 年），而智俨、法藏为代表的华严学"六相"说之内容与净影慧远之说差别不大，只是在对"成相、坏相"之解释上有所改进。相关解释可见于智俨的《华严五十问答》卷二[③]，以及法藏的《华严一乘教义分齐章》卷四[④]，以下分别阐述：

首先，华严"六相"中的"总相""别相"表面上从整体和部分的关系谈理事关系，实际上还是体用论。智俨讲由部分和合而成的整体是"总相"，各个构成整体的差别之部分是"别相"（"所谓总，总成因果也。二别，义别成总故"）。但讲"总相"要不只谈整体，亦顾及部分；讲"别相"不仅谈部分，亦顾及整体，这被法藏的"屋舍喻"很好地表达出来——即"椽即是舍"说：所谓"若离于椽，舍即不成；若得椽时，即得舍矣"。也就是说，既然整体和部分互为条件，整体和部分也同时成立。然而，这里要指出的是，屋舍仅仅是比喻，更确切地说，"总相""别相"是要讲，作为"全体与本真"的"法界"（总相）与一一差别之事相（别相）同时成立。也就是"理事无碍"的"法界缘起"。

"同相""异相"是从认识上的共相和殊相关系来讲理事关系。智俨所说"三同，自同成总故。四异，诸义自异显同故"，并不十分清晰，但法藏的比喻就清楚多了：首先，"同相"是"椽等诸缘合同作舍，不相违故，皆

---

① 《大乘义章》卷三，《大正藏》第 44 册，第 524 页上。
② 《大乘义章》卷三，《大正藏》第 44 册，第 524 页上。
③ 《华严五十问答》卷二，《大正藏》第 45 册，第 531 页下。
④ 《华严一乘教义分齐章》卷四，《大正藏》第 45 册，第 507 页下-508 页下。

名舍缘；非作余物，故名同相也"；又，"异相者，椽等诸缘，随自形类相望差别故"。椽和瓦等，属于不同形类，因而是各个殊相（事），但是，它们共同属于"舍缘"（构成房舍的因缘），"舍缘"便是它们的共相（理）。

"成相""坏相"也是从体用关系来讲理事关系的，但侧重在用。智俨说，"五成，因果理事成故。六坏，诸义各住自法不移本性故"。从表面上看，似乎是说"因"是"理"，"果"是"事"，但联系起智俨的"性起"说，更深层的含义则是说，"因"的本性为"理"，"因"作用所生"果"是"事"。"性起"说讲如来性藏于众生之中，同时也是法性真如理体，作用而显现万事万物。[①]因此，"成相"是本体之"理"显用成"事"，且体用俱成，圆融无碍（法藏谓"由此诸缘，舍义成故；由成舍故，椽等名缘"），"坏相"是说本体不作用，住其本性（法藏谓"各住自法，本不作故"）。这一解释要比慧远的更为清晰。

现在我们回到法藏的法界思想上来，会发现法界思想正是对地论、华严"六相"说所代表的理事无碍思想的发展。如《华严一乘教义分齐章》说到：

> 此教（六相圆融义）为显一乘圆教，法界缘起，无尽圆融，自在相即，无碍镕融，乃至因陀罗无穷理事等。此义现前，一切惑障，一断一切断，得九世十世惑灭。行德即一成一切成，理性即一显一切显，并普别具足始终皆齐。[②]

从"六相"来看，"理法界"是"同相"，"事法界"是"异相"；又，"理法界"是"总相"，"事法界"是"别相"，但因为《华严经》之"法界"同具二义，因而"同"与"异"、"总"与"别"当同时成立。另外，既然"理法界"是"真理界"，即诸法各自的真如理体，发用即成立"现象界"，各个自守其自性，"现象界"便坏灭。因而，法藏将《华严经》中作为双关语的"法界"发展为"理法界"和"事法界"，能够与地论、华严学中"六相"的传统很好地契合。

那么，魏晋以来的"理""事"范畴，是否也给法藏的"法界"带来了

---

① 高崎直道先生指出，"性起"的说法虽然出自《华严经·性起品》，中国华严学的解释却超出了《华严经·性起品》的内容，有如来藏系经典中的思想背景。（高崎直道：《華嚴教學と如来藏思想》，中村元编集《華嚴思想》，京都：法藏館，1960年，第275-332页）

②《华严一乘教义分齐章》卷四，《大正藏》第45册，第507页下。

不同于《华严经》之"法界"的新义呢？首先，联系上文中我们对"法界"概念的分析，《华严经》的"法界"是一切诸法的空性，这与地论、华严之"理"的共相义（"通相之法，是其理也"）表面上是相通的，如在净影慧远那里，"理"也是"第一义空"。然而，《华严经》的"空性"是"无自性"，"第一义空"却是佛性、如来藏。也就是说，《华严经》与法藏的法界思想之形上学基础是不同的。另外，《华严经》中的"法界"既是"真理界"，同时又是"现象界"，这被华严学者在形式上联系起从玄学到地论、华严思想中"理"作为"本体"的特殊意义：即全体之"事"（蕴、处、界等一切诸法为"事"）的本真状态。可是，《华严经》的这一说法本是从"缘起（现象界）即空性（真理界）"的一体两面来讲的，却没有像法藏那样，强调"真理界"（真如全体）和"现象界"（部分的、差异的事物）间互为条件、同时成立的关系。

另外，我们要注意的是，地论师和华严学虽都讲"理事无碍"的圆融关系，但华严学的"法界缘起"论又基于此、在《华严经》的启发下强调了"十玄门"说所展现的"事事无碍"。正如方立天先生指出，揭示事物与事物间相互联系、相即相入的宇宙图示的"事事无碍"论，是最能代表中国华严学的理论特征的学说，并展现出与印度佛教迥然相异的中国思想风貌。[①]

四、结语

"四法界"说集中体现了唐代华严学对魏晋以来中国思想界理事关系问题的回应。魏晋玄学中的"理"具有多重含义："理"与"事"相对，既是一类事物的规定性或"共相"，又是体用论（本末）中万事万物的本体。因而，王弼的"无"既可理解为去掉了一切规定性的最高共相（至理），又是世界的"本真和全体"。王弼的"本无"论影响到东晋的佛学话语，这主要是中国般若学者将"空"与"无"比附所致。然而，当东晋与刘宋之交，学风逐渐从般若学转向涅槃学时，南方涅槃学提倡者竺道生之著述中的"理"，同样有"共相"与"本体"之义，只是本体义从"无"或"空"转

---

① 方立天：《华严宗的现象圆融论》，《文史哲》，1998年第5期，第68-75页。

向了"第一义空"（即佛性）。

南北朝地论师多习涅槃学，其理论以佛性、如来藏学说为中心。汉译《十地经论》中的"六相"：总别、同异、成坏，被早期的地论师演绎为适用于"教"（教理解释）与"行"（菩萨行）的"六种正见"。在"六种正见"说中，"总别"被替换为"本末"，显示了其与玄学的关联——玄学中的"本"即有"本真和全体"之义。隋代地论师高僧净影慧远又将"六相"适用范围扩展到对"法体"的讨论，以差别的诸法为"事"，以诸法的真如佛性为"理"，将"六相"说发展为理事无碍的"真如缘起"论。在唐代华严学高僧智俨和法藏的"六相"说中体现的理事关系，继承和发扬了净影慧远之学说，但更加明确地将"六相"说解释为整体（对应玄学中代表"本真和全体"的"本"）与部分（差异的"末"），共相与殊相，（本体）作用与无作用三方面，并阐发了理事间圆融无碍的"法界缘起"。

以地论师奠定的理、事关系论为基础，曾参与《华严经》翻译的法藏在深入理解《华严经》"法界"（dharmadhātu）一词的多重含义及其哲学内涵的基础上，建构了"理法界"与"事法界"的理论。首先，前述地论师的"理"有"共相"的涵义，它是"第一义空"，于是，法藏的"理法界"便对应《华严经·入法界品》中 dharmadhātu 的"法的本质"或"法性"之含义。但在《华严经》中的 dharmadhātu 是诸法的"无自性"之"空性"的本质，而在地论、华严学中"第一义空"却代表佛性。

另外，《华严经·入法界品》的 dharmadhātu 还同时具有"真理界"和"现象界"的意义，且这一双关语准确地传达了《华严经》所展现的"缘起（现象界）即是空性（真理界）"的思想。但法藏在此基础上亦有所发展。《华严经》的"法界"是要表达缘起即无自性（空性），这是与《般若经》一致的。但华严学则借此从体用论的角度来讲理事无碍：华严学的"法界缘起"之理体，是对玄学到涅槃学中"理"（整体，也是"本真和全体"的"本"）的继承发展。因而，华严学的"法界缘起"更强调整体与部分互相依存，乃至在此基础上各个部分间的同时成立，但《华严经》的真理界与现象界不二，则是各个诸法皆因其无自性、唯是假名，从而构成了无有分别、相即相入、重重无尽之相。

综上所述，对于法藏与澄观等华严学人建构的法界思想，当我们把握好"理""事"范畴的思想源流，便可以看到法界思想与地论、华严学传统中"六相"说的天然联系，并理解这一思想对魏晋以降中国思想界中理事关系讨论的回应及其对《华严经》之"法界"的改造。

（原载：《世界宗教研究》，2021 年第 6 期，第 83-93 页）

苏非理论与道家哲学

——马明龙《认己醒语》思想探析

王 伟

一、引言

中国伊斯兰教思想史上，明末清初学者马明龙（1597—1679 年，名铨，字明龙，湖北武昌人）的地位举足轻重。《经学系传谱》专门为他立传，并以常蕴华、李定寰、马君实、马明龙为当时"东土学者之四镇"，可见其在中国伊斯兰教经堂教育经师中的地位。就师承谱系而言，马明龙是这四位经师中辈分最高且长寿者，为胡登洲第三代弟子，被尊称为"武昌真人"，其余三位皆是第四代弟子。马明龙又是最早进行汉文著述的中国穆斯林学者之一，其主要著作除《认己醒语》外皆已佚。晚年所著之《认己醒语》成书于 1661 年，在时间上仅仅稍晚于张中和王岱舆的著作，而早于马君实（约 1600—1680 年）的《卫真要略》（1661 年后）[①]和常志美（蕴华，1610—1670 年）的《识认大略》（1662 年）。该书是目前所知最早以诗体的形式出现的汉文伊斯兰教著作，其形式上类似佛教的偈和道教的歌诀。

因资料相对较少，学界对马明龙生平和著述研究不多。除《经学系传谱·马明龙先生传谱》外，有关马明龙的文献记载还有《马铨华表碑记》《马氏族谱》、清代学者蓝煦的《天方正学》卷七所载《武昌真人墓志》一文，以及附于马明龙现存主要著作《认己醒语》之后的写于民国时期的《马四爸爸传略》。20 世纪 90 年代初，答振益的《伊斯兰经师马铨》一文介绍

---

① 参见马景：《马君实生平著述考》，《回族研究》，2011 年第 2 期。

了马明龙的生平事迹①。随后，金宜久先生主编的《伊斯兰教辞典》中有马明龙的小传②。近些年，随着新资料的不断发现，对马明龙的研究有所深入。杨晓春的《明末清初伊斯兰教学者马明龙的生平与著述》一文在前人的基础上依据最新资料介绍了马明龙的生平与著述③，该文随后收入《早期汉文伊斯兰教典籍研究》一书。马超的《经学大师马铨先生传略及拱北碑刻等古迹资料辑录与现状概述》和马新芳的《陕西经堂教育在湖北》两文介绍了一些马明龙的生平事迹和相关古籍文献。马超的《试论极料理与逸蛮阿訇对中国伊斯兰教的影响》一文中述及西域苏非极料理对马明龙的影响，对于研究马明龙思想颇具参考价值。乌志鸿的《〈渭城里大寺碑〉记载的经学传系（上）》一文，释读并翻译了陕西学派经师刘长清所撰《见月凭证》碑文的内容，④使我们看到，马明龙不仅是早期经堂教育在华中地区的核心人物，又是陕西学派师承谱系上的重要一环。总之，目前学界对马明龙的研究基本集中于生平著述和师承关系的介绍，尚未有专门研究马明龙思想尤其是他的代表作《认己醒语》的成果问世。

《认己醒语》最早刊行时间已不可知，现存仅有民国八年的镇江杨德诚刻本⑤，该刻本是根据雍正十三年（1735 年）马光前、马德恩刻本重刻的。此版本正文之前有民国七年杨竹坪所撰序言，正文之后附有民国八年杨恩寿所撰"马四爸爸传略"。从书名看，全书内容当为教人认识自我的警醒之语。从结构上看，全书正文分为十篇，共三千余字，基本采用诗体的形式。首篇名曰"认醒之表"，为五言长诗，共 64 句；第二篇至第八篇皆为七言长诗，篇名分别为"认性之里""合认性之表里""认真一之源""认人于正道之源""认生物表里""认人之所以贵""认万物造化之踪迹"；第九篇名为"参悟"，为零散诗句，多为四言，偶有五言。第十篇"辨迷"，主要内容是肯定儒家而贬佛。各篇之间偶有夹杂解说的散句。第九篇之后附有月麓唐世禧所题七言绝句一首，以及"解回回二字之源说"。各篇的思想内容有相互重复之处，本文按照不同主题进行探讨。

---

① 答振益：《伊斯兰经师马铨》，《中国穆斯林》，1990 年第 3 期。
② 金宜久主编：《伊斯兰教辞典》，上海：上海辞书出版社，1997 年，第 478-479 页。
③ 杨晓春：《明末清初伊斯兰教学者马明龙的生平与著述》，《回族研究》，2011 年第 1 期。
④ 乌志鸿：《〈渭城里大寺碑〉记载的经学传系（上）》，《中国穆斯林》，2017 年第 6 期。
⑤ 国家图书馆馆藏，书号 133104。馆藏信息根据民国重刻时杨竹坪的序言误将原书名录为《认己省悟》，时间也误录为民国七年的作序时间。这一点杨晓春文中已经指出。

二、认己之缘由与层次

《认己醒语》首篇开宗明义，讲"认醒之表"，意在阐明认己的准则和依据。作者开篇写道："认醒之表，首奉主制明命，次遵圣喻，凡人能自认己身与心性此三者之所以造化，方可认识造化天地人物之真主也。"这里提出认己的目的，即通过认己而达到认主。作者指出，这条路径的依据有二：其一为主制明命，即认信和作证真主的存在和一切完美属性；其二是圣训，即汉文著译家们最常引用的"认己明时认主明"一句。认己由此被当做认主的一个重要途径。在伊斯兰传统中，认主有三种途径：大世界（宇宙）、小世界（人）和宗教经典。第一种是向外的路径，通过理智思考天地之化育，这与人的思辨理性相关，第二种是向内的路径，通过认己，小即修行以达到内在直观，这是苏非所最为强调的，也是汉文伊斯兰教著译中所着墨最多的地方。在后期伊斯兰哲学中，这两种路径分别代表了理智的两种面向：思辨理性（Reason，'Aql fikrī）和理智直观（Intuition，al-Firāsah），前者是哲学和教义学上所说的以概念和推理的方法获得普遍性知识的能力，后者是苏非学上所说的心灵的直观揭示和见证。《认己醒语》侧重强调后一种路径，即通过向内认己的方式而认主。作者将"己"分为身、心、性三个层面去认识：

> 因约其表而咏之：人之奉命生，身物之委形。心虽身之宰，得性乃能灵。天命名曰性，其来本太清。奉天卑赋我，分灵乃及心。就中分表里，性清心故明。一经点化处，得气便生云。身以心为宰，心因性以神。涵光华影照，普慧包苍冥。太初原无相，一点落黄庭。先天不见我，我从何处寻。谁我谁非我，谁己谁非人。动定关主张，天地两相乘。谷种藏万理，中开众妙门。一齐进露者，花[1]化遂流行。从兹以渗物，因之粒粒精。百苗心地发，万汇一家春。何分身与世，均为受造因。自表以认里，一主定乾坤。运行符造化，枢纽关群生。初不见一物，见物己与群。人天小大世，须问身与性。命本性之舍，身又心之城。心清还带雾，性静不生尘。始知性中性，不信铁为金。未

---

① 杨德诚刻本中为"花"，根据文义，此处似乎当为"化"或"造"。

问己中己，焉知身外身。身心性三者，浑合一不分。嗟哉忘我己，罔究本原情。性清先已迷，道奥向谁论。悠悠云水远，误认梦为真。倏忽西起风，纷纷花叶零。生平种种孽，化作浪中萍。天命不常在，回顾莫问津。①

马明龙认为，人奉"命"而生，其"身"是被赋予的外在形体。"委形"一词出自《庄子·知北游》："舜曰：'吾身非吾有也，孰有之哉？'曰：'是天地之委形也。'"人身只是一个物质形体，它的主宰是心，但心的灵觉只有通过性才能发挥出来。至于性的来源，马明龙认为，性就是天命，相当于《中庸》所言"天命之谓性"，天命赋予人，就是人性。"太清"出自《庄子·天运》："行之以礼义，建之以太清。"成玄英疏："太清，天道也。"陈淳《北溪字义》解释："天命，即天道之流行而赋予万物者。就元亨利贞之理而言，则谓之天道；即此道之流行而赋予万物者而言，则谓之天命。"②总而言之，天道是人性之源，天道体现于人身上就是人之性。在程朱理学中，性是心之本体，性具于心，有了性，心便有了灵觉。因此马明龙说："奉天卑赋我，分灵乃及心。"理学所谓心是耳目所以视听的虚灵，其表现或作用是"知觉"。程颐说："心，一也。有指体而言者，寂然不动是也。有指用而言者，感而遂通之故是也。"（《伊川文集》卷五）正是作为本体的性反映于人身上，于是人才能够感而遂通，有知觉，这便是心的作用。性是体，心是用。在伊斯兰教苏非思想中，灵魂从根本上是一而非多。但从另一种角度，灵魂又被划分为人性灵魂（rūh al-insānī）和气性灵魂（rūh al-nafsānī）两个层面③，马注在《清真指南》中分别称之为"真性"和"禀性"④。气性灵魂是在人性灵魂支配人的外在形式之后产生的，实际上就是人性灵魂之光的照射，是人性灵魂所产生的外在影响，如同本体所显之属性。"天命"在伊斯兰教中就是真主之命。在伊本·阿拉比等苏非学者那里，天命有两种：一种是创生之命（al-amr al-takwīnī），特指灵魂（Rūh）而言，被认为是通过神圣命令而产生的第一受造之物，也称大笔（Qalam al-a'lā）或理智（'Aql），相当于哲学家所讲的第一理智；另一种是宗教诫

---

① 引文中出现的儒道术语和典故本文皆采用下划线标出。

② 陈淳：《北溪字义》，北京：中华书局，1983年，第1页。

③ 自安萨里开始，就有这种二分法，安萨里的称呼是"人性灵魂"和"动物性灵魂"，与其后的苏非学者表述略有不同，但所表达的意思一致。

④ 马注：《清真指南》，银川：宁夏人民出版社，1988年，第91页。

命（al-amr al-taklīfī），即宗教经典中规定的诫命。这里，作者显然以天命指灵魂，认为灵魂是一种不可见的、隐藏在生命物中的东西，只有通过其感觉、运动、认知和意志等作用才能知道其存在。因此，人之能动的心是其灵魂的显现。作者认为灵魂赋予人之后，就是人性，心和性是表与里、体与用的关系。

马明龙所使用的"太初"和"无相"皆为道家术语。《庄子·天地》云："太初有无，无有无名。一之所起，有一而未形。"成玄英疏："太初，道本也。"即老子"无名天地之始"的状态。"无相"形容道玄虚无形。马明龙这里当指天地万物产生之先，仅有无形无像的绝对存在者。"黄庭"在道家术语中亦名规中、庐间，一般指下丹田。陈樱宁先生在《黄庭经讲义》中解释说："黄乃土色，土位中央居。庭乃阶前空地。名为'黄庭'，即表示中空之意。"①由此解释，马明龙这里的"一点"当指从无到有产生于虚空之中的灵魂，因此叫"一点落黄庭"。那么由身心性所复合而成的"我"，是从哪里来的呢？马明龙从"动定关主张"讲起。《庄子·天运》云："天其运乎？地其处乎？日月其争于所乎？孰主张是？孰维纲是？"在马明龙看来，这是来自于"动定"，即真主所掌握的理气之动静产生天地万物。"谷种"与"一点"同义，指原初之命，被看作是天地万物所从出之总门，刘智称为"大命"或"继性"，将其等同于"道"或"理"。因此马明龙说："谷种藏万理，中开众妙门。"在他看来，这一思想与《老子》所言"玄之又玄，众妙之门"一语是相通的。按照马明龙的解释，此"谷种"是万理或众妙（一切殊多的灵魂）之本源，宇宙作为一个生生不息的大流，由此迸发而出。由此中流出的也包括潜在的质料，即"从兹以渗物"。在伊本·阿拉比哲学中，原初质料被称作"微尘"（al-habā），他将其比作被扬洒的灰尘②，即散而未形的状态。因此，马明龙以道家话语讲述的是苏非学者所主张的显化理论，它不同于新柏拉图主义者所谓"一只能生一"的流溢论原理，而是一种由一直接产生多的方式。故马明龙说"一齐迸露"，还说"初不见一物，见物己与群"，在他看来这种一多关系更类似于中国哲学"理一分殊"（朱熹）或"万物殊理，道不私"（庄子）的观念。然后，作者认为身（自我）与世（世界）不必区分，皆是创造。由外而内去体认，

---

① 陈樱宁：《黄庭经讲义》，中国道教协会编印，1988年，第4页。

② Ibn al-'Arabī, *al-Futūḥāt al-Makkiyya*, Beirut: Dār al-Kutub al-'Ilmiyyah, 1983, p.182.

无非是一主所规定。用伊本·阿拉比的话讲，就是绝对之"一"或存在本身的不同规定。最终，作者仍坚持向内直观的路径，将其作为认识的主要路径。因此作者说"未问己中己，焉知身外身"。道就存在于自我的内心当中。

三、性之表里与性一元论

马明龙在书中通过讲述"性之表里"，即灵魂的层次划分而阐明了一本万殊的性（灵魂）一元论。他谈到性赋予人的路径："<u>天命谓性性自天，事天知命</u>可参源。性历<u>九天</u>涵众奥，心包万象契真铨。"所谓"性历九天涵众奥"指出了性自源头而来的过程，道家和伊斯兰传统皆认为天有九层。《淮南子·天文训》云："天有九重。"扬雄《太玄·太玄数》谓九天分别为："一为中天，二为羡天，三为从天，四为更天，五为睟天，六为廓天，七为减天，八为沉天，九为成天。"伊斯兰传统中的九层天分别为月天、水天、金天、日天、火天、木天、土天、库而西、阿而实。"阿而实"也叫宗动天，是宇宙的最外层，天命从"阿而实"下达，经过"库而西"（恒星天，第八层天），再经七层天（分别以七大行星命名）最后降至下界。性既然是天命赋予人，那么必然来自九天之上。"涵众奥"即一性之中包含了存在的一切精神和意义，这些精神和意义历经九天而依次分明，赋予万千事物而成其理（本质）。性具于心，而后产生灵觉，心自然包含世间万象，并通过其能动作用而契合本性。

马明龙所讲述的性一元论主要体现在两个方面。首先，就不同的个体而言，性（灵魂）像明月一样照映每个人，成为他们的人性灵魂。《认己醒语》云：

> 百海千江同一水，身无二命秉同源。一蔗分甜糖七种，一性七等蔗同观。等七队四分班次，差等分七自愚贤。性入剩下分给物，物类能修也炼丹。

按照这种理解，由于每个人的禀赋不同，同样的性反映到不同的人身上就会有千差万别。马明龙的以上描述直接来源于苏非名著《密尔索德》（*Mirsād* al-'ibād）①，该书作者阿布·伯克尔·拉齐（Abū Bakr al-Rāzī）在书中用蔗糖的比喻讲述了先天之命分为不同层次的性。据《经学系传谱》记载，马明龙曾师从西域苏非极料理学习《密尔索德》，并将其译为汉文《推原正达》。此汉译本未能流传下来，流传至今的汉译本是清初学者伍遵契（约1598—1689 年）的《归真要道译义》。此处引用伍遵契的译文："却说这一切性命等第就如同做糖的理，从头一滚的糖汁上取出冰糖，二滚上取出白糖，三滚上取出红糖，四滚上取出浑水糖，五滚上取出黑体糖，其后所存者乃渣脚。"②至圣性相对于蔗汁，从中取出的五种糖分别比喻列圣、大贤、摩敏（穆民）、罪人、外道等不同层次的人性。马明龙所谓"糖七种"应当还包括了相对于至圣性的"蔗汁"和被用来造矿物、植物、动物和四元素之性的"渣脚"。"第七队四分班次"的说法同样来源于《密尔索德》，书中将所有灵魂分为四类："头一班是列圣与大贤的啰憨③，在无作中至近主的位分；第二班是众贤哲与上等摩敏（归信主之人）的啰憨；第三班是众摩敏与微罪人的啰憨；第四班是一切内外不一、逆恩之人的啰憨。"这四班对应的人性分别是："头一班的人上是定静的纳伏私④，二班人是受醒会的纳伏私，三班人是埋怨自己的纳伏私，四班人是纵恶背正道的纳伏私。"⑤对人性的这种四分法，实际上是对"经训"内容的总结。《古兰经》提到三种人性：一为定静之性（al-nafs al-mutmainnah），喜主并被主所喜，具备完全的善；二为自责之性（al-nafs al-lawāmah），挣扎于善恶之间，行善时会喜悦，作恶时会自责；三为趋恶之性（al-nafs al-ammārat bs-sū'），一味地怂恿人作恶。这三种人性分别对应第一班、第三班和第四班。第二班人性是圣训中提到的"被默示之性"（al-nafs al-mulahimah），能得到默示而获得智慧。以上各类人性虽有别，但总归来源于一性，那就是"谷种藏万理，中开众妙门"之"道"，马明龙将之比作"百海千江同一水"。

其次，就每个人自身而言，性分表里，人性灵魂在人生长发育的不同

---

① 《密尔索德》（*Mirsād al-'ibād*）的作者阿布·伯克尔·阿卜杜拉·本·穆罕默德·本·萨哈瓦尔·拉齐（Abū Bakr Abudullah Ibn Muhammad Ibn Sāhāvar al-Rāzī，1177—1256 年）是库布拉维苏非教团（Kubrāvī）的一位导师，作者先以波斯文写就此书，后又完成了本书的阿拉伯文版。《密尔索德》的波斯文本传入中国后，被选作经堂教育的教材之一。

② 伍遵契：《归真要道译义》，《清真大典》第十六册，合肥：黄山书社，2005 年，第 355 页。

③ "啰憨"是对阿拉伯语 Rūh（灵魂）一词的汉字转音。

④ "纳伏私"为阿拉伯语 nafs（性）的汉字转音。

⑤ 伍遵契：《归真要道译义》，《清真大典》第十六册，第 449-451 页。

阶段显现出不同的属性和作用：

> 表里性中又有分，四性全备始成形。肝性长养心性活，知觉之性脑内存。异类性三草木一，独人多性最为凭。明灯几盏将人照，四影分明壁上寻。三性扰嚷总一性，四者相挽道自生。来生去死皆关性，惟有三性灭类灯。性秉一元真清洁，上天玄奥稳藏心。溶溶性月浸心境，心性虚灵一样明。性必借心七孔现，心还赖性一腔神。性灵隐透心千种，心窍包涵性一灵。性海清波去浪迹，源头活水渗心清。古海新波翻好浪，滔滔市海溅烟尘。闻云几度虚飘荡，一派东流风送声。野水荒烟浮事业，枫声猿泪动人情。明明一段云披锦，影自天垂照世人。何处壶中不有月，谁家树里不生春。从来表里将性悟，灿灿花间月一轮。

马明龙在这里讲"四性"，即体现于肝中的长养之性、体现于心脏中的活性、体现于脑中的知觉之性、总体的人性。教义学家和苏非学者普遍持这样一种观念，认为胎儿满四个月时，人性灵魂开始关联身体，其不同层次的特性便在身体中逐渐显现：五个月时筋骨的形成是坚定性（矿物性灵魂）的显现，六个月时毛发的生长是长性（植物性灵魂）的显现，七个月时胎儿有意识的活动是活性（动物性灵魂）的显现。出生四十天后，婴儿会产生各种情绪和知觉，这是知觉性（气性灵魂）的显现。等到成年后能够区分真伪善恶，遵从圣人的教化，从卑劣性、邪恶性、浑浊性中净化灵魂，作为本体的人性灵魂才会最终显现出来。这就是王岱舆和刘智所讲"人性一本而含六品"的由来。马明龙舍去了坚定性（矿物性灵魂），将殊多的人性灵魂（刘智称为"本性"）和作为"一"的人性灵魂（刘智称"继性"）合起来讲，故而有"四性"之说。"六性"和"四性"只是层次划分的着眼点不同，总而言之都只不过是人性灵魂按照身体部位和层次的不同而具有的不同特性，这些名称只是着眼于特性和阶段的不同，它们实际上是同一个灵魂的不同作用。因此，灵魂从本质上只是人性灵魂，是"一"。更重要的是，所有人的人性灵魂，甚至一切存在物的灵魂（或本质）从根源上只是一而非多。据这种独特的灵魂一元论，灵魂并不像亚里士多德哲学中的本质那样仅仅作为一种类概念或"多"。因为灵魂同时又是超越的"一"，"多"只是它在不同个体中的一种显相，可谓是一本万殊。在马明龙的观念中，这个"一"就是道家所言之"道"的代名词。

四、存在论的"一多"模式

　　性（灵魂）历经九重天而下赋予人，但并不意味着它是流溢论式的"一生一"序列。尽管苏非学的宇宙显化理论与新柏拉图主义的流溢说之间存在某些相似之处，但二者之间也存在重要的区别。苏非学者与教义学家在这一问题上看法一致，他们并不认为"一"只能流溢出"一"。因此，灵魂一元论实际上是一种"一多"关系的辩证模式，类似中国哲学中的"月映万川"。马明龙讲性一元论的"一多"模式，最终是要上升到存在论的"一多"模式。

> 　　清性体主之动静，无食无饮无睡眠。形影方位俱无涉，无着无落无沾染。无其无兮有其有，秉主八赞自先天。长活大能与生有，视听通知出自然。任意施行小天地，无语无默言自宣。鉴察周身情欲事，运行掌养合坤乾。

　　由性上溯至真主，人性之清明能体认并反映终极实在者的属性。"动"表示事物外在显扬的一面，"静"表示内在隐藏的一面。所谓"动静"实际上比喻苏非的隐显理论，由绝对静（隐藏）的体（本体）显现出用（属性）便是动。受此理论的深刻影响，在中国伊斯兰教的话语中，将属性称为"动静"。作者依据马图里迪学派的属性论，讲述了真主的三类属性。"无食无饮无睡眠。形影方位俱无涉，无着无落无沾染"这三句中都是否定性属性（al-sifat al-salbiyyah），即对真主本体的一种否定性描述。接下来的"八赞"即真主的八个本体性肯定性属性（al-sifat al-thubūtiyyah al-dhātiyyah），这是马图里迪教义学的典型特征，认为本体性肯定性属性有八个，即知识、能力、听、观、言、意志、原活、生有，马明龙总结为"长活、大能、生有、视、听、通知、意、言"。最后的"鉴察周身情欲事，运行掌养合坤乾"一句则描述的是行为性肯定性属性（al-sifat al-thubūtiyyah al-fi'liyyah），所谓行为性肯定性属性，如创造、供给、养育、监察、使活、使死等等，其数目是无法统计的。在马图里迪学派看来，一切行为性肯定性属性都是"生有"（takwīn）这一本体性肯定性属性的具体表现，是这一属性与其不同的作用对象之间的关系。艾什尔里教义学派则不承认"生有"是本体性肯定性属性，因此在他们看来本体性肯定性属性只有七个，一切圣神行为来自"能力"属性①。由此可见马图里迪教义学对马明龙思想的影响。

按照马图里迪教义学的主张，万化无非来自"生有"这一属性。马明龙区分了两种造化方式，一种是化生，一种是命生。他说："化生命生分身性，性受命生秉其元。"在伊斯兰教义学和苏非传统中，一切事物被分为创生物（mubdi'āt）和新生物（muḥdithāt）两种②，前者是指其产生不以任何质料并且不在时间之中的事物，即精神性存在；后者是指由质料生成并且在时间之中的事物，包括四元素及其复合物。前者产生自无媒介的直接的圣神命令，后者则以质料为媒介而生成。据此，世界被划分为创造世界和命令世界两个领域。马明龙所言"化生"的是创造世界（'ālam al-khalq），也被称作今世（'ālam al-dunyā）、象世（'ālam al-mulk）、可见世界（'ālam al-shahādah）、有形世界（'ālam al-sūrah）、非永恒世界（'ālam al-fanā'）、外在世界（'ālam al-zāhr）和物质世界（'ālam al-ajsām）；"命生"的是命令世界（'ālam al-amr），也被称作后世（'ālam al-ākhrah）、理世（'ālam al-malakūt）、未见世界（'ālam al-ghayb）、意义世界（'ālam al-ma'nā）、永恒世界（'ālam al-baqā'）、内在世界（'ālam al-bāṭin）和灵魂世界（'ālam al-arwāh）。③人之身体属于化生的现象界，而人性（灵魂）则属于命生的灵魂界。天地就是这种二元世界模式的表征，马明龙通过天地间的万化所要说明的是其背后的"不化"或"真一"，这一思想恰恰契合道家。马明龙写道：

> 得一清宁地与天，纷纷尘雾扰清源。明知生死关一主，何故翻成几色看。形色尽从一里发，真一不受色形牵。实一数一分新古，古一能生数万千。众假一真虽伙伴，一中藏众两不干。真一独竖撑天地，众一纵横来去间。

"得一清宁地与天"典出《老子》第三十九章："昔之得一者：天得一以清，

---

① 关于这一问题，参见王伟：《马图里迪教义学中的"泰克维尼"属性及其中国化诠释》，《中国穆斯林》，2017 年第 1 期。

② See Imām al-baydāwī, *Tafsīr al-baydāwī*, Beirut: Dār al-ma'rifah, 2013. 这部著名的《古兰经》注释《百达维经注》在中国穆斯林中以《嘎最》之命而著称，据《经学系传谱》，马明龙最擅长讲授《嘎最》，这种二分法应当来源于此。

③ 参见马良骏：《大辑要》（*Kitāb at-Talkhīṣ al-kabīr*），迪化宽巷寺油印本，1940 年，第 184 页。

地得一以宁，神得一以灵，谷得一以盈，侯王得一以为天下正。"道家所言之"一"似乎是"道"的属性，同时又是"道"本身。明清穆斯林学者所普遍使用的"真一"一词，同样借用自道家。《上元真书》云："真者，去假除祸，即色皆空也。""真一"较早见于《鬼谷子》："固信心术守真一而不化。""守真一"是修持的方法，故而道家称存养本性或修真得道的人为"真人"。同样，《周易参同契》云："道之形象，真一难图，变而分布，备自独居。"这个"真一"意味着"道"的唯一性。葛洪的《抱朴子·地真》："割嗜欲所以固血气，然后真一存焉，三七守焉，百害却焉，年命延矣。"

"真一"一词被用来翻译苏非术语 Ahadiyyah。马明龙指出，"真一"乃是实一、古一，不受形色牵染，而万千形色则是数一、众一，皆源自于真一，即绝对的、真实的存在本身。苏非学的显化理论视宇宙为绝对存在者自显的结果。显化源自绝对者对自身的限定或规定，有了绝对者的自我限定，才有了宇宙的出现。真土被描述为"外显者（al-zahr）和内隐者（al-bātin）"，这就是绝对者本身具有的相对的两个方面。"内隐"指绝对者隐藏自身，从这一方面讲，绝对者是绝对的幽玄，纯粹的存在，无法被认知。"外显"指绝对者显现自身，将自己显现于不同层次的事物。对于前者而言，绝对者无限超越，在本质上是不可知的，只能说他是一，但不是数字意义上的"一"（因为无法区分任何东西），而是绝对的"一"，这就是"真一"（Ahadiyyah）。真一通过无数的自身规定而显现为"数一"（Wāhidiyyah），即具有内在调理分化的大全式的"一"。①在这种自我规定中绝对者自身具有了内在的条理分化，被称作神圣的事态（al-sha'n al-ilāhiya），即各种内在的存在样态。"事态"一词的词根意为"期望、寻求"，它在宗教文本中最常见的同义词是"完美"（Kamālāt）或"尊名和属性"。在苏非学者看来，杂多的现象界的出现，是因为绝对存在者自身就蕴含着各种事态，这些事态从本性上呼唤其自身的外在化，因此，"存在"就在无数的自身规定中将自己展现开来。马明龙还通过显化无重复的理论说明了万千形色的无常。他说：

> 一中生化景重重，转盼人天两不同。化里复生生化里，生中复化化生中。化生生化生生化，不见长生只见空。
> 无中生有有还无，生化相推几出没。化化生生无穷尽，新生转眼

---

① Toshihiko Izutsu, *The Concept and Reality of Existence*, Tokyo: Keio University, 1971, p.51.

成古初。

生而后又化，化而后又生。参破反复理，万假隐一真。

生生化化，中有所生，新新古古，古发新。新今凭古有，非古无今。授生者古，受生者今。今古表里，里表古新。今古相异，位分真假。生之者众，生者一尊。今发一古古涌今，今今波古海，古海新声，风息浪静，幻泡无痕，滔七缘海，今古澄清。

既然绝对存在者"时时有事态"，那么宇宙间便时时经历着由一到多，再由多复归于一的过程。按照这种理论，万千形色并不能持存，而是时时生灭，变化无常。伊本·阿拉比将宇宙生灭隐显的过程形象地比喻为"普慈者的呼吸"（nafas al-raḥmān），[①]宇宙就像呼吸一样经历着一呼一吸的循环，呼表示由存在的源头显化出来，吸表示复归到其源头中去。因此，宇宙作为真主的显化，在一个个连续不断的刹那间不断更新。无独有偶，艾什尔里教义学从原子论的角度也论述了创造的不断更新，由于构成万物的原子是瞬间生灭的，因此宇宙万有也是时时更新的。马明龙对这一思想进行了一种诗化的模糊性处理，表明形色世界的新生、无常，而隐藏在这些生灭变化背后并支撑其存在的实在者却是"古有"的。"古有"是对阿拉伯语 al-qidam 一词的翻译，该词本意为古老的，在宗教上专指存在无开端。无论有多少杂多现象的显现，绝对者本身是纯粹的"一"。绝对者所显现出的"多"不过是人的有限意识的固有功能所限定产生的结果，因此是"幻"，真正的存在只是"真"。只有"真一"被视作唯一的实在，现象界千变万化的"幻"都只依赖于他的存在，就像万千光芒都只依赖于太阳本身，实际上存在的只是太阳。又如万千海浪只依赖于大海本身，实际上存在的只是大海。

五、"复元性"的修养论

在马明龙看来，万千形色世界的背后是真实无妄的"一"。人性有众多层面，但根源上也是"一"，这便是人的"元性"。要体认存在之"一"，就要摆脱人之多性的扰攘，而复元性。他写道：

---

① Toshihiko Izutsu, *Sufism and Taoism*, Berkeley: University of California Press, 1984, p.121.

灵性透心成玄矿，泥身产宝错香岚。乱石荒山通觉路，蓬蒿野茨现花园。红炉顽铁将性点，点金凭道养成丹。清性浊体阴阳记，喜怒情欲自此牵。油麻俨如性栖体，无性身心滞泥丸。性在身中在不在，不在而在两相关。沸汤红炭分新古，同而不同兼不兼。清堕浊泥迷慧路，风尘市海涌波澜。性铎呼身鼾不醒，反将浊体擅性权。香烟看色无恩怨，臭雾逆空总是凡。朝朝醒鸟花间噪，花恋春容不解喧。仙鸟凡花春各异，花情鸟舌为春翻。寒山孤月空相照，月影花阴几度寒。得时鲜花开笑脸，牢笼疲鸟眬生烦。性生已化复元性，登圣登贤可晤仙。生柴烟尽方成炭，黑炭红光识火颜。性体死生来去路，总归天命岂虚言。雾深已失归来路，云厚全遮仙圣传。好把雾云先打叠，早分性体认清渊。层层孽幔从前揭，幔揭休矜吾道难。

"元性"是人之最本真的天命之性，是人成贤作圣的关键。此性具于心，成为心之本体，人便有了视听言动等一切知觉。犹如一盏灯照亮了整个人身，灯之光自内而外有不同的层次。因此，在苏非思想中，人被描述为像层层矿藏，各层蕴藏着不同的精神和意义。苏非学者一般将心[①]分为七个层次，每一个层次蕴含一种德性或功能。第一个层次称为 sadr，是顺从（islam）的寄所，作为心的最外层，容易受到蛊惑而产生恶念。第二个层次名为 qalb，是信仰、理智和光辉的寄所。第三个层次名为 shaghāf，是爱、怜悯和同情的寄所。第四个层次名为 fu'ād，是产生神秘直观和见证的场所。第五个层次名为 habbat al-qalb，是一心向主、一心爱主的场所。第六个层次名为 suwaydā，是揭示幽玄、获得神秘知识的场所。第七个层次名为 muhjat，是神圣属性之光的显现场所，亦即作为心之本体的元性。[②]马明龙之后，刘智将这七层心的名称分别译为：心包、心表、心里、心灵、心仁、心妙、初心[③]。

马明龙指出，人是"清性"和"浊体"相混合的产物，光明清纯的"性"（灵魂）是以何种方式寓于黑暗污浊的"体"（肉体）中的呢？马明龙先借

[①] 此"心"实际上类似于朱熹所言之心，并非五脏之肉心，而是人所以视听言动的"虚灵"，实际上就是性（人性灵魂）的外在表现和作用。马明龙一个"透"字用得很形象，就像灯光外发一样。

[②] Rāzī, Najm al-Dīn. *Mirṣād al-'ibād min al-mabda' ila'l-ma'ād*. Ed. M. A. Riyāḥī. Tehran: Bungāh-i Tarjama wa Nashr-i Kitāb, 1352/1973. English trans. Hamid Algar, *The Path of God's Bondsmen from Origin to Return*. Delmar, NY: Caravan Books, 1982, pp.195-197.

[③] 刘智：《天方性理》，《清真大典》第十七册，第 86 页。

用了教义学家所使用的"油麻"的比喻，灵魂寓于身体就像油寓于亚麻籽中一样。这难免使人误解为灵魂像物质性的油一样寄寓在身体之中。因此，作者紧接着作了进一步说明，认为灵魂对于身体是"不在而在两相关"的。这里调和了教义学者和苏非学者的分歧，苏非学者认为，灵魂既然是非物质的存在，就不可能像油居于麻那样居于身体之中，而是以一种照明或显现的方式统御着身体。所谓显现的方式，就像存在贯彻于万有那样。灵魂是身体的维持者，存在也是万物的维持者，故二者的关系是相似的。身体作为灵魂在可感世界中的形式，是灵魂的完美和潜能的显现之所。真正居于身体之中的是灵魂所产生的作用，也就是通常所说的心或气性灵魂（气质之性），而非灵魂本身。这里马明龙将两种主张相揉和，以一种浑沦的说法认为灵魂既在又不在身体之中。在他看来，每个人都被赋予了同样的元性（灵魂）作为其天赋之灵，真主将自己属性的光明投射在了人性中，它是人最本真的人性。但同时人身上又具有物质属性，因此现实中的人是光明与黑暗、灵性与物性、善与恶的综合体。人的肉体之物性易于使人趋向于恶，因此人生来在喜怒情欲、风尘市海的波澜当中挣扎。马明龙做了一个形象的比喻：身体在漫漫长夜中酣睡，被自我当中那些物性的黑暗所驾驭，性（灵魂）就像木铎一样要将身体叫醒，让其摆脱尘世的牵绊。他又用了另一个比喻，灵魂就像花丛中喧闹的鸟儿一样，想要尽力唤醒这些花，但花却迷恋春的怀抱而不能明白鸟的苦心。

这里作者强调苏非修行之道的艰难，人只有炼尽自我当中生烟的杂质，即克服自身中的物性，达到"化己"的境界，才能恢复自己本真的元性，成圣成贤。这就是性所要完成的来去复归之路，来自先天之命（创造之命），通过尊奉天命（宗教诫命）进行自我修行而又复归天命。但这条复归之路是很难的，圣人为人所指引的道路，常常被尘世的迷雾所遮蔽，只有揭开层层孽幔才能最终恢复自己的元性。人之所以贵，在于人秉赋了"真元"。马明龙说："人之有性本先天，万理包藏在此间。"又说："道包天地，真诚在心，不格不复，人物何分。"正因万理（一切存在的意义）包藏在人之中，天地万物皆承载于我心，因此人被描述为真主在大地上的代治者或继承者，所谓"巨任付人因人重"。人生来负有这样的重任，因此如果不克服物性、彰显人性，那么人与物又有何区别？人之尊贵何以体现？人之重任如何完成？为此，马明龙说人要"存心养性，事天立命"。这是对孟子原话的概括，孟子曰："尽其心者，知其性也。知其性，则知天矣。存其心，养其性，所以事天也。夭寿不贰，修身以俟之，所以立命也。"（《孟子·尽心上》）朱子注："心者，人之神明，所以具众理而应万事者也。性则心之所具之理，而天又理之所从以出者也。人有是心，莫非全体，然不穷理，则有所蔽而无以尽乎此心之量。"又说："存，谓操而不舍；养，谓顺而不害。事，则奉承而不违也。"[①]在儒家看来，自我实现的目标在于人性的完善，即发明本心，识得自己的天赋之灵。"仁义礼智，非由外铄我也，我固有之也。"（《孟子·告子上》）尽其心即明心，知其性即识本性，通过揭示、见证自性而知天命，上达天道。《大学》云："自天子以至于庶人，壹是皆以修身为本。"人需要通过不断的修养来尽性，去除后天物性的遮蔽，尽性就是展现自己真实的人性。

对伊斯兰教而言，就是指顺从而不违背真主之诚命，践行各项宗教功修。在苏非那里，还要多做各项副功，通过各阶段的修行，磨炼性格、培育美德、完美人格、提升境界、洞悉宇宙和人性的本质，达到一种"内在的见证"（shuhūd）、"直观的揭示"（kashf）和神秘的"品尝"（dhawq），即马明龙所说"心舌能尝真性味"。这样方可达到"化己"的境界，将自我意识化掉而只剩下绝对终极的存在。马明龙所讲述的苏非修行理论也与道家的归根复命说颇有类似，司马承祯《坐忘论》中说道："至道之中，寂无所有，神用无方，心体亦然。原其心体，以道为本。但为心神被染，蒙蔽渐深，流浪日久，遂与道隔。若净除心垢，开识神本，名曰修道。无复流浪，与道冥合，安在道中，名曰归根。"也就是说，修行是为了回归元性，与道冥合，做到"保性全真，不以物累形"，"守真一而不化"。由此观之，马明龙的"复元性"之说更加倾向于直接采用道家术语谈论苏非的修行之道。

六、结语

马明龙作为最早进行汉文著述的中国穆斯林学者之一，通过解析其代表作《认己醒语》的主要内容，使我们更加全面地了解到早期汉文伊斯兰教著述风格和路径的多样性。明末清初的穆斯林学者开始进行汉文著述的

---

① 朱熹：《四书章句集注》，北京：中华书局，2011 年，第 327 页。

大文化背景是儒家思想为主体、儒释道趋于合流。他们的思想底色或者说他们理解伊斯兰教的基本的思维模式是儒家式的，但是在此基础上不同的学者对佛道术语的借用也表现出不同的倾向。张中的著作中就多借用佛家术语，王岱舆则更倾向于儒家，与他们不同的是，马明龙的《认己醒语》在存在论、宇宙论和人性论等内容中，借用了诸如"太初""太清""无相""真一""黄庭""众妙之门""元真""元性"等道家术语和内丹修道理念，对这些道家术语和理念的运用凸显出其独有的思想特色。

（原载：《世界宗教研究》，2021 年第 5 期，第 163-172 页）